빅브라더에 맞서는 중국 여성들

아시아총서 36

빅브라더에 맞서는 중국 여성들

BETRAYING BIG BROTHER

리타 홍 핀처 지음
윤승리 옮김

산지니

에이든과 리암 그리고 세계 곳곳에서 저항하는
나의 자매들을 위해

중국 여성들은 족쇄를 벗어던지고 분연히 일어설 것이다.
그들 모두는 영웅이 되어 새로운 세계의 무대에 오를 것이다.
하늘이 그들에게 국가를 다시 세우라고 명령한 그곳으로.
—치우진Qiu Jin, 「징웨이 새의 돌Stones of the Jingwei Bird(1905~1907)」[1]

일러두기

본문 속 각주는 모두 옮긴이 주이다.

서문

Introduction

종소리처럼 높은 음조의 목소리가 울려 퍼졌다. 젊은 여성이 중국어로 부르는 무반주의 노래다.[1] 멜로디는 〈레미제라블〉의 "민중의 노래가 들리는가?"에서 가져왔지만, 가사는 여성의 권리에 관한 것이다.

> 당신도 나와 같나요?
> 우리는 평등한 세상을 믿어요.
> 자유와 존엄의 이 노래
> 모든 여성을 위한 노래!

2015년 4월 중순, 스물다섯 살의 페미니스트 활동가인 리마이지Li Maizi는 '모든 여성을 위한 노래'[2]를 중국의 가장 유명한 메시지 앱인 위챗의 페미니스트 그룹에 전파했다. 그녀는 네 명의 동료 우롱롱, 정추란, 웨이팅팅 그리고 왕만과 함께 한 달이 넘도록 구금되었다 막 풀려난 참이었다. 중국 페미니즘 운동의 성가가 되는 그녀의 노래는 감금되었던 동안의 지속적인 위협과 심문에도 그녀가 무너지지 않았음을 중국 정부에 알리고 있었다.

중국 정부는 3월 8일 세계 여성의 날을 기념해 버스와 지하철에 성희롱 방지 스티커를 배포하려고 계획했던 다섯 명의 페미니스트 운동가들을 구속했다. 이들이 체포되던 당시 이 다섯 명의 여성들에 대해 알려진 것은 거의 없었다. 만약 이들이 수감되지 않았더라면, 이들의 활동은 이렇게 많은 관심을 끌지 못했을 것이다. 중국 정부는 이름 없는 여성들을 탄압함으로써 가부장적이고 권위주의적인 정부에 저항하는 강력하고 새로운 상징, '페미니스트 파이브'의 탄생을 부추겼을 뿐이다.

만약 중국 정부의 지도자들이 다섯 명의 젊은 여성들을 베이징과 다른 두 도시에 구금함으로써 태동하는 페미니즘 운동을 억누를 수 있다고 생각했다면 그들의 판단은 완전히 잘못된 것이었다. 페미니스트 파이브가 체포되었다는 소식은 소셜 미디어를 타고 세계 곳곳으로 신속히 퍼져나갔다. 이들을 지지하는 시위대들이 미국, 영국, 홍콩, 한국, 인도, 폴란드와 호주에서 행진을 벌였고, 세계의 여러 주류 언론들이 이 여성들의 구금을 보도했다.

페미니스트 파이브의 투옥은 베이징에서 개최되었던 세계여성대회 20주기를 기념하여, 중국의 지도자 시진핑이 뉴욕에서 열리는 유엔여성인권회의의 공동 주최를 준비하던 시기에 벌어졌기에, 국제적인 인권단체와 세계의 여러 리더들로부터 격렬한 항의를 촉발시켰다. 당시 미국에서 차기 대통령 후보로 선두를 달리던 힐러리 클린턴^{Hillary Clinton}은 트위터에서 다음과 같이 말했다. "페미니스트들을 박해하는 와중에 여성 인권에 관한 유엔 회의를 주재하는 시진핑? 파렴치하다."[3] 미국의 국무장관과 유럽연합, 영국, 캐나다 등지의 정부 대표자들도 페미니스트들의 석방을 중국에 요구했다. 유엔여성인권회의를 홍보하기 위해 미 정부의 공식 트위터 해시

* 여성 인권
향상을 위한
선언과 행동
강령이 채택된
1995년
베이징세계
여성대회의
20주기를
기념하면서 동시에
페미니스트
파이브를 구금하고
있던 중국에
이들의 석방을
압박하기 위해
사용되었던
해시태그이다.

태그를 사용하던 미국 부통령 조 바이든Joe Biden 역시 트위터를
통해 "여성과 소녀들의 권리는 억압되어서는 안 된다. 우리는
중국의 지도자들이 여성의 인권과 #FreeBeijing20Five*에 대
한 존중을 보여주기를 촉구한다"고 밝혔다. 유엔 주재 미국
대사인 사만다 파워Samantha Power는 "중국에서 성희롱에 맞서
공개적으로 말하는 것은 '대단한 소란을 일으킨다.' 이런 소
란은 보편적 인권을 위한 비정부기구들의 분투를 방해한다"
고 트윗했다. 외교적으로나 소셜 미디어에서 범세계적인 맹
렬한 압박에 맞닥뜨린 중국 당국은 37일 동안 구치소에 감금
했던 여성들을 석방했다. 그러나 여전히 그들은 범죄자 취급
을 받으며 국가의 지속적인 감시를 받고 있다.

중국 정부가 페미니스트 파이브를 구금한 것은 중국의
여성 인권 역사에서 중요한 전환점이 되었다. 중국 공산당이
젊은 페미니스트들의 그토록 작은 그룹조차 자기들의 통치에
대한 심각한 도전이 될 수 있다고 인지하는 것을 전 세계에 보
여주었기 때문이다. 중국 내부의 페미니스트 활동가들과 대학
생들, 법조인들, 노동계와 학계는 불의에 대한 분노와 충격에
휩싸였다. 노동 인권을 지지하는 페미니스트들에게 도움받았
던 남성노동자들까지도 소셜 미디어를 통해 페미니스트 파이
브에 대한 연대의식을 보여주었다. 어떤 남성은 아무것도 걸
치지 않은 상반신 사진을 중국 버전의 트위터인 웨이보에 게
시했는데, 그는 벌거벗은 등에 쓰인 커다란 붉은 글자들을 과
시하듯 내보였다. "거대 토끼(정추란의 별명)야, 언제나 네가 자

랑스러워! 프롤레타리아는 너를 지지해!"⁴

　　더 많은 젊은 여성들이—그들 중 몇몇은 겨우 고등학생이었다—걸음마 단계에서 성장하고 있는 페미니즘 운동에 자발적으로 참여하기 시작했다. 이전에는 정치적인 논쟁을 피하던 여성들이 이제는 공공연히 자신을 페미니스트라 지칭하기로 결정하자, 페미니스트 파이브에 대한 연대 표현을 저지하려는 정부의 인터넷 검열은 더 공격적으로 작동하게 되었다. '페미니스트'라는 용어가 갑자기 정치적으로 민감한 키워드가 되어 검열을 받게 된 것이다. 페미니스트 파이브의 일원인 웨이팅팅은 2015년 구금되었던 동안 '빅브라더에 반역하는 즐거움'에 대해 기록한 일명 '옥중수기'를 위챗에 (필명으로) 게재했고, 나는 그 글로부터 이 책의 제목을 가져왔다.*

* 이 책의 원제는 '빅브라더에 반역하기 Betraying Big Brother' 이다.

~

　　『빅브라더에 맞서는 중국 여성들』은 젊은 페미니스트 활동가들에 대한 중국 정부의 전례 없이 엄중한 단속과 중국 전역에서 여성들을 변화시키기 시작한 넓은 의미의 페미니즘적 자각이 발생하여 갈등하는 양상을 다루고 있다. 가부장적이고 권위주의적인 정부와 일상에서 성차별에 시달려온 평범한 여성들 사이의 갈등은 세계 2위의 경제 대국인 중국뿐 아니라 전 세계에 지대한 영향을 미칠 것이다.

　　전 세계 여성 인구의 5분의 1에 달하는 6억 5천만 명의 여성이 중국에 산다. 이 여성들이 결혼과 아이를 거부하고 더 나아가 공산당의 압제에 집단적으로 일어나 대항함으로써 불거질 인구통계학적 규모의 중대한 결과는 필연적으로 세계 경제에 반향을 불러일으킬 것이다.

시진핑 집권 아래, 중국의 독재적 권위주의가 심상치 않은 국면으로 치닫고 있다. 2018년 3월 11일, 중국 입법부는 임기 제한을 폐지하여 시 주석이 종신토록 중국의 최고 지도자로 남을 수 있게 했다.[5] 소련과 동유럽의 여러 공산주의 체제들이 붕괴된 것과 달리 중국 공산당 정권이 70년 가까이 살아남은 데에는 여러 가지 이유가 있다. 그렇지만 중국 공산당의 존속을 이해하기 위해서는 그 권위주의의 가부장적 토대를 이해해야 한다. 요컨대 중국의 궁극적 철권통치자strongman로서 시 주석은 세계의 다른 독재자들과 마찬가지로 가부장적 권위주의를 공산당의 생존에 결정적인 것으로 보고 있다.

중국 정부는 사회 정치적 불만을 최소화하고 미래의 숙련 노동자 세대를 생산하기 위해, 적극적으로 전통적인 젠더 규범을 계승하려 하며, 여성들을 순종적인 아내이자 엄마 그리고 집 안에서 아기를 양육하는 역할로 전락시킨다. 중국 정부가 페미니스트 운동에 대한 전면적인 단속을 단행하는 것역시 중국의 남성 지도자들이 여성의 예속 없이는 국가의 안전 전반이 무너지리라고 생각하기 때문일 것이다. 결과적으로 성희롱에 대항하는 #미투 해시태그는 빈번한 검열의 표적이 되었고, 주로 성폭력을 대상으로 싸워온 중국 여성운동가들에게 또 한 번의 어려운 도전을 제기하고 있다.

중국의 바깥에서는 #미투 운동(아프리카계 미국인 민권 운동가인 타라나 버크Tarana Burke에 의해 만들어진)이 85개 이상의 국가로 퍼져나갔고, 할리우드의 하비 와인스타인과 TV뉴스의 매트 라우어에서부터 미국의 저명한 정치인에 이르는 몇몇 케이스에서는 대단한 권력자들이 성추행이나 성폭행에 연루되어 자신들의 커리어를 종결시켰다. 메리엄 웹스터Merriam-Webster는 2017년 그해의 단어로 **페미니즘**을 선정하며, 이 단어의 검색량이 2016년 대비 70퍼센트 상승했다는 이유를 들었다.

그러나 중국에서는 엄격한 검열과 광범위한 안보기관에 의해 대규모로 부상하던 전국적인 #미투 운동이 저지된 것으로 보인다.[6] 2017년 11월 당국은 세 명의 페미니스트 운동가들을 남부 도시 광저우로 강제 이주시켰는데, 그 여성들이 입고 다닐 수 있는 플래카드를 배포하려고 계획한 것에 대한 보복이었다.[7] 같은 달 검열기관은 위챗에 게시된 #미투와 유사한 글을 삭제했다. 상하이에 사는 여성이, 자신과 다른 여성들을 여러 차례 길에서 더듬었던 이웃의 연쇄 성추행범에 대해 호소한 글이었다.

이 여성의 게시물에는 백만 이상의 조회 수와 천 개 이상의 댓글이 달렸다. 그러나 위챗 관리자는 그녀의 포스트가 '규정을 위반'했다며 이틀 만에 그것을 삭제했다.[8] 이 여성이 소셜 미디어 플랫폼 웨이보에 이 사건에 대해 올렸을 때, 몸을 더듬는 행위에 대해 '과잉반응'을 했다거나 지나치게 '노출이

심한' 옷을 입었다고 그녀를 비난하는 다른 사용자들의 여성 혐오적인 코멘트가 쇄도했다.

2018년 1월 중국 전역 12개 대학의 수천 명의—남성만큼이나 많은 여성—학생과 졸업생들이 성추행에 대한 (법적) 조치를 요구하는 탄원서에 서명했다. 그러나 대부분의 탄원서가 소셜 미디어에 게시되자마자 검열에 의해 삭제되었다. 2018년 3월 8일 세계 여성의 날의 늦은 밤, 웨이보는 가장 영향력 있는 소셜 미디어 계정인 〈페미니스트 보이스Feminist Voices〉를 차단했다. '민감하고 불법적인 정보를 게시했다'는 이유였다. 다음날 위챗은 그들의 계정 자체를 삭제해버렸다. 당시 〈페미니스트 보이스〉는 웨이보에는 18만, 위챗에는 7만 이상의 팔로워가 있었다.[9]

중국 내에서 여성 인권을 논할 수 있는 공적 공간이 축소됨에 따라 페미니스트 운동의 생존 자체가 놀라운 일이 되었다. 1949년 중화인민공화국의 수립 이후 공산주의 혁명기와 마오 집권 초기에 젠더 평등을 중요하게 여겼던 중국 당국이 여성 인권 운동가들을 지속적으로 탄압한 것은 특히 아이러니한 일이다.[10] 1950년대에서 1970년대에 이르기까지 중국 정부는 공식적으로 젠더 평등을 지지했으며 세계에서 가장 큰 여성 노동 인구를 자랑했다(국가 생산성을 끌어올리기 위한 전략의 하나였지만). 그러나 1990년대에 중국의 경제개혁이 가속화되어 여성과 남성의 고용 평등 시스템에 대한 정부의 권한이 약화될수록 젠더 불평등은 악화되어갔다.[11] 예컨대 정부의 기록에 의하면 1990년대에 도시 여성의 평균 연봉은 남성의 77.5 퍼센트였지만, 2010년에는 도시 여성의 평균 소득이 남성의 67.3퍼센트로 줄어들었다.

나는 첫 번째 책 『잉여 여성Leftover Women:: 젠더 불평등의 부활』에서, 중국 여성들이 부동산을 통한 부의 축적에서 어떻게 배재되었는지 서술했다. 가난하거나 벽지에 거주하는 여성뿐 아니라 중산층이거나 도시에 거주하는 여성에 이르기까지 대부분의 여성들은 부동산 축적의 기회를 놓쳤다. 홍콩-상하이 은행의 보고에 따르면 이는 국내총생산GDP의 약 3.3배에 이를 정도로 중국 역사상 가장 큰 규모의 기회였다.[12] 2017년 말에 이르면 이 규모는 미화 약 43조 달러에 달한다.[13] 나는 중국이 주택 공급을 민영화한 이후 어떻게 젠더라는 요소를 막대한 부의 차이로 만들어냈는지 분석했다.[14] 부동산 등기에서 여성들의 이름을 삭제하도록 압박하거나, 여성들의 재산 소유권에 새로운 규제 장벽을 세운 것이다.

개혁 시대의 언론 역시 전통적인 성 규범의 도입을 적극적으로 추진했다. 나는 『잉여 여성』에서, 직업을 가졌으며 결혼하지 않은 이십 대 후반의 여성들에게 오명을 씌우는 중국 정부의 무지막지한 캠페인이 시작되었음을 밝힌 바 있다. 그 여성들을 '잉여'라고 조롱함으로써 그들이 결혼하고 아기를 가져 국가에 이바지하기를 종용한 것이다. 그러나 자국과 해외에서 대학에 입학하게 된 기록적인 숫자의 중국 여성들은 만연한 성차별주의와 부당한 처우에 대해 도전하기 시작했고,

점점 더 자신의 정체성을 페미니스트로 인식하게 되었다.

　　레지스탕스 운동에서 여성의 역할이 간과되는 것은 매우 흔히 일어나는 일이다. 그러나 중국에서 권위주의적인 탄압에 저항하는 페미니즘 운동이 박해받는 것에 대해 증언하는 것은 중요한 일이다. 이 여성들의 이야기에서, 우리는 광범위한 페미니스트 운동의 전망에 대해 중국의 남성 지도자들이 느끼는 위기감의 근거를 이해하게 된다. 수년간 유명한 인권 운동가인 남성들이 등장하는 동안 (가장 유명한 사람은 노벨 평화상을 수상했으며 2017년에 투옥된 채 사망한 류샤오보Liu Xiaobo이다) 평범한 중국 시민들 가운데 그들을 알거나 그들의 추상적 목표를 이해하는 사람은 거의 없었다. 그러나 페미니스트들의 저항 운동은 중국에서 일말의 사회 운동이나마 허락되기만 한다면 결국에는 가장 변혁적인 운동이 될 가능성을 여전히 담지하고 있다.

　　2012년, 백 명가량의 페미니스트 활동가들이 중국 전역에서 예술적 퍼포먼스와 시위를 정기적으로 열었는데, 이는 시장 개혁에 의해 추동되어 나날이 증가하는 젠더 불평등을 고발하기 위함이었다. 그들은 가정폭력(중국은 실질적으로 2016년까지 가정폭력 방지법이 없었다), 성추행, 취업이나 대학 입학에서의 성차별과 불충분한 여성 화장실 문제를 다루었다. 이러한 문제들은 지나치게 정치적으로 민감해서라기보다는, 공적인 논의를 촉발할 만큼 유의미하기에 선택된 이슈들이다. 그 이후로 중국의 페미니스트 활동가들은 대학생들과 대학 졸업생들을 중심으로 수천 명의 지지자들이 소통하는 공동체를 구축해왔으며, 그중 일부는 유능한 활동가가 되었다. 이들 페미니스트 활동가들은 공산주의 체제에 대하여 그들에 앞선 남성 활동가들보다도 더 크고 보다 어려운 도전을 제기했다.

"페미니스트 운동이란 모두를 일깨워줄 수 있는 한두 명의 유명한 개인을 보유하는 것이 아니라, 여성의 일상적 문제와 공동체 구축을 위한 것입니다."〈페미니스트 보이스〉의 창립자이자 편집자인 뤼핀Lü Pin은 이렇게 말했다. "중국 여성들은 그들의 일생 동안 매일 불평등을 느낍니다. 그리고 중국 정부는 그들이 심각하게 느끼는 이 부당함을 망각하게 할 수 없습니다."

2016년까지 소셜 미디어는 중국 여성을 보다 더 페미니스트적인 의식으로 고취시키는 데에 이미 중요한 역할을 하고 있었다. 정부가 페미니스트 조직을 단속하자, 인터넷상의 평범한 여성들까지 합세해 정보를 나누고 성차별에 대한 분노의 목소리를 내기 시작했다. 때로는 정부가 성차별적 선전을 철회하도록 압박하는 데까지 성공하기도 했다. 시민이 집회의 자유나 언론의 자유가 없는 권위주의 국가에서 이런 비판적 집단은 주목할 만하다.

예컨대 2016년 5월 대만에서 처음으로 여성 총통 차이 잉원Tsai Ing-wen이 취임한 직후, 선전에서의 실책이 발생했다. 중국 공산당 기관지는 그녀가 가족과 아이가 없어서 지나치게 '감성적인' 싱글 여성이라 지칭하며 그런 까닭에 '극단적인' 정치적 입장을 취하기 쉽다고 논평했다.[15] 소셜 미디어에서 이 논평은 여성과 남성 양측 모두에서 조롱받았다. 기사 공개 하루 만에 중국의 매체들은 그 논평을 삭제하라는 명령을 받았다. 유출된 검열 지침에 따르면 '부적절'하고, '국민 여론에 나쁜 영향을 미친다'는 이유였다.[16]

페미니스트 파이브의 구금 소식을 들었을 때 나는 충격에 빠졌으며 그들이 매우 걱정되었다. 나는 베이징의 칭화대학에서 사회학 박사 과정을 마치기 전까지 오랜 기간 기자로서 중국에 관해 보도해왔다. 그래서 이 국가의 인권 유린에 관한 끔찍한 기록들에 매우 익숙했으며 구금된 여성 중 한 사람과는 개인적인 친분도 있었다. 나는 2013년 베이징의 〈페미니스트 보이스〉의 사무실에서 열린 한 파티에서 리마이지(본명은 리팅팅Li Tingting)와 만났었다. 중국 법원이 미국인인 킴리Kim lee에게 그의 남편인 유명인사 리양Li Yang의 가정폭력을 이유로 이혼을 허가한 기념비적인 판결을 축하하는 자리였다. 킴리의 판결이 진행되는 동안 리마이지는 법정 밖에서 피로 얼룩진 웨딩드레스를 입고 '부끄러운 줄 알아라, 가해자 리양!'이라고 적힌 팻말을 들고 서 있었다. 이날의 법적인 승리는 베이징 법정에 의한 사상 최초의 물리적 제재라는 의미를 가질 뿐 아니라, 2016년에 새로 제정된 반가정폭력 법으로까지 이어진 이정표와 같은 사건이었다.[17]

그 후 몇 년 동안 나는 개인적으로 페미니스트 파이브

와 페미니스트 운동의 핵심 인물들을 베이징, 광저우, 선전, 항저우, 홍콩, 상하이, 뉴욕에서 인터뷰했다. 그중 샤오메이리Xiao Meili는 성적 학대에 대한 인식을 높이고 여성들을 위한 공적 공간을 요구하기 위해 중국을 가로질러 2천 킬로미터를 걸었다. 장레이레이Zhang Leilei는 성추행에 반대하는 메시지가 커다랗게 쓰인 옷을 입고서 경찰에게 쫓겨날 거라는 협박을 받을 때까지 매일 광저우를 활보했다. 황위지Huang Yizhi는 페미니스트 변호사로서 중국의 첫 번째 성차별 소송에서 3만 위안(미화 약 4500달러)의 역사적인 합의안으로 의뢰인의 승리를 이끌었다. 그리고 〈페미니스트 보이스〉의 설립자인 뤼핀은 2015년 이후 뉴욕에서 망명 생활을 하고 있다. 나는 또한 여러 노동 인권 운동가들과 대학생들, 그리고 여권 변호사들women's rights lawyers과도 인터뷰를 했다.

나는 중국의 페미니스트 활동가들의 열정적인 기세, 한결같은 헌신 그리고 그 회복력에 감명했다. 경찰에 지속적으로 감시당하고, 종종 경찰을 의식한 집주인들에 의해 쫓겨났음에도 불구하고, 내가 인터뷰한 여성들 중 어느 누구도 자신들의 활동을 그만두려 하지 않았다. 앞으로도 정의에 대한 그들의 꿈을 실현하거나 권위주의 정부의 탄압이 멈추는 것을 볼 것 같지는 않다. 그럼에도 여성의 권리를 위해 싸우는 그들의 개인적인 헌신은 정부의 탄압이 시작되자 오히려 더 심화되었다.

중국과 세계 곳곳에 흩어져 살고 있지만, 이 여성들은

하나처럼 끈끈하게 결속되어 있다. 2015년 이후 몇몇 주요 멤버들은 광저우로 이주하여 가까이 살면서 서로의 안전을 살피고 경찰이 동료 활동가들을 괴롭히지 않는지 주의를 기울인다. 다른 도시의 페미니스트 활동가들도 서로 꾸준히 소통하면서, 같은 도시에 머물게 될 때는 사기를 북돋기 위해 만나서 함께 식사하곤 한다.

이 여성들은 모두 여성혐오 사회와 권위주의 국가에 대항하여 치열한 전투를 벌이고 있으며, 대부분은 자신의 가족들로부터도 지지받지 못한다. 일부는 어린 시절의 성폭행과 성추행 또는 학교에서의 여성혐오와 동성애혐오로 인한 집단 따돌림, 흔하게는 아버지의 잔혹한 구타와 같은 학대로부터 살아남은 이들이며 또는 이런 일들을 목격하면서 자랐다. 그녀들은 페미니스트로서의 각성으로 인해 자신들의 삶이 마땅히 존엄하며 다른 여성들도 이러한 의식을 고취시킬 수 있다는 것을 깨닫게 되었다. 그래서 그들은 자기들의 삶이 실질적으로 중요하다는 것을 알게 해준 페미니스트로서의 각성을 심오한 전환의 경험으로 묘사한다.

이 책을 쓰면서 영감과 고통이 번갈아 찾아오는 가운데, 나 역시 개인적으로 심오한 전환을 경험했다. 페미니스트 활동가들의 끔찍한 이야기를 들으면서 깊숙한 곳에 억압되어 있던 기억이 수면 위로 떠올랐다. 내가 열다섯 살이었을 때, 호주에 사는 중국계 미국인인 한 소녀가 여러 명의 괴한들에게 성폭행을 당했다. 억압적인 공권력이 지배하는 경찰국가에서 여성들의 투쟁에 어떻게 가부장적인 탄압이 가해지는지 나는 본능적으로 느꼈다. 우리의 인생 경험은 근본적으로 달랐지만, 나는 이 용감한 중국 여성들의 이야기 속에서 내가 견뎌온 것과 동일한 고통과 그동안 나를 침묵시켰던 수치심을 인지하게 되었다. 나는 공정하고 학술적인 관찰자로 남는 것보다 전 세계의 여성들과 페미니스트 연대로써 두터운 유대를 구축하는 것이 대단히 중요하다고 믿는다. 중산층의 미국 시민인 나처럼 엄청난 특권을 가진 우리들은 중국에서 박해받고 있는 우리의 페미니스트 자매들로부터 많은 것을 배워야 한다. 우리는 모두 각자의 방식으로 공통의 적, 가부장제에 맞서 싸우고 있다.

~

거의 70년 전 중화인민공화국이 건국된 이래, 공산당은 모든 주요한 여성 인권 활동이 공식적인 국가 여성기구인 중화전국여성연합회ACWF: All-China Women's Federation와 어떤 식으로든 연계되도록 요구해왔다. 2012년에 이르러서야 공산당과 분리되어 제대로 조직된 페미니스트 운동은 위에서 언급한 젊은 여성들을 중심으로 여러 도시에서 진보하기 시작했다. 이에 정부는 여성의 권리를 위해 운용되는 일부 비정부기구(특히 외국 자본 지원 단체)를 공격적으로 폐쇄하고, 페미니스트 활동가들을 감시하거나 괴롭히기 위해 경찰을 붙이며, 대학에서의 젠더와 여성학 프로그램에 대한 이념적 통제를 강화하고, 페미니스트 소셜 미디어 계정을 단속하는 식으로 대응하고 있다. 나는 책 속에 담을 수 있는 것보다 더 많은 사람들을 인터뷰했는데 단 한 번의 예외 말고는 모두가 닉네임이 아닌 본명을 밝혀 달라고 요구했다.

1장은 2015년 3월 6일과 7일에 베이징과 광저우, 항저우에서 페미니스트 활동가들을 조직적으로 체포한 일에 대해 서술한다. 이틀 동안 중국 당국은 대대적으로 그들을 체포하고 심문했으나, 여기서 나는 페미니스트 파이브로 알려지게 된 그 여성들에게 초점을 맞추려 한다. 이들 중 일부는 성소수자LGBTQ* 인권 운동에 깊이 관여하고 있었다.

2장은 중국 정부가 온라인 커뮤니케이션을 까다롭게 검열하고 간섭함에도 불구하고, 최근 몇 년간 많은 중국 여성들 사이에서 자라나고 있는 인권 의식과 중국의 인터넷이 어떻게 밀접한 관계를 가지며 진화하고 있는지 설명한다. 그래서 〈페미니스트 보이스〉의 영향력이 발생하고 확대되어온 과정을 보여주며, 중국 정부가 2017년과 2018년에 페미니스트의 소셜 미디어 콘텐츠를 탄압함으로써 어떻게 **페미니즘**을 정치적으로 민감한 용어로 만들었는지 서술할 것이다. 이 모든 역경에도 불구하고, 중국의 #미투 운동은 지난 2018년 초, 각 대학 수천 명의 학생들이 성희롱과 성폭행에 대한 강력한 보안을 요구하는 것으로 시작되었다. 1989년의 민주화 운동**

* 여성 동성애자lesbian, 남성 동성애자gay, 양성애자bisexual, 성전환자 transgender, 성소수자 전반queer 혹은 성 정체성이 확실하지 않은 사람questionary을 포괄하여 가리킨다.

** 천안문 사건을 가리킨다.

이후 가장 대규모로 조직된 학생 운동이었다.

3장은 페미니스트 파이브가 구금 기간에 겪었던 몇 가지 경험을 보여줄 것이다. 그들은 감금되어 있는 동안 심리적인, 때로는 육체적인 학대를 당했지만, 서로 소통하고 서로를 고양해줄 방식을 여전히 찾고 있었다. 이들 중 몇몇은 2015년 4월 대단히 화제가 되었던 출감 이후에도 공안 요원들과 고통스럽게 조우했다. 중국의 공안 요원들은 페미니스트 운동의 리더들을 일소하기 위해 구금된 이들의 가족 관계 속으로 깊이 침투했다. 이는 공산주의 시절 동독의 비밀경찰을 연상케 하는 잔혹한 일이다.

4장은 페미니스트 운동의 가장 중요한 이슈인 성희롱, 성폭행, 여성폭력에 대해 탐구한다. 이 장은 페미니스트 활동가들이 어린 시절 겪었던 학대 경험이 어떻게 그들이 여성 인권 운동을 위해 더 강건하게 투쟁하도록 만들었는지 보여준다. 정부 보안 요원들에 의한 지속적인 학대를 견디는 와중에도 페미니스트들은 뿌리 깊은 여성혐오를 마주해야 했으며, 심지어 인권 운동가인 몇몇 남성들에게 성희롱을 당하기도 했다.

5장은 오늘날 중국의 페미니스트 운동이 어떻게 20세기 전반으로 거슬러 올라가는 페미니즘의 역사적 전통에 귀속되는지 보여준다. 예컨대 남장을 했던 페미니스트 혁명가 치우진^{Qiu Jin}은 가부장제 국가에 대항한 여성들의 투쟁을 다룬 『징웨이 새의 돌』을 썼다. 비록 치우진이 청 제국 전복을 모의

한 혐의로 참수되기는 했으나, 1921년 중국 공산당 창당 초기까지도 여성 해방은 여전히 혁명가들의 슬로건이었다. 1920년대 말까지 남성 공산주의자들은 '부르주아 페미니즘'을 비난했고, 계급투쟁이 여성 인권 투쟁을 포함한 다른 모든 것보다 우선되어야 한다고 선언했다. 1949년 공산혁명 이후 '여성과 남성의 평등'이 중화인민공화국의 헌법으로 성문화되었고, 새 정부는 새로운 공산주의 국가 건설에 여성을 일하게 하는 야심찬 시책을 내놓았다. 그러나 1980년대와 1990년대의 계획경제가 해체되고 시장개혁이 시작되자 젠더 불평등 문제가 불거졌고 현재 페미니즘 운동의 성장으로 이어졌다.

6장에서는 일부 중산층 페미니스트 활동가들이 노사분규에 연루된 노동자 계층 여성들과 협력하기 시작하면서 페미니스트적 관점이 어떻게 중국의 노동권 및 시민법에 관련된 사회 운동에 스며들기 시작했는지를 살펴본다. 여기서는 2013년 학교에서 발생한 여아 성폭행 사건과 관련된 역사적인 소송사건이 어떻게 공산당을 위협하기 시작했는지 보여준다. 공산당은 페미니스트, 변호사, 노동자들이 협력하여 강력한 저항 세력을 형성할 수 있다고 우려했다.

7장은 중국 가부장의 수장인 시진핑이 어떻게 스스로를 '하늘 아래 가족 국가'를 주재하는 국가의 아버지이자 철권통치자로 자리매김해왔는지를 보여준다. '적대적 외세'가 '서구 페미니즘'을 이용하여, 중국의 정사에 간섭하려 한다는 2017년 중국 정부의 경고는 가부장적 권위주의의 표명에 지나지 않는다. 여성을 국가 발전 목표를 실현하기 위한 재생산의 도구로 여기는 정책 입안자들의 시각이 지속되는 한 대학 교육을 받은 한족 여성을 대상으로 하는 정부의 출산 장려 기조는 더욱 극심해질 뿐이다.[18] 나는 중국의 권위주의적인 인구 통제와 공산당의 생존 투쟁의 핵심에 성차별주의와 여성혐오가 놓여 있다고 생각한다.

결론 장에서는 기업들이 소비자 페미니즘의 시장적 가치를 인식하게 될수록 중국의 페미니스트 운동가들이 어떻게 더 많은 난관에 봉착하게 되는지 서술한다. 한 세기 전의 혁명기에 많은 혁명가들이 망명했듯이 거시적 관점으로 보면 중국의 페미니스트 운동은 주요 페미니스트 인사가 중국 바깥에 새로운 '진영'을 꾸림으로써 세계화되기 시작한 것이다.

시 주석이 초남성적hypermasculine 성격의 문화와 스트롱맨으로서의 통치를 강화함에 따라 페미니즘과 여성 인권에 대한 탄압뿐 아니라 실로 모든 시민 사회에 대한 억압이 가중될 것이다. 이런 경향은 전 세계적으로도 매우 위험하다. 러시아나 이란, 필리핀, 헝가리, 터키와 같은 권위주의 국가들에서 여성혐오적인 독재자들이 그들의 압제에 필수적인 부분으로서 여성 인권을 후퇴시키는 일이 이미 일어나고 있기 때문이다. 우리는 심지어 미국에서도 이런 경향을 보게 된다. 권위주의가 확대되고 오래도록 확립되어온 민주주의의 규범들이 훼손되는 일에 대해 엉뚱하게도 여성주의를 반격하는 것으로 결론이 나는 것이다.

이 책은 중국 내 페미니즘 운동에 초점을 맞추고 있지만, 페미니스트 파이브를 포함한 중국 페미니스트 운동과 관련된 모든 용감한 여성들의 경험은 우리 모두에게 가르침을 준다. 나는 이들의 이야기를 통해서 중국 정부에 의해 전례 없는 탄압을 받고 있는 여성 인권 운동가들에게 창구를 제공하고, 전 세계적으로 권위주의 세력이 커지는 것을 염려하고 있는 사람이라면 중국에서 무슨 일이 벌어지고 있는지 주의를 기울일 필요가 있다는 것을 보여주고자 했다. 나는 이 여성들의 목소리가 영감의 원천이 되어 전 세계 사람들의 각성을 촉구하기를 바란다.

1. 중국의 페미니스트 파이브

China's Feminist Five

여성의 날을 목전에 둔 2015년 3월 6일, 중국 당국은 웨이팅 팅을 체포하며 그녀가 앞을 볼 수 없도록 안경을 압수했다. 시력이 매우 약한 웨이는 오직 목소리만으로 사람들을 식별해야 했다. 공안 요원들은 그녀의 휴대 전화와 노트북을 빼앗고 비밀번호를 요구했다. 그러고는 어둑어둑한 경찰서 지하로 그녀를 데리고 가서 영하로 떨어진 날씨에 난방이 되지 않는 다섯 평방미터 정도 되는 방에 그녀를 가두고 방한 부츠까지 빼앗았다.

이어서 심문이 시작되었다.

"성폭력에 관한 반체제 활동에 연루된 이유가 뭐야?"

"누가 당신이랑 연대해서 여성 인권 운동을 하고 있지?"

"이 일에 자금을 대는 외국 단체는 어디야?"

웨이는 자기 앞에 흐릿하게 보이는 사람에게 질문에 대답하기 전에 변호사에게 전화하고 싶다고 말했다.

"지금 변호사를 부른다고? 이해가 안 돼? 법을 몰라서 그래?"

웨이는 한 차례 심문을 마치고 난 후 더 이상 심문은 없을 것이라고 생각했지만, 한밤중에—시계가 없어서 정확한 시간은 알 수 없었다—또다시 요원들에게 끌려 나갔다. 이번에는 누군가가 그녀가 말하는 것을 녹화했다. 심지어 화장실에 갈 때에도 여성 요원이 그녀를 감시했다.

겨우 스물여섯의 나이에 처음으로 구금을 경험하게 된 웨이팅팅은 해외 도피를 생각하기 시작했다. 그녀는 정신이 혼미해지고 무력감에 압도되어갔다. 그때 바깥에서 누군가 중얼거리는 희미한 소리가 들려왔다. 그녀는 그 소리를 더 가까이 들으려고 벽에 귀를 댔다. 놀랍게도 여러 캠페인에 함께했던 페미니스트 자매인 왕만의 목소리가 인접한 방에서 들려오고 있었다. '세상에! 왕만도 여기 있구나!' 그녀는 보안요원에게 목이 마르니 물 한 잔을 가져다 달라고 소리치고는 벽에 귀를 대고 다시 한 번 귀를 기울였다. 그녀는 함께 체포된 다른 페미니스트 활동가들의 목소리도 들을 수 있었다. 왕만과 리마이지, 리의 여자친구인 테레사 쉬Teresa Xu, 그리고 과거에 페미니스트 캠페인에 자원했던 대학생들의 목소리였다.

웨이는 훗날 '옥중수기'라 부른 에세이를 위챗에 필명으로 게시하여 어떻게 그 무력감을 극복했는지 서술했다.[1] (이 글은 나중에 삭제되었다.) 그녀는 이렇게 썼다. "나는 이 슬픔의 감정에 저항하고 어떻게든 움직여야겠다고 결심했다. 그래서 나는 다른 종류의 일들을 하기 시작했다. 내 방은 얼어붙어 있었고 나에게 허락된 것은 슬리퍼를 신는 것뿐이었다. 그래서 나는 발차기나 스쿼트 같은 다리 운동을 시작했고, 깊이 명상하기를 연습했다. 그리고 나보다 앞서 이 방에 왔던 사람들이 해묵은 벽에 새겨놓은 단어들을 읽어보려고 눈을 가늘게 뜨고 벽을 들여다보기도 했다. 또 원을 그리며 방 안을 돌면서 노래를 불렀다."[2]

웨이는 큰 소리로 노래를 불렀다. 그것은 스스로를 격려하기 위해서였으며 동시에 그녀의 목소리를 들은 억류된 여성들에게 그들이 혼자가 아니며 그녀가 함께 그곳에 있다는 것을 알게 하기 위해서였다. 리마이지 역시 중국 페미니스트 운동의 성가인 '모든 여성을 위한 노래'로 화답했다.

> 나의 권리를 보장해요. 나를 억압하지 마세요.
> 왜 나의 자유를 빼앗겨야 하나요.
> 무거운 족쇄를 부수고
> 우리 여성의 힘을 되찾아 와요.

반항심을 되찾은 웨이팅팅은 들뜬 마음으로 이렇게 썼다. "바깥에서 두 명이 교도관이 철컹거리는 소리를 내며 오가는 것을 들었을 때 나는 빅브라더에 반역하고 있다는 데에서 일종의 희열을 느꼈다."

그날 밤부터 37일 동안 베이징의 감옥에 갇혀 있었던 그 여성들은 페미니스트 파이브로 알려지게 되었다. 하지만 이들이 만들어낸 움직임은 이보다 훨씬 더 대단한 것이었다.

정추란은 스물다섯 살의 젊은 활동가 중 하나로 최근에 대학을 졸업했으며, 중국 남부의 주요 항구이자 제조업의 중심지인 광저우에 부모님과 함께 살고 있었다. 중국 페미니스트의 부모들이 대부분 딸들의 일에 공공연히 적대적인 반면 정의 부모는 그녀를 독립적인 인격체로 존중했다. 정은 부모와 매우 가까운 사이로 페미니스트 활동을 포함하여 모든 것에 대해 대화했다. 정의 부모가 언제나 그녀에게 동의했던 것은 아니지만 그들은 사회적 변화를 이끌어내려는 정의 노력을 지지했다. 그리고 정은 그들이 상처 입는 것을 원치 않았다.

정은 광저우의 명망 있는 대학인 중산대학에서 기록학과 사회학을 공부하던 때부터 페미니스트 운동에 깊이 관여해왔다. 그녀가 페미니즘과 성소수자 인권에 관심을 갖게 되고 다투Da Tu(거대 토끼)라는 별명을 얻게 된 것도 그곳에서였다. 그녀는 대학에서 라라lala(레즈비언) 친구들을 만났고 성소수자 학생 그룹에도 가입했다. 정은 남자와도 데이트했지만 여자들이 훨씬 더 재미있다는 것을 알게 되었다. 퀴어로서 자기 정체성을 발견한 것이다.

그렇지만 그녀는 성소수자 그룹이 성차별적이라고 생각하게 되었다. 성소수자 인권 그룹이라면 당연히 페미니스트적인 관점을 가져야 한다고 믿었던 정추란은 이렇게 말했다. "남성 조직원들은 성 평등에 대해 입에 발린 말을 하면서도 우리를 무시했고 그룹의 여성들에게는 한 번도 자금이 돌아오지 않았다." 그래서 그녀는 레즈비언 친구인 량샤오웬Liang Xiaowen과 또 몇몇 라라lala인 친구들과 함께 성소수자 그룹에서 떨어져 나와 Sinner-B(b는 bitch의 b이다)라고 부르는 그들만의 퀴어 페미니스트 그룹을 만들기로 결심했다. 멤버들은 대부분 학생이며 페미니스트 공연 예술 활동에 함께했다.

이들은 활동가 우롱롱이 주도하는 젠더평등활동가그룹과 협력했고, 2012년에는 보다 안정적으로 활동하고 있는 비정부 시민 인권단체인 이렌핑Yirenping(공익, 인류애, 평등을 의미한다)과 제휴했다. 젠더평등활동가그룹은 보다 많은 여성용 화장실을 요구하는 〈남자 화장실을 점령하라〉 운동을 계획했다. 그곳에서 정은 리마이지를 포함하여 페미니스트 운동의 주요 인물이 되는 여러 운동가들과 만났다. 그들은 광저우 시내의 남성공중화장실을 점거하여 여성용 화장실을 이용하기 위해 언제나처럼 길게 늘어서 있던 줄이 줄어들 수 있도록 여성들을 불러들였다.

　이 페미니스트들은 공중화장실 문제에서 젠더 간의 동등성에 초점을 두고자 했다. 왜냐하면 이 캠페인이 정치적으로 민감한 것이나 공산당에 대해 약간이라도 반대하는 것으로 보이지 않기를 바랐기 때문이다. 여성들이 공중화장실을 이용할 때 지나치게 긴 줄을 서야 한다는 것에 대해서는 모든 사람들이 쉽게 공감할 수 있었기에 그들은 자신들의 대의에 대한 광범위한 지지를 얻을 수 있었다. 그들은 이 문제를 제기함으로써, 성차별이 제도적으로 구축되어 있는 근본적인 문제이며 중국에서 여성의 삶은 지속적으로 평가절하되어 왔다는 것을 강조하고자 했다. 이들의 캠페인은 〈신화통신〉과 〈인민일보〉를 포함한 중국 관영 언론까지 주목했다. 대중들은 국영 언론 보도를 인용하며 지지를 표현했고, 광둥 지역의 관료들은 이후 더 많은 여성화장실을 보급하겠다고 약속했다.

　2012년 밸런타인 데이에 정추란은 가정폭력에 항의하는 '블러디 브라이드Bloody Brides'캠페인을 벌였다. 리마이지,

웨이팅팅 그리고 샤오메이리는 가짜 피로 붉은 얼룩이 밴 하얀 웨딩드레스를 입고 베이징 거리를 활보했다. 이들은 '사랑은 폭력의 이유가 아니다'와 같은 슬로건이 적힌 팻말을 들고서 중국에 가정폭력 법의 부재에 대해 시각적으로 충격을 주는 항의 표시를 한 것이다. (이후 중국은 2016년 처음으로 가정폭력법을 제정했다.) 그들은 대학입시에서 여성을 노골적으로 차별하는 것에 대한 시위로서 '대머리 자매' 운동을 벌여 광저우에서 삭발식을 거행하기도 했다. 입학 과정에서 대부분 여성들은 남성보다 높은 점수를 받아야 했기 때문이다. (나중에 뤼핀과 페미니스트 변호사 황이지는 교육부에 이를 정식으로 항의했고 이들은 '국익을 위해' 남성들에게 이익이 되는 정책이 도입되었다는 내용의 답장을 받았다.[3])

정은 대학을 졸업한 후 광저우의 젠더평등활동가그룹에서 일하기 시작했다. 2015년 세계 여성의 날 직전에 그녀는 대중교통에서의 성폭력이라는 치명적인 문제를 부각시키면 좋겠다고 생각했다. 중국 정부는 성폭력에 관한 믿을 만한 통계를 내놓지 않고 있었고 이런 노골적인 의도의 누락은 성폭력의 실제 규모를 감추어버렸다. 그렇지만 대중교통에서의 성폭력은 정치적으로 민감한 문제로 보이지 않았고, 국영 언론인 〈차이나 유스 데일리China Youth Daily〉 2017년 8월호에 실린 설문조사에서도 만연한 성폭력에 대해 지적한 바 있기도 하다. 53퍼센트가 넘는 여성들이 전철에서 성적인 괴롭힘을 당했다고 대답한 것이다.[4]

정은 스웨덴 대사관으로부터 작은 원조를 받았다. 여성의 날에 지하철이나 버스에서 나눠줄 수 있는 화려한 색채의 성폭력 반대 스티커였다. 어떤 스티커는 여성이 소리 지르고 있는 만화가 보이고 그 옆에 '성적 괴롭힘을 당하고 있다면, 소리 질러!', '싸우자 변태야!'라고 쓰여 있었다. 경찰 모자가 그려진 다른 스티커에는 '성폭력범을 체포하라. 경찰이라면 가서 잡아!'라고 쓰여 있다.

정의 생각은 호소력이 있었기에 대부분 대학생들로 구성된 자원봉사자들이 여러 도시에서 참여를 희망해왔다. 광저우를 포함하여 남동부의 샤먼, 수도 베이징, 동부의 항저우, 난징, 우한과 남서부의 쿤밍 등이었다. 그녀는 참여를 신청한 자원봉사자들에게 스티커를 인쇄하여 속달 우편으로 보내기 위해 한 업체를 마련해두었다. 정은 "우리의 모든 행동은 매우 빠르고 자발적이었다"라고 말한다. "각 도시에서 소수의 인원만 필요할 뿐이었다. 한 사람이 주도적으로 스티커를 드러내 보이면 다른 한 사람이 사진을 찍는 것이다. 그러면 사람들이 보도자료를 내고 그렇게 그 일은 잘 마무리될 것이라고 생각했다."

그러나 2015년 3월 6일의 늦은 밤, 정이 샤워를 마치고 부모님과 함께 텔레비전 앞에서 여유로운 시간을 보내고 있을 때 요란하게 문을 두드리는 소리가 들려왔다. 정은 부모님께 일어서지 말라고 하고서 현관문 렌즈로 바깥을 내다보고서는 여덟 명 가량의 남자들 무리로 문 앞 계단이 북적이는 모습에 깜짝 놀랐다. 계단에 서 있는 남자들 중에 문을 두드리는 사람만 경찰복을 입고 있었다.

"무슨 일입니까?" 정이 닫힌 문 너머로 물었다.

"거주지 등록을 조사 중입니다." 한 남자가 말했다.

"내 등록부라면 안으로 들어올 필요 없이 원하는 걸 거기서 말씀하세요."

침묵이 흘렀다.

아무런 대꾸가 없는 채 수 초가 지나자 정은 자신이 문제에 휘말렸다는 것을 알아차렸다. 그녀는 안으로 들어가 부모님을 침실로 들여보냈고, 문 앞의 이 남자들을 수습하고자 했다. 그녀는 핸즈프리 전화로 재빨리 량샤오웬Liang Xiaowen에게 전화를 걸고 아무 말 없이 켜두어서 량이 다음에 벌어질 모든 일들을 들을 수 있게 했다.

"문 열어." 문 밖의 남자는 이렇게 말하며, 문을 쾅쾅 두드리기 시작했다.

"수색 영장 있습니까?"

"협조해, 경찰서로 끌려가기 싫으면."

남자들은 수색 영장이나 신분을 증명할 다른 양식도 갖고 있지 않았으며 왜 이곳에 와 있는지에 대해 설명하기도 거부했기 때문에 한동안 정과 논쟁을 벌였다. 그러나 부모님의 집에 그들을 들이고 싶지 않았던 정은 결국 경찰서로 동행하는 것에 동의하고 말았다. 3월 7일, 해도 뜨지 않은 시각에 정은 광저우의 경찰서에서 심문을 받고 있는 자신을 발견했다. 몇 시간 후 요원들은 그녀를 집으로 데려가 반성폭력 활동과 관련된 모든 메일들을 출력하게 했다. 물론 스웨덴 대사관과 협의했던 일까지 포함한 것이었다. 이들은 정을 다시 경찰서로 데려가 새벽까지 심문한 이후 하루 종일 호텔 방에 잡아 두었다. 3월 7일 저녁 8시경 이들은 정을 또 다른 경찰서로 데려가 수갑을 채우고는 '분쟁을 일으켜 혼란을 야기한다'는 죄목의 구속 영장을 읽어주었다. 중국의 반정부 인사들에게 포괄적으로 적용되기 시작한 혐의였다. 3월 8일, 정은 베이징으로 끌려가 공식적으로 구금되었다.

그 무렵 중국의 페미니스트들은 정이 체포되었다는 소식을 전해 들었다. 중국 대륙과 홍콩을 잇는 남부 도시 선전에 방문하고 있던 우롱롱은 3월 6일 밤 11시에 량샤오웬의 전화를 받았다. 량은 정이 잡혀갈 때 전화기 너머로 들은 것을 전해주었다. 우는 그날 이 전화만 받은 것이 아니었다. 그보다 앞서 그날 오후에는 공안으로부터 여성의 날에 계획된 활동을 취소하라는 메시지를 받은 참이었다.

같은 날 밤 늦은 시각에 베이징의 리마이지는 우에게 문자 메시지를 보냈다. "젠장, 밖에서 문을 두드려." 우가 바로 전화했지만 통화가 되지 않았다. 이후에도 우는 반성폭력 스티커를 나눠주기로 자원했던 대학생과 동료들을 공안이 체포했다는 위챗 메시지를 몇 개나 받았다.

서른 살인 우롱롱은 항저우에 위즈하이밍여성센터를

세우기 전에 베이징의 이렌핑 등지에서 수년간 여성 인권 운동을 해왔기에 페미니즘 운동의 베테랑이라 할 만했다. 그동안 몇 번이나 불려가 신문을 당했기 때문에 우는 그런 전화와 메시지를 받고서도 처음엔 별로 걱정하지 않았고 다음 날 아침이면 잡혀간 이들이 풀려날 거라고 생각했다. 그런데 리마이지와 량샤오웬의 소식을 들은 후엔 걱정으로 잠을 이룰 수 없었다. 새벽 3시, 우는 알고 지내던 광저우 경찰에게 전화를 걸어 정추란이 취조를 받고 있으며 곧 풀려날 거라는 얘기를 들었다. 그렇지만 4시에 걸려온 량샤오웬의 전화는 공안이 정을 집으로 데려가 페미니즘 운동과 관련된 자료들을 압수한 뒤 호텔에 감금하고 있다고 전했다.

아침이 밝아왔지만 잡혀간 여성들은 풀려나지 않았고 우룽룽과 동료들은 어떤 조치를 취할지에 대해 전화로 논의했다. 동료들이 잡혀 있는 위험한 항저우로 돌아갈 것인가, 아니면 안전한 홍콩으로 재빨리 넘어갈 수 있는 선전에서 상황이 진정되기를 기다릴 것인가? 우는 마음이 복잡했다. 〈남자 화장실을 점령하라〉에 자신이 직접 불러들였던 정추란과 리마이지였다. 게다가 베이징의 왕만과 웨이팅팅은 여성 인권 운동에 직업적으로 뛰어들어 있던 상태가 아니라, 성희롱 반대 스티커를 나눠주기 위해 자원했을 뿐이었다. 우는 누군가 책임져야 한다면 누구보다도 오래 페미니즘 운동에 몸 담아온 자기여야 한다고 생각했고, 항저우로 돌아가기로 결정했다. 이 결정에 대해 우는 나중에 이렇게 술회했다. "나는 너무

순진했다. 공안에게 모든 상황을 설명할 수 있게 되면 오해를 바로잡을 수 있을 것이고 그러면 그들이 체포했던 여성들을 풀어줄 거라고 생각한 것이다."

우롱롱은 중국의 석탄 생산지인 산시성의 가난한 마을에서 자랐다. 어린 여자아이는 쓸모없다고 여겨서, 아들은 공부를 시키고 딸은 일터로 내모는 경우가 많은 곳이었다. 고된 농사 일로 어머니가 많이 아팠던 우롱롱도 여섯 살 때부터 아버지와 함께 쟁기로 밭을 갈기 시작했다.[5] 십 대 시절에 만성 B형 간염 판정을 받은 우에게 의사는 스물여덟 살까지는 아프지 않을 거라고 말했다. "나는 이 말을 앞으로 십 년 정도만 살 수 있다는 의미로 이해했기에 그때부터 나는 하루하루를 충실히 보내고 매일이 의미 있는 하루가 되도록 노력했다."[6]

친척들과 마을 사람들은 우가 대학에 가지 말고 결혼해야 한다고 충고했지만, 우는 숨 막히게 답답한 집에서 탈출하기로 결정했다. 그녀는 중국여자대학에서 사회복지학을 공부하기 위해 베이징으로 갔다. 이곳에서 우는 비영리 공익단체에 자원하여 여성 인권 문제뿐 아니라 빈곤 해소나 에이즈 같은 문제에도 관심을 가졌다.

우가 장학금을 신청하기 위해 고향에서 거주지 증명서를 떼어야 했을 때, 공무원들은 서류를 볼모로 우를 성적인 놀림감으로 삼았다. 그녀를 지지해줄 사람이 아무도 없었기에 우는 그 문제를 공론화할 엄두가 나지 않았다. "내가 그 일을 문제화시켰다면 나는 굴욕적인 가십과 빈정거림에 시달려서 고향에서 얼굴을 들고 다니기 어려웠을 것이다."[7]

　　우는 이런 끔찍한 일을 또 한 번 겪은 적이 있었다. 설 연휴 기간에 베이징에서 일자리를 찾고 있을 때였다. 한 남자가 고용주인 척 접근하여 그녀를 차에 태웠고 순이Shunyi의 먼 교외로 데려가 성폭행하려 했다. 가까스로 도망친 우는 이 끔찍한 경험으로 큰 충격을 받았다. "나는 내가 얼마나 무력한지 깨닫기 시작했다… 나처럼 내 친구들 중 몇몇도 아르바이트든 직장이든 일자리를 구할 때 성폭력에 맞닥뜨렸다." 우는 이렇게 썼다. "열여덟이나 열아홉의 소녀들이 자신을 지켜보려고 생각해내는 일이란 고작 과일 깎는 칼을 사는 것 정도였다."[8]

　　이런 경험들은 우에게 깊은 인상을 남겼다. 사회복지학으로 학사 학위를 취득할 무렵 그녀는 여성 인권 운동과 여러 사회 정의 프로그램들에 열중하고 있었다. 우는 에이즈 문제를 다루는 NGO인 베이징아이즈싱그룹Beijing Aizhixing Institute[9]과 이렌핑의 여성 아동 인권 부서에서 일하게 된다. 2009년에 우는 이렌핑에서 덩유자오Deng Yujiao 사건을 중심으로 하여 세간에 화제를 모았던 여성 인권 캠페인을 조직했다. 덩유자오는 노래방과 유흥업소에서 일하는 스물한 살의 여성으로 그녀를 성폭행하려는 후베이성 고위 관료를 칼로 찔렀다. 〈서던 메트로폴리스 데일리Southern Metropolis Daily〉에 실린 덩의 진술에 따르면, 이 공무원은 그녀의 하의를 끌어내리고 소파로 밀어붙이고는 욕설과 함께 그녀의 얼굴과 어깨 등을 현금 뭉치로 때렸기에

덩은 그의 목에 접이식 칼을 꽂았다. 그의 죽음은 그녀의 정당 방위였다.[10]

이 사건은 웨이보가 설립되기 전에 발생했음에도 인터넷상에서 화제가 되어서, 미투 캠페인을 예고하는 원초적인 감정들이 블로그와 댓글에 넘쳐났다. 중국 시민들은 이 젊은 여성에게 동정을 표하면서 여성에게 성폭력을 저지르고도 아무런 죗값도 치르지 않는 타락하고 난폭한 관료들에 대한 분노로 가득한 게시물들을 수없이 남겼다.

"애초에 그녀가 법정에 서게 된 이유가 무엇인가? 그들이 강간하려고 했기 때문이다… 강간의 위협 앞에서 자기를 방어하지 않을 여성이 있겠는가?" 〈차이나 데일리China Daily〉 웹사이트에 한 독자가 남긴 말이다.[11]

〈피플스 데일리People's Daily〉 웹사이트(people.com.cn)의 한 블로거는 이렇게 썼다. "정부의 관료가 어떻게 그 돈을 벌었을까? 몸싸움을 하는 중에 [그 관료는] 돈 다발로 덩을 때렸다. 누가 자선을 베푼 게 아니라면 고정적인 월급을 받는 공무원이 어떻게 그렇게 돈이 많을 수 있을까? 공금을 제 돈처럼 썼나? 돈을 횡령했나?"[12]

여성 인권 운동가 예하이옌Ye Haiyan은 아래와 같이 썼다. "나는 진심으로 그녀가 그때의 매 순간 무죄였다고 믿는다. 강간의 위협에서 자신의 존엄을 지키려 할 때에 지나친 방어라고 할 수 있는 것은 없기 때문이다."[13]

베이징의 대학생들은 덩유자오와 연대한다는 의미로

도발적인 행위 예술을 공연했다. 그들은 재갈을 물린 여성을 흰 시트에 묶어 길거리에 놓아두고 그 주변에 "우리는 모두 덩유자오가 될 수 있다"고 썼다. 우는 또한 여성 인권 변호사로 잘 알려진 궈젠메이Guo Jianmei와 함께 덩의 사건이 여성을 강간하고도 처벌받지 않은 정부 고위직들의 뿌리 깊은 부패를 어떻게 드러냈는지 공론화하고자 했다. 이 캠페인의 일환으로 많은 여학생들이 덩유자오가 처했던 고통에 대한 이해와 여성 인권에 대한 존중을 요구하는 탄원서에 서명했다. 법정은 덩유자오에게 무죄를 선고하고 그녀를 2009년 6월에 석방하라 명령했다. 재판정은 그녀가 '기분장애'를 겪고 있으며 스스로 자수했다는 점을 지적하며 덩의 손을 들어주었다.

이후에 우는 여성 인권 운동의 범주를 확장하여 성폭력 문제뿐 아니라 가정폭력과 같은 이슈들까지 아우르게 되었다. 그녀는 베이징에서 '블러디 브라이드' 행진을 지원했고, 2012년에는 가정폭력에 반대하는 청원 운동에 1만 명의 서명을 받는 데 기여했다. 우와 동료들은 고용에 있어서의 성차별에 맞서 싸우는 프로그램과 공무원이 되고자 지원하는 여성들에 대한 의무적인 산부인과 검사에 반대하는 퍼포먼스를 시작했다. 공무원에 지원하는 여성들은 성병검사를 받아야 했고 월경주기에 대한 무례한 질문을 받았는데 남성들에게는 이런 과정이 면제되었다.

공안이 이러한 일련의 활동들에 주의를 기울이고 있었다는 것이 3월 7일에야 드러났다. 우가 탄 비행기가 항저우에 착륙하자 제복도 입지 않은 경찰이 탑승했던 그때였다. 그는 복도를 걸어와 우의 좌석 앞에 멈춰 서서 신분증을 보여주며 말했다. "공안입니다. 동행에 협조해주시기 바랍니다."

경찰에게 팔짱을 끼인 채로 비행기에서 내린 우는 활주로에 늘어선 호송 차량이 사이렌 소리를 울리며 경광등을 번쩍이고 있는 것을 보고 깜짝 놀랐다. 경찰차 옆에는 많은 사람들이 서서 그녀를 지켜보고 있었고 공안 요원들이 그녀를 에워싸 차에 태우려 했다. 채증 경찰이 우의 사진을 찍었고 그녀가 걸어가는 장면은 영상으로 촬영되었다. 마치 대규모의 경찰이 범죄조직을 급습하는 리얼리티 쇼 같았다.

우는 속이 매스꺼워졌다. 그녀는 간염으로 인한 합병증을 치료하기 위해 2주간 병원에 입원했던 적이 있었다. 심한 갈증을 느낀 그녀는

"물 한 모금 마실 수 있을까요?"라고 요청했지만

경찰은 "조용히 해!"라고 소리쳤다.

항저우 경찰서에서도 공안은 목이 마르다는 그녀의 요청을 무시하고 페미니즘 활동이 중범죄라도 되는 양 엄혹하게 심문하기 시작했다. "반성폭력 활동을 조직한 사람이 누구인가? 네가 속한 여성단체에 누가 자금을 대는가?"

경찰이 범죄 혐의를 날조하는 것에 대비해 어떤 캠페인이든 그것을 기획한 이들의 신원을 보호해주는 것이 이들 페미니스트들의 원칙이기에, 우도 처음에는 주최자가 누구인지 모르겠다고 말했다. 그러나 공안 요원이 자금의 출처에 대

해 묻자 그들이 페미니즘 운동을 심각한 범죄 사건으로 만들려는 것을 우려하게 되었다. 우는 일이 그렇게 되게 하고 싶지 않았다.

"이 조직의 리더를 잡고 싶은 거잖아요? 여기 당신 앞에 있는 내가 위즈하이밍여성센터의 설립자예요." 우가 말했다. "여기 있는 다른 여자들은 그냥 자원봉사자들이고요." 그녀는 어쩌면 공안이 동료들은 풀어줄지도 모른다고 생각했다.

심문이 계속되었다. 우는 지속적으로 갈증과 병으로 인한 고통을 호소하며 수분 공급과 간염 약 복용이 필요하다고 말했지만 공안 요원들은 그녀의 요구에 무시로 일관하며, 윽박지르고 욕설로 모욕했다. 우의 말에 따르면, 그녀는 "이토록 나를 적대시하며 거부감을 표하는 사람들에게 더 이상 어떤 말도 할 수 없다는 것을 깨달았다." 그래서 그녀는 고함치는 그들 앞에서 입을 다물고 침묵했다. 결국 그들은 위즈하이밍여성센터로 우를 데려갔고, 사무실을 샅샅이 뒤져(그들은 한 번도 수색 영장이나 체포 영장을 제시하지 않았다) 컴퓨터와 휴대 전화 등을 압수했다. 그러고는 다른 구치소로 그녀를 데려가 밤을 보내게 했다.

나중에 우는 공안이 그녀의 집 역시 수색했고 남편에게 그녀의 페미니즘 활동에 대해 심문했다는 것을 알게 되었다. 네 살배기 아들의 장난감이 사방에 내팽개쳐져 있어서 집이 수색당했다는 것을 알게 되었지만, 없어진 것은 우의 USB와 몇 개의 장치들뿐이었다. 아이가 엄마를 찾자 우의 남편은

"엄마가 다른 나라에 멀리 출장을 갔다"고 말했다.

세계 여성의 날인 다음 날에도 우는 속이 매스꺼우면서 허기졌고 간염 약을 복용하지 못해 의식이 또렷하지 않은 상태였다. 그래서 공안들이 어떻게 자기를 항저우 바깥으로 데리고 나갔는지 세부적인 것들을 기억하지 못했다. 그러나 분명한 것은 '분쟁을 일으켜 혼란을 야기한다'는 혐의로 법적인 구금에 처하기 위해 그날 그들이 베이징행 기차에 그녀를 태웠다는 것이다.

여기서 우룽룽은 페미니즘 운동의 동지들과 다시 모이게 되었다. 비록 각 방에 따로 수감된 철창신세이기는 했지만 말이다. 정추란과 웨이팅팅이 한 칸씩 차지하고 있었는데, 둘 다 안경을 빼앗겨 앞도 잘 못 보고 있었다. 이틀 전에 우에게 메시지를 보냈던 리마이지 역시 그곳에 있었다.

그녀와 그녀의 여자친구 테레사 쉬가 잠자리에 들 준비를 하고 있을 때 경찰이 문을 두드리기 시작했다. 그러나 리는 크게 걱정하지는 않았다. 이 스물다섯 살의 여성은 이미 여러 번 경찰에 불려가 심문을 받았기에, 숨죽이고 있으면 그들이 결국 가버릴 거라고 생각했다. 그러나 그들은 그러지 않았다. 테레사가 실수로 변기의 물을 내렸을 때 경찰이 강제로 문을 열려고 했다. 리마이지가 문을 열자 여섯 명가량의 남자들이 들이닥쳤는데, 몇몇은 제복을 입은 경찰이었지만 몇몇은 사복을 입은 요원들이었다. 이들은 리의 손에서 휴대 전화를 빼앗고 집 안을 뒤져 전자기기들을 압수했다. 테레사는 겨우 속옷만 입은 채였다.

"계집애들이 왜 이렇게 문란해?" 한 요원이 떠들어댔다.

"누가 문란하다는 거야?" 리가 맞받아쳤다. 그들이 리를 모욕하고, "계집애"라고 얕잡아 부를 수 있을지 몰라도, 그녀의 여자친구에게는 아니었다.

"집이니까 당연히 이렇게 입고 있지!"

그녀의 저항에도 불구하고 경찰은 둘을 경찰서로 데려갔다. 이곳에서 리는 지금까지 심문할 때와 상황이 다르다는 것을 깨달았다. 경찰은 리의 혈액과 소변을 채취하고 지문과 손바닥까지 찍어 갔다. 그리고는 그녀의 패딩과 방한부츠를 빼앗고 난방이 되지 않는 취조실에 그녀를 홀로 감금했다. 리를 취조하는 두 남자는 신원을 밝히지도 않았고, 제복을 입지도, 그녀에게 어떤 혐의가 있는지도 말하지 않았다. 그들은 리가 속해있는 이렌핑의 국외자금에 대해서만 지속적으로 물었기에 리는 그들이 공안 요원이라고 결론지었다. 그렇지만 그 이후로도 그녀는 대답하기를 거부했다.

"그 남자들은 영광스러운 전투에서 이기기라도 한 것처럼 행동했다"고 나중에 리마이지는 경멸의 어조로 말했다. 그녀의 진술을 이끌어내기 위해 한 수사관은 "큰 그림을 보라"며 리를 데리고 취조실 밖으로 나갔다. 그는 그날 밤 그들이 체포한 젊은 페미니스트들을 자랑스러운 듯 리에게 보여주었다. 그곳에 다 수용할 수 없을 만큼 많은 여성들이었다. 그들은 서로 간의 대화가 금지되어 있었지만 리는 웨이팅팅과 왕만 그리고 다른 자원봉사자들을 알아보았다. 리는 체포된 동료들이 근시인데다 안경을 빼앗겨서 리의 농담처럼 거의 '눈먼' 상태라는 것을 알았다. 또렷하게 앞을 볼 수 있다는 것이 상당한 심리적 우월감을 준다는 것을 그녀는 알았다. 리가 나중에 말하기를 "눈멀지 않았을 때의 이점은 당신이 심문하는 자의 얼굴을 볼 수 있다는 점"이라고 했다. "그것은 일종의 위협이다. 당신이 그들을 기억하는 것을 그들은 두려워하기 때문이다."

리를 심문하던 어떤 수사관은 대학 학위가 두 개라고 그녀에게 자랑했다. 적개심을 감추지 않았던 리는 그를 놀리지 않을 수 없었다. "그러니까 출국 허락을 받았다는 거지?" 리가 물었다.

그의 얼굴이 순간 낙담한 빛을 띠었다. "그건 아니지만 나갈 필요가 없지, 난 여기가 좋은데." 그가 말했다.

"정말?" 리가 짓궂은 표정으로 말했다. "꿈 깨."

결국 리는 이런 식의 날 세운 태도가 유용하지 않다고 판단하고 다른 전략을 취하기로 했다. 울음을 터뜨리기로 한 것이다. "훨씬 낫네!" 수사관이 말했다. 취조실의 분위기도 한결 누그러졌다. 리는 취조실의 한쪽 벽이 단방향 거울이라는 것을 몰랐다. 경찰들은 그 거울의 옆방에 테레사를 두었다. 테레사도 다른 사람들처럼 안경을 압수당해 잘 보이지는 않았지만 리의 희미한 실루엣을 알아보기에는 충분했다.

"너흰 훌리건일 뿐이야!" 테레사에게 한 수사관이 윽박

질렀다. "저 여자들 중에 아는 사람 이름 말해! 스물네 시간만 버티면 나갈 것 같지? 베이징 제4순환도로도 못 가서 여기로 다시 데려다 놓을 거니까 잘해봐."

그 방에서 테레사는 내내 아무 말 없이 그를 응시했다. 다음 날 공안은 테레사가 아직 학생이며 사회복지학 석사 과정 중이라는 이유를 들어 석방했지만, 아래와 같은 진술서에 서명한 이후의 이야기일 뿐이다. "나는 열렬히 조국을 사랑한다. 나는 열렬히 공산당을 사랑한다. 나는 공산당의 국정운영을 지지한다. 나는 비정부기구와 거리를 둘 것을 약속한다. 나는 베이징 이렌핑 비정부기구와 거리를 둘 것을 약속한다."

리는 그다지 운이 없었다. 그녀는 성희롱 반대 스티커를 나누어주었다고 해서 하루 이상 구금될 수 있다는 가능성에 대해서는 고려해본 적이 없었다. 그녀와 동료 활동가들은 공산당에 반하는 어떤 일도 하지 않았기 때문이다. 그래서 리는 '스물네 시간만 버티자, 그럼 나갈 수 있다'고 스스로를 다독였다.

스물네 시간이 지난 후 경찰은 리에게 소지품을 챙겨 그들과 함께 지하보도를 따라가라고 했다. 다른 요원들도 합류하여 일부는 그녀의 앞에 일부는 뒤에 있었다. "나는 내 뒤에 있는 이들이 내가 도망칠까 봐 우려하고 있다는 것을 느꼈다." 그녀가 말하기를, "그 순간 나는 그들이 나를 놓치려 해도 놓칠 수가 없다는 것을 알게 되었다." 그녀는 지하에서 나와 길 위에 서 있는 미니 밴을 보았는데, 안에는 웨이팅팅과 왕만이 양 옆에 공안 요원들을 두고 탑승해 있었다. 이들을 하이뎬 구의 구치소로 수송할 차였다.

~

다섯 번째로 수감된 여성인 왕만은 어린 시절 활달하고 반항적인 기질이 있는 아이였다. 부모님과 선생님들은 제멋대로인 그녀에게 "여자애의 행동거지가 어떻게 그러니?"라고 꾸짖곤 했다. 사춘기 무렵에는 이런 꾸지람이 효과가 있었는지 그녀는 조용히 공부에 몰두했다. 그렇지만 국제관계학 석사학위가 있으며 일본 교토에서 유학한 경험이 있음에도 왕만은 직장에서의 노골적인 젠더 차별로부터 벗어나기 어렵다는 것을 깨달았다. 그녀의 첫 직업은 톈진의 한 명문 고등학교에서 영어를 가르치는 것이었는데, 같은 직위를 얻을 수 있는 자격으로 여성은 석사학위가 요구되는 반면 남성은 학사학위만으로 충분했다. 왕만은 이런 이중적인 잣대를 참을 수 없었고 일을 그만두었다. 스물일곱에 접어들자, 왕은 이십 대 후반의 대부분 중국 여성들이 그러하듯 결혼해서 '잉여' 여성이라는 꼬리표가 달리지 않게 해야 한다는 강한 압박감에 시달리게 되었다. 그녀는 데이트했던 남자들 중에 마음에 든 사람이한 명도 없었기 때문에 자신에게 심각한 문제가 있다고 생각하기 시작했다. "나는 언제나 내 성격이 너무 고집스럽고 너무과격하며 너무 평범하지 않다는 이야기를 너무 많이 들어서 결혼 상대를 찾는 데에 실패할 거라고 생각했다." 왕만은 "여성으로서 나이가 서른이 가까워지자 결혼이 나의 필생의 과업이며 만약 결혼하지 못할 경우 내 주변의 모든 사람들을 실망시키거나 스스로에게 실망하게 될 거라는 이야기를 들었다"고 얘기한다. 2010년에 왕은 빈곤해소 문제를 주로 다루던 베이징의 NGO 단체에서 같이 일하자는 제안을 받았고, 자신이 가진 관점의 한계를 깨닫게 한 페미니스트 운동가들을 만났다. "성격의 결함 때문이라고 믿었던 내 인생이 모든 문제들이 사실은 제도화된 젠더 불평등의 결과라니, 천지가 개벽하는 이야기였다."[14]

　　머지않아 그녀는 광저우에서 있었던 〈남자 화장실을 점령하라〉 운동을 포함한 페미니즘 운동에 자원했으며, 중국의 페미니스트 대중 운동의 실태에 대해 기고하기도 했는데, 이 글들은 훗날 그녀를 괴롭히게 된다. 왕만이 구금된 동안 공안은 이 글들이 중국에 대한 '반역'이면서 그녀가 '중국을 음해하려는 외세'(이 말은 보통 미국이나 영국을 가리킨다)의 꼭두각시라는 증거라도 되는 양 그 글들을 자주 되읊었다.

　　2015년 3월 6일 밤, 공안 요원들은 리마이지를 비롯하여 페미니스트 파이브로 알려진 활동가들이 수감되어 있는 하이뎬 경찰서의 지하로 왕만을 데려갔다. 서른셋의 왕만은 안경을 빼앗겨 어디에 와 있는지 누가 자기를 붙잡고 있는지도 또렷하게 볼 수 없었다. 그녀는 점점 두려워졌다.

　　심문이 시작되었다. 수사관은 그녀가 속해 있는 빈곤

해소 단체의 EU 연구 기금에 대해서 반복적으로 질문했다. 긴 취조가 끝났을 때 왕만은 집으로 돌아가리라고 생각했지만 그녀는 집이 아닌 독방으로 인도되었다. 잠을 청했지만 너무 춥고 배가 고팠다. 그녀는 음식을 거의 공급받지 못한 데다가 계절이 겨울이었음에도 통풍구 너머로 차가운 에어컨 바람이 불어와 방에 하나뿐인 벤치 위로 쏟아졌다. 최근 몇 년간은 약을 복용하지 않아도 되었지만 선천적인 심장질환이 있는 그녀는 건강에 대한 염려로 마음이 약해질 때가 있었다. 시계가 없어 몇 시인지도 모르는 상태였다. 그날 밤, 왕만에게는 자신의 건강을 확신할 수 없는 이런 상황을 더 이상 견딜 수 없다는 두려움이 몇 번이나 엄습해왔다.

그러던 중 그녀는 굳게 잠긴 방문 너머로 웨이팅팅의 목소리를 들었다. "목말라! 물 달라고!" 소리치던 웨이는 중국의 전통 민요인 '모리화'(재스민)를 우렁차게 부르기 시작했다.

> 아름다운 모리화
> 너를 꺾어다
> 드리고 싶구나
> 모리화, 아 모리화

왕만은 웨이의 노랫소리를 들으며 단지 벽 하나 너머에 동지가 있다는 사실에 감사하고 또 감사했다.

2. 인터넷과 페미니즘의 각성

The Internet and Feminist Awakening

'페미니스트 파이브 자매들'이 수감된 다음 날, 페미니스트 활동가들은 이들과의 연대를 표현하는 캠페인들을 웨이보와 위챗과 같은 소셜 미디어에서 활발히 전개하기 시작했다. 중국에서는 모두 금지되어 있는 트위터, 페이스북, 인스타그램을 타고 분노를 담은 해시태그 *#FreeTheFive*가 전 세계로 번지고 있을 때, 중국 내 활동가들은 페미니스트 파이브의 얼굴이 인쇄된 가면을 쓴 여성들이 공공장소를 활보하는 모습을 게시했다.

"우리는 흔히 일상을 보내는 장소에서 사진을 찍었다. 페미니스트 파이브가 마치 감금되지 않은 듯이 식당에서 밥을 먹거나 시장에서 장을 보는 것처럼." 페미니즘 운동의 리더인 샤오메이리는 이렇게 설명했다. 그녀는 아동을 대상으로 한 성적 학대에 대한 경각심을 일깨우고 여성을 위한 사회적 공간을 되찾기 위하여 2013~14년에 걸쳐 베이징에서 광저우까지 2천 킬로미터 이상을 행진했던 인물이다.

게시된 첫 번째 사진은 리마이지, 우룽룽, 정추란, 웨이팅팅 그리고 왕만의 가면을 쓴 다섯 명의 여성이 비틀즈의 애비 로드 앨범 표지처럼 횡단보도를 건너는 모습이다. 사진 위에는 '3월 7일: 페미니즘 활동가들 구속—첫째 날'이라고 쓰여 있었다. 둘째 날의 사진은 페미니스트 파이브의 가면을 한 이들이 〈남자 화장실을 점령하라〉 운동을 상기시키며 공중화장실 앞에 서 있다. 또 다른 날의 사진은 가면 쓴 다섯 명의 여성이 찻잔을 하나씩 들고 지하철을 기다리는 모습이다. 중국 경찰이 트러블메이커로 여기는 이들을 심문할 때 "차 한잔하러 오라"고 에둘러 표현하는데 사회 운동가들과 접촉하면서도 이렇게 말하는 관행을 패러디한 것이다. 매일, 페미니스트 파이브가 구속된 날 수만큼 새로운 사진이 올라왔다. "우리를 다 잡아가 봐!" 한 사진에는 이렇게 쓰여 있었다.

이들 페미니스트들은 중국 전역의 여러 사람들에게 페미니스트 파이브와의 연대를 보여주는 이 사진들을 웨이보나 위챗에 게시해달라고 요청했다. 베이징에서는 경찰과 사복 공안 요원들이 페미니즘 활동가들을 붙잡아 수사하려고 혈안이 되어 있어서, 여성 다섯 명이 거리에서 사진을 찍은 후 페미니스트 파이브의 가면을 포토샵으로 씌워서 게재했다. 광저우의 보안은 보다 느슨한 편이었기에 페미니스트들이 진짜 가면을 쓴 채 쇼핑센터나 복잡한 교차로와 같은 공공장소에서 생생한 사진을 남길 수 있었다. 이들 대부분은 경찰의 수사망을 피하기 위해 여전히 익명으로 남아 있다. 반면 중국 국외에서 활동하는 페미니스트들은 〈페미니스트 보이스〉 계정으로 유명한 뤼핀처럼 실명으로 사진을 게재했다.[1]

중국의 인터넷은 치밀하게 검열하고 감시하는 '만리장성'*에 의해 다른 나라들과 차단되어 있다. 인터넷 검열관은 거의 모든 관련 회사에 파견되어서 공산당에 부정적이거나 '사회 질서를 어지럽힌다'고 판단되는 소셜 미디어 게시물이라면 무엇이든 다 삭제하라고 요청한다. 디지털 인권 전문가인 레베카 맥키넌rebecca mackinnon이 수행한 한 연구는 이를 '네

* 중국 정부의 인터넷 검열 프로그램

트워크 권위주의'라 칭하며, 중국의 인터넷 회사들은 경찰이 수사를 요청하는 사용자에 대한 신상정보를 일상적으로 넘기고 있다고 설명했다.[2] 검열 부대는 페미니스트 파이브의 구속에 대해 노골적으로 말하는 수많은 게시물과 뉴스 기사들을 삭제했지만, 페미니스트들의 소셜 미디어 계정을 전면적으로 금지하지는 못했기에 학생, 노동자, 학자와 인권 운동가들(남성을 포함한)이 올린 연대의 메시지와 사진들은 계속해서 유포되었다. 공장에서 일하는 한 여성 노동자는 자신의 얼굴 사진과 함께 '우리는 성희롱에 맞서 싸울 것이다! 우리를 희롱하지 말라! 페미니스트 파이브를 지지하라—중국 여성 노동자'라고 게시했다. 샤먼의 한 남성 노동자도 '샤먼의 노동자들은 우롱롱, 리팅팅, 왕만, 정추란, 웨이팅팅을 지지한다'라고 쓰인 팻말을 든 자신의 사진을 올렸다. (이 사진들은 검열에 의해 삭제되었지만, 정추란의 남자친구였다가 나중에는 남편이 된 노동 인권 운동가 웨이리자이Wei Lizhi가 몇몇을 추려 libcom.org에 쓴 글에 남아 있다.)[3]

그동안 여성 인권 운동에 도움 받았던 많은 사람들이 페미니스트들에 대한 연대를 표명하길 원했다. 몇몇은 노동 계층의 여성과 남성을 위한 노동 인권 캠페인에서 정추란(거대 토끼)을 만난 적이 있는 이들이었다. 한 탄원서는 1,100개가 넘는 서명을 끌어모았는데, 이런 탄원서에 이름을 적시하는 일은 누구에게든 대단히 위험한 일이었다. 페미니즘 운동가들은 페미니스트 파이브가 수감된 베이징의 하이뎬구 구치소뿐 아

니라 하이뎬 공안국과 지방 검찰청 그리고 중화전국여성연합회에도 탄원서를 보냈다.[4]

한 탄원서에는 중국의 여성변호사공익협력네트워크에 소속된 페미니스트 변호사들과 인권 변호사 백여 명이 서명했다. 몇 달 뒤부터 중국 정부는 이들과 그 외의 인권 변호사들을 단속하기 시작하더니 수백 명을 체포하여 구금했다. 여기에는 페미니스트 파이브를 변호하는 왕유 역시 포함되었다(6장 참조).

이런 연대의 움직임이 인터넷을 통해 퍼져나갔다는 것에 주목할 필요가 있다. 검열의 방해에도 불구하고 중국 페미니즘 운동의 새로운 세대는 2010년과 2011년, 웨이보와 위챗의 폭발적 성장과 불가분의 관계에 있다. 대학에 입학하는 여성이 국내외를 막론하여 기록적으로 증가했기 때문에 이들은 스스로를 페미니스트로 분명하게 자각하지는 않을지라도 온라인 세계에 접속하여 만연한 성차별과 불평등한 처우에 대항하기 시작했다. 인터넷은 직장이나 가정에서보다 이들이 더 자유롭게 자기 생각을 펼칠 수 있는 공간을 제공했고 같은 생각을 가진 여성들이 전국 어디에서나 서로 만날 수 있게 만들었다. 공안당국의 삼엄한 감시를 감안하면, 구금된 여성들에게 이렇게 폭발적인 지지가 쏟아졌다는 것은 이들 페미니스트 파이브가 중국 전역의 지지자들과 끈끈하게 유대하고 있으며 그들을 동원해낼 수 있다는 점을 드러낸 것이다.

* 웨이보로부터
본인 인증을
받았으며 10만
이상의 팔로워를
가진 계정을
일컫는다.

심지어 웨이보의 '빅브이* 스타들 중에는 페미니즘 운동과 페미니스트 파이브의 구금 사건이 불을 지핀 덕분에 페미니즘에 대해 자각하게 된 이도 있었다. 중국의 웹사이트 〈월스트리트 저널〉의 편집장인 리위안이 그중 하나인데, 웨이보에서 첫 번째로 '빅브이' 유명인사가 된 여성 중 한 사람으로 250만 명가량의 팔로워를 거느리고 있다. 그녀의 경험은 중국 여성들의 페미니즘 의식의 성장에 소셜 미디어가 얼마나 중요한지를 보여준다. 리위안은 닝샤 지역 서부의 수도 인촨에서 성장했으며 미국 대학원에 진학하기 전 몇 년간은 아프가니스탄과 태국, 라오스에서 〈신화통신〉의 해외 특파원으로 있었다. 그녀는 조지워싱턴대학에서 국제 관계학을, 컬럼비아대학에서 저널리즘을 수학하여 두 개의 학위를 받았고 뉴욕 〈월스트리트 저널〉의 기술 담당 기자가 되었다. 2008년에는 〈월스트리트 저널〉의 중국어 사이트를 개설하기 위해 베이징으로 가서 많은 번역가를 고용해 중국어 콘텐츠를 개발했다.

당시에는 중국의 일반 시민들도 트위터와 페이스북에 접속할 수 있었고 자국 내에서 주로 사용되던 마이크로블로깅 플랫폼 판푸Fanfou 또한 존재했다. 2009년 6월에 이르자 중국 정부는 천안문 사건 20주기를 맞아 정치적으로 민감한 뉴스 보도와 트윗이 쇄도할 것을 예상하여 트위터와 기타 온라인 서비스를 일시적으로 폐쇄했다.

그로부터 얼마 지나지 않은 2009년 7월 6일에 신장 북서부 지역에서 무슬림인 위구르 주민과 중국의 대다수를 차

지하는 한족 간에 대규모의 유혈사태가 벌어져 156명의 사망
자와 천 명 이상의 부상자가 발생했다.[5] 천안문 이후 중국에서
가장 참담한 시민 봉기 중 하나였다. 수백 명의 위구르인들이
신장의 수도 우루무치의 대광장에 모여 광저우의 한 공장에서
있었던 위구르족과 한족 노동자들 사이에 벌어진 분쟁에 대해
조사해줄 것을 정부에 요구하는 시위를 벌였다. 그 다툼에서
두 명의 위구르인이 사망했다. 신장의 많은 위구르인들은 한
족 중심의 공산당이 자신들의 사생활과 종교적 관습에 간섭
할 뿐 아니라, 한족 군대가 자신들의 이웃에게 폭압적인 경찰
력을 행사하는 것에 대해 상당히 분개하고 있었다.

중앙 정부는 사태의 여파를 통제해야 한다는 것을 깨
달았다. 당국은 이 대규모 소요사태에 대한 정보가 확산되는
것을 막으려고 신장 우루무치 등지의 인터넷 서비스를 차단
하고 대대적인 보안 단속에 착수했다. 처음에는 이런 탄압이
신장 지역에 국한될 것으로 보였지만 이후 중앙 정부는 트위
터와 페이스북에 접근하는 것을 중국 전 지역에서 봉쇄했다.
페이스북과 트위터에 대한 이때의 금지 조치는 여전히 해제되
지 않고 있다.

그때, 중국판 트위터를 경영하고 있던 찰스 차오[Chales
Chao]는 사업상의 막대한 기회를 엿보았고, 그 일에 덤벼들어 저
널리스트에서 기술 회사 경영인으로의 변신에 성공했다.[6] 트
위터와 페이스북이 영구적으로 금지된 지 몇 주밖에 지나지
않은 2009년 8월, 차오는 소셜 미디어 플랫폼인 시나웨이보

Sina Weibo를 론칭했다. 소프트웨어와 사람이 모두 검열을 수행할 수 있는 복잡한 내부 시스템을 장착한 것이었다. 신생 플랫폼인 웨이보는 소셜 인플루언서로 알려진 영화배우 또는 유명한 경영인이나 언론인 같은 이들이 계정을 만들게 하려고 적극적인 공세를 펼쳤다. 2010년 초 시나의 임원 중 한 사람은 리위안에게 웨이보 계정을 만들라고 권유했다. 그녀는 저널리스트이기에 개인적인 생각을 공개적으로 발언하는 것을 꺼려 처음에는 부탁을 거절했지만 결국엔 승낙했다. 웨이보는 론칭한 지 1년을 겨우 넘겼을 무렵인 2010년 10월, 5천만 명의 사용자를 보유하게 되었다. 그로부터 사용자는 더욱 급증하여 2017년 12월의 월간 사용자 수는 3억 9천2백만 명으로 전 세계의 트위터 월간 사용자 수를 넘어섰다.[7]

리위안은 "처음에는 웨이보에 무엇을 쓰는 것이 무척 겁이 났다. 내가 글을 올렸을 때 사람들이 나에 대해 말하는 것을 보고 싶지 않았기 때문이다."라고 말했다. 그녀에 대해 사람들은 종종 이런 말들을 남겼다. "왜 이렇게 독선적이야? 왜 이렇게 말이 많지? 여자인 주제에!", "여자면 여자답게 고분고분해야지."

리는 이런 노골적인 표현이 처음에는 불편했다. 그러나 2011년 초 '아랍의 봄' 이후 그녀는 곧 웨이보에서 벌어지는 토론에 몰두하기 시작했다. 부모님과 함께 닝샤 지역의 집에서 음력설을 보내고 있을 때였는데, 그녀는 밤이 늦도록 튀니지와 이집트의 혁명 사건에 대한 글을 올리느라 여념이 없었다.

"부모님은 내가 두 개의 삶을 영위하고 있다는 것을 몰랐다"고 리위안은 말한다. "낮 동안은 산책을 나가고, 부모님과 집에서 식사하고 대화하곤 했다. 그러다 밤이 되면 [이집트의 대통령 호스니] 무바라크와 관련된 일들로 긴박해지기 시작했고, 매일 밤 두세 시가 될 때까지 잠도 안 자고 포스팅을 했다.

리는 웨이보의 초창기를 '웨이보의 봄'이라고 표현했다. 사회문제에 대해 심층적으로 대화할 수 있는 공개된 토론의 장을 새로운 가능성으로 기대하는 사람들이 많았고, 매일 몇 시간씩 온라인 상대와 토론을 벌였다. "모든 사람들이 웨이보에 열중해 있었고 스스로에게 질문하고 있었다, '중국을 개조하려면, 또는 중국이 올바른 방향으로 나아가려면 이 플랫폼을 어떻게 사용해야 할까?'" 리는 이렇게 덧붙였다. "중국은 세계의 어떤 나라도 경험하지 못한 거대한 변화를 겪고 있다. 사회, 정치, 경제에서 숙고해야 할 문제가 산적해 있기에 이런 대중적인 토론이 더욱 고취된 것 같다. 우리 모두는 이런 온라인 전투에 참전했다. 간혹 불쾌한 일도 있었지만, 여러 가지 의견들이 충돌하는 이런 모든 과정들이 다 흥미로웠다."

2012년까지 리위안의 웨이보 팔로워는 기하급수적으로 늘어났는데, 사실 그 전에 이미 2백만 팔로워를 거느린 '빅브이' 유명인사가 되어 있었다. 팔로워가 늘어나는 만큼 그녀는 점점 더 중국의 제도적인 문제들에 대해 말하고 싶은 열망에 사로잡혔다. 중국의 어마어마한 불평등이나 인권의 실종,

물론 여성 인권을 포함한, 이런 문제들에 대해서 말이다. 한편으로 〈월스트리트 저널〉의 중국 홈페이지도 대단히 주목받게 되었다.

내가 리위안을 만난 것은 2011년 말로 그녀는 〈미즈메거진Ms. magazine〉에 실었던 내 논평을 중국어로 번역하여 발행하고자 나를 찾아왔다. "중국의 '잉여'여성"이라는 제목의 이 글은 중국 정부가 고학력의 결혼하지 않은 여성을 수치스럽게 만들어 결혼으로 압박하기 위해 고의적으로 기획한 성차별적 선전에 대해 논평한 글이다.[8] 그 글이 중국 〈월스트리트 저널〉에 올라가자(검열받지 않고) 영어로 쓴 나의 원본기사보다 압도적으로 많은 관심을 받았다. 첫날에만 수만 건의 페이지 뷰를 기록하며 그날 중국에서 가장 주목받은 기사가 된 것이다.

리위안은 몇 해 동안 자신을 페미니스트라고 공개적으로 밝히지 않았지만, 그녀가 올린 웨이보의 논평들은 중국 사회와 정부의 선전 속에 스며 있는 고질적인 성차별에 도전하는 것이었다. 한 예로 〈인민일보〉의 웨이보 계정이 2016년에 올린 화보는 젊은 아내가 남편이 일하러 가기 전에 먹을 수 있도록 매일 아침 남편을 위해 정교하게 준비한 밥상 사진들이었다. "이렇게 다채로울 수 있나요, 3개월간 매일 다른 요리라니!" 사진 위의 글자들이 신나게 이어졌다. 아내가 요리사 수준이라 남편은 외식하고 싶은 적이 없었다고. 리위안은 일부 사진을 가져와 게재하며 신랄한 논평을 달았다. "남자가 여자 대신 아침밥 안 하는 이유는?"

언제인가는 남성 지도자들이 만나는 사진을 올리고 이렇게 말했다. "우리가 힐러리나 메르켈과 같은 더 많은 여성 지도자를 갖게 된다면… 이 세계는 훨씬 안정적이고 평화로워질 것이다." 그녀는 중국 어디에서나 결혼에 대한 압박을 받겠지만, 굴복해서는 안 된다는 내용의 포스팅을 자주 했다. "싱글로 사는 것은 두려워 할 일이 아닙니다. '잉여 여성'이 될까봐 성급하게 결혼하지 마세요. 타인의 기대에 부응하며 일생을 보내는 것은 스스로에 대한 반역입니다." 검열관은 리위안의 포스팅을 삭제했지만, 그녀의 계정은 완전히 사라진 적이 없었다. 정부를 비판하는 이들의 몇몇 계정이 삭제되던 것과는 다른 양상이었다.

리위안은 웨이보를 통해 상세한 사생활 이야기와 사진을 공유했다. 이십 대 초반에 성급하게 결혼했던 그녀는 몇 년 후에 이혼했고 더 이상 결혼이나 아이를 원하지 않았다. 그녀는 싱글 여성으로서의 삶을 스스로 얼마나 즐기고 있는지를 힘주어 말하곤 한다. 특히 혼자 다니는 여행에 대해서 그랬다. 그녀는 혼자 인도나 태국과 같은 곳에서 모험을 무릅쓰고 신나게 여행하는 사진들을 자주 올렸다. 그녀는 이렇게 말한다. "자유는 나에게 너무나 중요하다. 그래서 나는 어떤 것에도 메이고 싶지 않다."

2013년에 리위안은 웨이보의 '100명의 영향력 있는 사용자'에 선정되었고, BBC의 '웨이보의 슈퍼스타는 누구인가?'라는 기사에 이름을 올리기도 했다.[9] 젊은 여성들이 그녀에게

다가와 결혼하지 않아도 행복한 삶을 영위할 수 있다고 보여 준 것에 감사해하기도 했다. "웨이보에서 당신을 팔로우하고 있어요. 당신이 옳다고 생각하거든요. 부모님이 결혼으로 나를 밀어붙이지 못 하게 할 겁니다. 혼자 사는 게 저는 좋아요." 이런 메시지를 보내면서 말이다.

늘어나는 팔로워만큼 온라인상의 여성혐오에 가득 찬 욕설도 늘어났다. 그녀는 지나치게 신경 쓰지는 않으려고 노력했다. (내가 2011년에 웨이보 계정을 만들었을 때 그녀는 이렇게 조언했다. "못된 말들에 일일이 신경 쓰지 마.") 한번은 그녀가 요리하는 것을 좋아하지 않는다는 글을 올렸는데, 알고 지내던 남자가 이렇게 답했다. "남편 못 찾는 이유가 있네!" 또한 사람들은 그녀가 중국의 '배신자'라거나 미국 여권을 소지했다고(그녀는 중국 국적이다) 헐뜯었다. 그녀가 올리는 기사들이 지나치게 비판적이라는 이유였다. 그들은 웨이보에서 비호감인 사람들을 블랙리스트로 작성했다. 몇몇은 그녀에게 '가만히 앉아서 구경하는 선동자'라는 이름을 붙였다.

욕설의 대부분은 그녀가 업무용으로 사용하는 웨이보를 성차별적으로 이용한 것이었다. 아이디 @YuanLiWSJ는 이름에 월스트리트저널의 약자를 덧붙인 것인데, 중국어로 이것이 weishengjin, 즉 '생리대'를 축약한 것으로도 읽히는 점을 이용한 것이다. 악플러들은 빈번하게 그 용어를 사용했다. 리위안은 "사람들이 피 묻은 생리대 사진을 보내면서 '네 말에는 논리가 없어, 여자니까'라고 말한다"고 했다. 그녀는 온라인상의 여성혐오를 담은 욕설들이 정부로부터 금전적인 대가를 받았거나 정부에 의해 암묵적으로 부추겨진 사람들이 쓰는 것이라고 믿고 있다. 정부가 인터넷 여론에 관여하기 위해 시도한 일이 국영 언론인 〈글로벌 타임스Global Times〉에 의해 밝혀졌는데, 이른바 '50센트 파티'(wumao dang*)로 불리는 사건이다. 글로벌 타임스에 의하면 온라인에서 친정부적인 게시물을 올릴 때마다 중국 화폐로 50센트를 받았다고 한다(표현상 그렇다는 것이지 말 그대로 50센트는 아니겠지만).

    "한동안 이 '50센트'들이 유난히 못되게 굴었다. 인도 여행이 얼마나 즐거웠는지 썼을 때였는데, 수십 명이 내가 그곳에서 강간당하기를 바란다는 글을 올렸다." 리위안은 덧붙였다. "며칠간 그런 글이 이어졌다. 내용이 거의 비슷했기 때문에 분명 조직적으로 움직이는 이들이 대부분인 것 같았다."

    리위안은 그런 최악의 협박들을 가족들이 볼까 봐 수백 명의 사람들을 차단했지만, 그럼에도 악플러들을 완벽하게 차단하기란 물론 불가능한 일이었다. 심지어 어린 조카까지 그녀가 받은 적대적인 메시지들을 보고 "이모, 인터넷에 이모한테 화내는 사람이 왜 이렇게 많아?"라고 묻는 일도 있었다. (페미니스트로 보일 만한 것을 올린 여성이라면 다 그랬듯이 나도 강간당할 거라는 협박을 받았다.) 소셜 미디어의 가능성을 희망적으로 바라보았던 리위안과 웨이보에서 영향력을 가진 많은 인사들은 2012년 시진핑 주석의 취임 이후 환멸을 느꼈다.

    2013년 정부는 '빅브이' 논자들에게 웨이보에서의 언

* 五毛党

급에 신중하라고 경고하기 시작했다. 중국계 미국인 투자자인 찰스 쉬에Charles Xue(쉬에 만즈Xue Manzi라는 이름으로 알려져 있기도 하다)는 1,200만 명의 팔로워를 거느린 거물급 오피니언 리더였으나 2013년 8월 매춘부와 성관계를 한 혐의로 체포되었다. 나중에 그는 중국 국영방송에 죄수복과 수갑 차림으로 나와서 "온라인으로 무책임한 내용을 유포했다"고 시인했다. 중국에서 성장했지만 미국 시민권자인 쉬에는 구금되었다가 2014년 '건강상의 이유'로 구금에서 풀려났다. 〈신화통신〉은 쉬에의 투옥 사건이 '인터넷의 모든 빅브이들에게 준법에 대한 경종을 울린 것'이라 논평했다. 리위안의 지인 몇몇도 그들이 올린 소셜 미디어 게시물로 인해 체포되었다가 풀려났다. 리위안은 이렇게 말했다. "그들은 자신들이 한 일이나 심지어 하지 않은 일까지도 자백하기를 강요받았다. 그들이 기소되지는 않았지만, 온라인에서의 비판적 의견에 대한 탄압은 매우 조직적이었다."

리위안이 웨이보에서 친구들의 글을 읽으려 할 때면 빈번하게 문제가 발생했다. 그녀의 계정에서는 친구들의 새 게시물을 삭제하지 않았는데도 보이지 않는 경우가 더러 있었고, 그래서 검열을 감지하는 것이 거의 불가능했다. 다른 사람들도 그녀가 올린 새 글을 볼 수 없다고 종종 이야기했다. 물론 그녀의 타임라인에는 정상적으로 올라 있었다. 2013년 무렵 리위안의 팔로워가 240만 명에 이르자 웨이보가 팔로잉을 '봉인'했고 그 후로 정확히 같은 수치에 머물러 있다. 리위안은 이렇게 전한다. "내가 웨이보의 중역에게 이것에 대해 묻자, 그는 어렵게 입을 떼어 나와 같은 사람들이 '이제는 그들이 찾는 타입의 인플루언서가 아니'라고 시인했다." 2013년 11월, 정부는 불확실하며 정치적으로 민감한 보도를 했다는 이유로 〈중국 월스트리트 저널〉과 〈로이터통신〉을 차단했다. (〈뉴욕 타임스〉나 〈블룸버그 통신〉과 같은 기타 외신의 중국 웹사이트는 2012년에 이미 차단되었다. 중국의 고위급 지도층의 가족이 보유한 재산에 대해 폭로하는 보도를 내보냈기 때문이다.[10])

페미니스트 파이브가 체포되자 리위안은 많은 사람들이 그러했듯 웨이보에 분노에 찬 글을 올리는 데에 동참했다. 더불어 자신을 지칭하는 데에 페미니스트라는 표현을 사용하기 시작했다. "내가 중국에서 살았던 2008년에서 2015년에 이르는 몇 년간은 이 표현이 불편하게 느껴졌다. 내가 교과서스러울 정도로 전형적인 페미니스트였기 때문이다. 나는 싱글이었고, 아이가 없었으며 남자들에게 너무 위협적이었으니까." 리위안은 중국에서 페미니스트라는 말은 수많은 부정적인 의미를 함축하고 있으며, 그녀가 중국의 벤처 자금 분야나 기술 산업에서의 성차별에 대해 언급하거나 칼럼을 쓴 이후에 여성혐오를 담은 악플이 되어 그녀에게 쏟아졌다고 말한다. "모든 중국 남자들은 중국 여성이 이미 대단한 권력을 행사하고 있다고 생각한다. 그들은 '중국에는 여성에 대한 편견이 없다! 아직도 평등을 얻어내지 못했다고 생각하는 이유가 무엇이냐?'고 묻는다."

리위안은 "중국에는 남성 우월주의자라는 표현이 있는데, 남성들은 나를 여성 우월주의자라고 부른다."고 말했다. 그녀가 중국 기술 부문 칼럼니스트라는 새 직업을 얻어 홍콩으로 이주했을 때, 그녀는 자신이 한동안 페미니스트라는 용어를 공식적으로 사용하지 않은 까닭이 자신을 지키려는 이유였으리라고 반추했다. "그때는 너무 많은 일들이 일어났고, 내 친구들 중에는 결국 감옥에 갇힌 사람도 있다. 나는 나를 페미니스트로 결정했고, 나는 자랑스럽게 이 꼬리표를 달 것이다." 2018년 4월 그녀는 〈뉴욕 타임스〉의 첫 아시아 기술 부문 칼럼니스트로 고용되었다. 그녀는 여전히 웨이보에 정기적으로 글을 올리지만, 더 이상은 웨이보를 사회적 변화를 일으킬 수 있는 주된 동력으로 보지 않는다.

인터넷 검열이 첨단 기술을 동원하여 점점 더 정교해짐에도 불구하고 페미니스트 운동가들은 인터넷의 안과 밖에서 모두 페미니즘 운동을 지속하고 성장시킬 수 있는 길을 모색했다. 중국에서 가장 영향력 있는 페미니스트 소셜 미디어 플랫폼인 〈페미니스트 보이스〉를 창립한 편집자인 뤼펀은 〈페미니스트 보이스〉가 웨이보에 페미니즘 기사를 활발히 게재하기 시작한 무렵에 중국의 젊은 여성들이 자신을 페미니스트로 인지하기 시작한 것은 우연이 아니라고 말한다. (2018년에 〈페미니스트 보이스〉의 계정은 차단되었다.)

뤼펀은 1994년 베이징으로 돌아와 산둥대학에서 중

국어와 고전문학으로 석사 학위를 받았다. 그녀는 1995년 유엔 세계여성회의 직전에 〈중국여성뉴스〉*의 기자로 일하기 시작해서, 기자의 자격으로 유엔 세계여성회의에 입장하는 특권을 갖게 되었다. 정부는 이 회의를 베이징 중심부에서 멀리 떨어진 화이러우구의 외딴 지역으로 밀어냈다. 그때까지 그녀는 자신을 페미니스트라고 생각하지 않았다.

* 중화전국여성 연합회의 하위 기구

"당시 중국에는 인터넷이 없었기 때문에 대중들은 어떤 일이 일어나고 있는지 거의 알지 못했다"고 뤼핀은 말한다. '유엔 여성회의는 상당히 좋은 기회였지만, 그것은 중국에서 매우 소수의 사람들에게만 열려 있었고' 대부분은 정부 관료나 중화전국여성연합회와 관계된 고위급 전문가들이었다. 뤼핀은 〈중국여성뉴스〉를 공산당이 여성에게로 놓은 가교라고 묘사한다. 그녀와 동료 기자들은 여성의 요구에 주목하게 하는 기사들을 썼지만, 또한 공산당의 선전을 전파하는 임무 역시 수행해야만 했다. '모순되는 두 개의 목표'라고 그녀는 표현한다. 예를 들어 그들이 지방에 사는 가난한 여성에 대한 글을 썼다면, 그들은 그 여성들이 곤란을 극복하는 데에 공산당이 어떤 도움을 주고 있는지에 대해 보여주어야 했다.

이런 직업적 경험과 함께 그녀는 개인적으로도 각성하게 되었다. 〈중국여성뉴스〉에서 근무하면서 당의 방침을 따라야만 했지만, 뤼핀은 페미니즘 이론들을 두루 읽어나가기 시작했다. 한편 그녀는 남자친구와 함께 이사를 가서 몇 년간 같이 살았다. "처음에 나는 내가 다른 사람들과 비슷하다고 생각해서, 결혼도 하고 싶었다"고 그녀는 말한다. 그러나 남자친구와의 관계에서 문제가 발생할 때에 그녀는 페미니즘에 대한 정치적인 헌신과 개인적인 삶을 어떻게 조화시킬 수 있을지 더욱 깊이 고민했지만, 자기 내부에서 결혼에 대한 반발감이 점차 커져가고 있다는 것을 발견하게 되었다. 단지 그 남자친구와 결혼하기 싫다는 것이 아니라, 모든 남자에 대해서 그런 것이었다.

"시간이 지나서야 나는 내가 다른 사람들과 같지 않으며 결혼에 대한 욕구가 나에게 전혀 없다는 것을 알게 되었다." 그들은 약혼을 파기했고, 뤼핀은 결혼이라는 제도에 대해서 완전히 단념하기로 결정했다. 그녀는 결혼한 여성의 법적 권리가 빈번하게 훼손당하는 중국에서의 결혼이란 여성을 무급 노동자로 만들어버리는 억압이라고 믿게 되었다.

뤼핀은 2004년 〈중국여성뉴스〉를 떠나, 미디어의 젠더차별을 직접적으로 드러내는 일을 할 수 있는 NGO 여성네트워크를 위한 미디어감시기구Media Monitor for Women Network에서 일하기 시작했다. 웨이보가 설립된 2009년 무렵 뤼핀은 가정폭력 피해자에 대한 지원 부족 문제를 포함하여 직장에서의 여성차별과 성희롱 등 광범위한 문제를 다루는 대안적인 미디어 플랫폼 〈페미니스트 보이스〉를 설립했다. (처음에는 '여성의 목소리 저널'이나 'Nü Sheng Bao'로 불렸다.) 〈페미니스트 보이스〉는 처음에는 대중의 관심을 이끌어내지 못해서, 그들이 2010년 웨이보 계정을 설립한 후 이듬해 중반까지는 팔로워가 수백 명에 지나지 않아 거의 휴면 계정이나 다름없는 상태였다. 뤼핀과 동료들은 여성 인권을 다루는 게시물을 보다 자주 올려서 팔로워 숫자를 늘리기로 합심했다.

2011년 8월 그들의 시간이 도래했다. 중국의 최고인민법원이 혼인법 특히 부부 공동 재산이라는 개념에 대해 공산주의 혁명의 초석을 뒤집어버리는 새로운 사법적 해석을 발표했기 때문이다. 1950년에 확립된 본래의 혼인법은 여성의 권리를 동등하게 인정하여 재산에 대한 권리나 자유롭게 이혼할 수 있는 권리 등을 인정했다. 반면 2011년의 새로운 사법적 해석은 부부의 재산이 특별히 이의제기를 하지 않는 이상 기본적으로 명의를 갖고 있는 사람—보통 남성—에게 귀속된다고 모호하게 정의했다.

〈페미니스트 보이스〉는 이 해석이 결혼한 여성의 재산권에 대한 심각한 퇴보라는 기조의 치밀한 법적 비판을 꾸준히 이어갔다. 일례로 페미니스트 변호사인 리양은 부부 재산의 명의가 남성의 이름으로 되어 있는 경우가 대부분이기 때문에 부부가 이혼할 경우 남성이 재산의 소유권을 갖게 된다며, 새로운 판본의 혼인법을 '남자의 법'이라 비꼬았다.[11] 〈페미니스트 보이스〉는 종래에 당연히 인정받았던 재산권을 잃게 되어 당황하고 있는 기혼 여성들의 분노를 담은 논평들을 쏟아내기도 했다.

〈페미니스트 보이스〉의 웨이보 계정은 페미니즘 운동가들의 활동을 중심으로 여성 인권에 관한 기사와 논평, 사진들을 지속적으로 게시했다. 2012년 대학 입학에서의 여성 차별에 반대하여 광저우에서 벌였던 '대머리 자매' 운동과 아동 대상의 성적 학대에 대한 경각심을 일깨우고자 샤오메이리가 베이징에서 광저우까지 행진했던 '아름다운 페미니스트 행진 Beautiful Feminist Walk'이 대표적이다. 뤼핀과 그의 동료들은 18만 명의 웨이보 팔로워와 7만 명의 위챗 사용자를 얻었다. 페미니즘에 대한 관심을 급속도로 끌어올렸음을 알리기에 충분한 결과였다.[12] 웨이보 최고 스타들이 가진 어마어마한 팔로워 숫자에 비하면 보잘것없을지라도, 공산당이 페미니스트라는 용어에 씌운 낙인을 고려하면 이 숫자는 꽤 훌륭하다.

2015년 페미니스트 파이브가 체포되자마자 온라인상에서 가장 뜨거운 반응을 보인 것은 대학생들이었다. 정추란의 모교인 중산대학의 학생들이 구금된 페미니스트들을 위한 청원서에 용기 있게 본명으로 서명한 것이다. 처음에 이 청원은 웨이보와 위챗에 게재되었지만, 검열이 이를 삭제한 후에는 암호화된 경로를 통해 유포되었다.

> 온라인에서 페미니즘과 젠더 차별에 대한 논의가 곳곳에서 벌여졌다. 페미니즘이 아직은 사회 구성원 모두에게 중요한 화제는 아닐지라도 이런 논의들은 고무적이고 감격스러웠다… 우리 사회에 만연한 젠더 차별과 여성에 대한 대상화를 고려하면, 정추란과 동료들의 노력은 낙관적인 에너지와 함께 사회의 진보를 비추고 있다. 중산

대학은 이렇게 이상적이고 열정적인 학생을 배출한 것에
대해 자부심을 가져야 한다.[13]

청원서에는 재학생과 졸업생을 아울러 100여 명이 서
명했다. 중산대학 측이 성적에 벌점을 매겨 청원서에 서명한
학생들을 징계하기 전이었다.

학교 관계자가 서명한 학생들에 대한 내사에 착수하기
전까지 청원서는 중국의 여러 대학으로 퍼져나갔다. 광저우대
학의 학생사무처는 중국 내 소셜 미디어에 공문을 띄웠다. "열
개 대학의 학생들이 청원서에 서명했다는 보고가 있습니다.
모든 대학은 학생들과 교내 모임을 샅샅이 조사하여 이들을
만류하고 계도함으로써 지체 없이 이런 움직임을 중단시키기
바랍니다."

〈뉴욕 타임스〉의 디디 커스틴 타틀로우Didi Kirsten Tatlow
에 의하면, 청원서에 서명한 광저우의 학생들은 대학 관계자
와 만나 '지도' 받기 위해 소환되었고, 앞으로의 학업이나 구
직 전망을 어둡게 할 만한 '낙인'이 남을 것이라는 경고를 들
었다. 또한 페미니스트 파이브를 지지하는 내용의 글을 올렸
거나 페미니즘 캠페인에 자원한 학생들을 심문하고 위협하기
위해 경찰과 공안이 중국 전역에 배치되었다.

저장대학의 박사 과정에 다니던 주시시Zhu Xixi는 공안
의 표적이 되리라고는 예상하지 못했다. 항저우 당국이 페미
니스트 파이브의 우롱롱을 투옥했다는 소식을 들은 주는 세

계 여성의 날을 기념하여 제작된 성희롱 반대 스티커를 대학 기숙사 방에 숨기려고 했다. 얼마 지나지 않아 2015년 3월 7일에 주는 공안 요원으로부터 만나자는 전화를 받았다. 주는 핑계를 대서 전화를 끊고는 전화기의 전원을 꺼버렸고 다른 지역의 페미니스트 활동가들처럼 잠시나마 잠적해야겠다고 결심했다.

당시에 주는 스물일곱 살이었고, 우한대학에서 정치경제학으로 석사과정에 있었던 2012년부터 열정적으로 활동해 온 여성 인권 운동가였다. 그해에 주는 공무원에 지원하는 여성들이 의무적으로 해야 했던 산부인과 검사에 항의하는 시위에 참여했다.

주시시를 포함한 한 무리의 젊은 여성들이 지방정부의 인적 자원 부서 앞에서 종이로 만든 커다란 속옷을 입고 퍼포먼스를 벌였다. 종이 속옷의 앞섶에는 '검사'라는 글자가 쓰여 있고 그 위에 붉은 색의 커다란 엑스 표가 그어져 있었으며, 이들은 '산부인과 검사 반대!'나 '월경주기 질문 금지!'와 같은 내용의 팻말을 들고 있었다. 이들은 여성에게 행하는 이런 신체검사가 성차별적이며 고용에서 젠더 차별을 금지하는 법에 저촉된다고 주장했다.

그 후에 주는 저장대학에서 행정학으로 박사학위를 밟기 위해 항저우로 왔다. 우롱롱과 친구가 된 주시시는 우가 설립한 위즈하이밍여성센터 활동에 참여하곤 했다. 일주일 정도 항저우 바깥에 몸을 숨겼던 주는 공안이 추적을 멈추었을지 모르므로 학교로 돌아가 보아야겠다고 생각했다. 주는 여성 인권단체의 직업 활동가가 아니라, 정규 학생이라는 점이 참 작될 거라고 생각했다.

그러나 항저우에 도착한 주시시가 전화기의 전원을 켜 자마자 공산당 서기에게서 전화가 왔다. (중국의 모든 대학생들 은 당의 서기에게 '정치적 태도'를 감시당한다. 서기는 학문적 지도교수 와 구별된다.) 서기는 캠퍼스 내에 있는 사무실로 주를 불렀고, 그는 공안으로부터 주를 엄격하게 대하라는 지시를 받은 것 이 분명했다.

"이번 주 내내 학교에서 안 보인 이유가 뭐지? 지인 중 에 실종된 사람 있어? 성희롱 관련 운동을 조직한 사람이 누 구야?"

주는 공손하게 행동하며 아무것도 모르는 체했다. 잠 시 후에 서기는 주를 보내주었다. 이번에는 공안으로부터 직 접 전화가 와서 학교 내에서 만날 수 있느냐고 물었고, 주는 응낙했다. 공안 요원은 성희롱 반대 스티커와 젠더 차별에 관 한 팸플릿 뭉치를 들고서 공산당 서기의 사무실로 왔다. 우롱 롱을 체포하던 날 밤에 위즈하이밍여성센터에서 압수한 것들 이었다. 그는 범죄현장의 증거물처럼 그 자료들을 자기 앞에 펼쳐놓았다.

그는 어떤 사진 한 장에 유독 관심을 기울이고 있었다. 우한에서 산부인과 시험에 반대하는 퍼포먼스를 벌였던 사진 으로 그 사진에서 주는 팔짱을 끼고 서 있었다. 그는 주에게 사진을 주의 깊게 보라면서 질문을 던졌다. "이거 너지? 우한에서는 누가 이 운동을 조직했지? 여기 이 여자들은 다 누구야?" 공안은 주에게 12명의 여성들이 참여했다고 쓰인 자백서에 서명하라고 했다. 주는 그렇게나 많은 여성이 포함되지 않았다며 참여자의 숫자를 낮추고 선동적인 표현을 완화해주어야 서명할 수 있다고 주장했다. 그는 동의했고, 수정된 진술서에 주가 서명하자 그녀를 놓아주었다.

주시시는 여기저기에 전화를 돌려보고서 공안과 경찰이 지난 몇 년간 여러 페미니즘 운동에 참여했던 거의 모든 학생들을 심문하고 있다는 이야기를 듣고 경악했다. 주는 다른 심문에 다시 불려가게 될 수 있다는 생각이 퍼뜩 들었다. 또한 자신의 진술이 범죄 혐의로 구속된 여성들을 기소하는 증거로 활용될 수도 있다는 데까지 생각이 미치자 주는 다시 항저우를 떠나 있기로 결심했다. 페미니스트 파이브가 구금된 지 한 달이 넘은 4월 초순에 주시시는 지도교수로부터 연락을 받았다. 학교로 돌아오지 않으면 박사학위에 '지장을 초래할 것'이라는 조언이었다. 지도교수는 "지금까지의 학업 외 페미니스트 활동은 성적에 영향을 미치지 않겠지만, 이제는 '조심해야' 한다"고 말했다. 주가 학교로 돌아오자 공산당 서기가 그의 사무실로 그녀를 불렀다. 이번에는 최후통첩이었다. "공안에 전적으로 협조하지 않으면 학교에서 퇴학당할 줄 알아." 주가 당 서기의 사무실에 들어왔을 때, 진술서에 서명을 받아 갔던 공안 요원이 이미 그곳에 와 있었다.

요원은 주시시의 페미니스트 활동과 중국에서의 가정폭력을 다루는 그녀의 박사 논문 주제에 대해 심문하기 시작했다. "가정폭력을 연구 주제로 삼은 이유가 뭐지? 반가정폭력 운동과 이 연구가 관련이 있나?" 이번에는 주도 겁을 먹지 않았다. 남성우월주의자인 공안 요원 때문에 학위 논문의 주제를 바꿀 수는 없는 노릇이라고 주는 생각했다.

〈사우스 차이나 모닝 포스트South China Morning Post〉에 따르면, 2017년 6월 공산당의 규율 감시 기구인 중앙기율검사위원회는 저장대학이 '정치 업무가 매우 취약한' 상위 열네 개 대학의 하나라고 비판했다.[14] 저장대학은 그해 9월 학생과 교수에게 '사회주의의 핵심 가치'를 보여주고 '올바른 사고방식'으로 여론을 이끌 수 있는 온라인 게시물의 작성을 촉구하는 공고를 발표했다. 그중 사회주의를 고취시키며 인터넷에 널리 유포된 게시물은 검증된 학술지에 논문을 실은 것과 동일한 학술점수를 부여한다고 덧붙였다. 저장대학의 공산당 선전 부장인 잉비아오Ying Biao는 인터넷 콘텐츠에 관한 새 정책이 대학을 '당 지도력의 본산'으로 구축하려는 시진핑 주석의 목표를 더욱 드높일 것이라고 발표했다.

중국 정부가 전국의 대학 캠퍼스에서 이념적 통제를 강화해갈수록, 점점 더 많은 젊은 여성들은 페미니스트 소셜 미디어 계정을 만들기 시작했다. 그리고 여성 인권을 주제로 한 온라인에서의 토론은 한족 여성들에게만 국한된 것이 아니었다. 젊은 티베트 여성들은 한족 중심의 공산당 정부에 억압되어 있는 소수민족으로서 자신들에게 지워진 특수한 부담과 또 한편으로 민족 공동체 내부의 남성에 의한 억압이라는 이중의 부담에 대해 위챗을 통로로 점차 목소리를 높였다.

한 예로 연구자 세아 케호Séagh Kehoe는 2016년 티베트 여성들 사이에서 화제가 되었던 위챗에서의 토론을 분석했다. 이 토론은 한족의 창백한 피부가 새로운 미의 기준이 되면서 고지대 사람들의 뺨이 흔히 붉다는 의미의 '고원의 홍당무'가 사라지고 있다는 내용이었다.[15] "아름다움의 기준이 일률적인 시대에 티베트의 수많은 젊은 여성들이 미백 제품을 바르고 입술에는 흰 피부에 어울리는 산뜻한 붉은색을 더한다. 그리고 이들을 지치게 하는 다이어트 프로그램의 쳇바퀴에 끊임없이 몸을 맡긴다." 이는 한 티베트 여성의 글을 케호가 번역한 것이다. 케호는 "여전히 고원의 붉은 뺨을 가진 소수의 사람들에게 이런 문화는 자연스러운 모습에 대해 부끄러움과 불안함을 느끼게 한다"며, 티베트의 화장품과 '고원의 홍당무 제거' 산업에 관한 위챗의 논의는 "한족 국가와 문화의 그림자로 살아온 티베트인이 겪는 내재화된 딜레마와 갈등을 반영한다"고 설명했다.

연구자인 딜뉘 헤이안Dilnur Reyhan에 따르면, 위구르 여성들도 위챗에서 특히 어머니라는 주제에 집중하는 토론 모임을 해왔다. 위구르 여성들은 정치 조직이 토론에 개입하는 것을 최소화하기 위해 남성의 참여를 금지했다고 딜뉘 헤이안은 전한다. 이들의 토론에서는 '동성애에 대한 세속주의와 종교 …
다른 국가에서의 소수자 문제와 위구르 정체성의 미래'와 같
은 민감한 주제들이 논의되었다. 한편 위구르의 인터넷 공간
에서 Umun이라는 아이디를 사용하는 이가 페미니즘과 성소
수자 공동체를 보다 전폭적으로 지지하기 위해 '자유청년' 모
임을 조직하기도 했다. 그러나 2016년 신장 지역의 공산당 서
기로 강경파인 천취안궈Chen Quanguo가 취임하자, 위구르인들이
활동하는 인터넷 공간에 대한 단속이 시작되었고 위챗의 위구
르 토론 그룹들도 폐쇄되어버렸다.[16]

2016년 3월, 페미니스트 파이브 체포 1주기가 되자 많
은 여성들이 소셜 미디어에서 자신을 페미니스트로 지칭하기
시작했고 웨이보는 몇 달 동안 그 단어가 들어간 계정을 차단
했다. 위챗의 페미니스트 그룹은 익명의 사용자로부터 활동에
'주의하라'는 메시지를 받기도 했다. 광저우의 페미니스트 운
동가인 장레이레이Zhang Leilei는 변호사들과 협력하여 여러 페미
니즘 계정을 삭제한 웨이보를 고소했지만, 베이징과 광저우의
두 재판부 모두 소송을 기각했다. 몇 달 후에 웨이보는 슬그머
니 그 계정들을 되살려 놓았다.

2017년 2월 검열에 의해 〈페미니스트 보이스〉의 웨이
보 계정이 30일간 차단되었다. 표면상으로는 미국에서 대통령
도널드 트럼프에 반대하는 의미로 여성 총파업이 계획되었다
는 내용의 기사가 웨이보를 통해 중국 페미니스트들에게 전해
지고 있었기 때문이다. "안녕하세요. 최근 당신이 게시한 콘텐

츠가 국내 법규를 위반하였으므로 30일간 계정이 차단될 것입니다." 〈페미니스트 보이스〉의 창립자인 뤼핀은 점점 늘어나고 있는 중국 페미니스트들의 목소리를 잠재우기 위해 웨이보가 그 기사를 구실로 경고를 보낸 것이라고 생각했다. 뤼핀은 중국 정부가 페미니스트 소셜 미디어 계정을 강경하게 탄압할 필요를 느끼는 것은 역으로 페미니스트들이 중국 여성들의 긴박한 필요에 성공적으로 보조를 맞추어가고 있다는 증거이며, 또 성공적으로 주류 대중의 심기를 건드리고 있다는 표시라고 말했다.

"한번이라도 페미니즘적인 각성을 경험하고 공산당의 선전을 의심하게 된 여성은 그 경험 이전으로 되돌아갈 수는 없다"고 뤼핀은 말한다. 2018년 3월 〈페미니스트 보이스〉가 금지되기 전까지는 뤼핀도 중국의 페미니즘 운동이 특유의 결속력과 유연함 그리고 열정적으로 헌신하는 사람들로 인해 수십 년 안에 가장 강력한 사회 운동이 되리라고 예상했다. "추방당하거나 투옥된 대부분의 중국 인권 운동가들은 우선 많은 지지를 받지 못했고, 기본적으로 그들은 소속된 곳이 없는 고립된 상태였으며 국내에서 사람들을 동원할 힘이 없었다." 이어서 뤼핀은 "우리는 거대한 공동체를 이루었고, 많은 사람들이 우리의 메시지를 지지하기 때문에 페미니즘 운동은 이전의 인권 운동과 차이가 있다"고 말했다.

오늘날 페미니즘 운동은 중국의 관영 매체들 속의 여성혐오에 대해 앞장서서 목소리를 높일 필요가 없다. 지난 몇 년간 평범한 여성들뿐 아니라 남성들까지도 자신들 내부의 성차별과 성폭력을 비판하는 데에 대담해졌기 때문이다. 예컨대 2016년 4월 베이징의 위텔호텔에서 한 남자가 여성의 목과 머리채를 틀어쥐고 그녀가 도망칠 때까지 복도로 끌고 다닌 모습이 감시카메라에 잡혔다. '완완Wanwan'이라는 이름의 여성이 이 영상을 웨이보와 동영상 공유 사이트 유쿠Youku에 올리자 조회 수가 수백만 건에 달하며 분노에 찬 댓글이 쏟아졌다. 이 여성 폭력 사건에 관한 사회적 공분은 베이징 경찰이 가해자를 체포하고 호텔 측이 뒤늦게 해이한 보안과 고객 서비스에 대해 사과하도록 압력을 행사했다.[17]

2016년 9월 여학생이 다수인 베이징사범대학의 한 학생이 지난 십 년간 이 대학에서 벌어진 60여 건 이상의 성폭행과 성희롱 사건의 사례를 모아 웨이보에 발표했다. 1만 3천 단어에 달하는 이 보고서는 구체적인 시간과 장소 및 빈도까지도 포함하고 있었는데, 그중에는 부학장이 여학생에게 약을 먹인 후 성폭행한 사건도 있었다. 한편 2017년 5월에는 미투운동과 유사한 움직임도 있었다. 중국 최고의 투자 은행인 중국국제금융공사China International Capital Corporation의 수석연구원이 인턴에게 보낸 외설스러운 메시지의 스크린샷이 익명의 웨이보 사용자에 의해 게재되자 사측이 이 연구원에게 정직 처분을 내린 일이었다.[18]

그렇지만 인터넷이 엄격하게 통제되지 않았더라면 페미니즘의 메시지가 보다 많은 사람들에게 지속적으로 알려질 수 있었을 것이다.[19] 타라나 버크에 의해 시작된 미국의 #미투 운동은 할리우드에서 막강한 영향력을 행사하는 하비 와인스타인의 권력형 성추문에 대해 2017년 〈뉴욕 타임스〉와 뉴요커가 심층 조사 보고서를 발표한 이후 널리 알려지게 되었다. 그러나 언론의 자유가 없고 인터넷 검열이 심각한 중국의 언론은 미국의 언론처럼 사건에 대한 조사를 하는 것이 금지되어 있다.[20]

그럼에도 불구하고 2018년 1월 중국판 #미투 운동은 전 세계가 연결되어 있는 인터넷 시대를 발판으로 중국의 남성지도자들에게 유례없는 도전을 제기함으로써 페미니스트 운동의 불굴성을 입증하며 가속화되었다.[21] 페미니스트 운동가들과 수십 개 대학의 수천 명에 달하는 학생들은 인터넷 검열을 피해 전 세계적인 #미투 물결에 동참하여 캠퍼스에서의 성폭력 중단을 요구했다.

뤼핀은 아시아소사이어티Asia Society에서 발행하는 온라인 잡지 〈차이나 파일〉에 실은 짧은 에세이에서, 70여 개 대학의 8천 명이 넘는 학생과 졸업생들을 신속하게 동원할 수 있었던 #미투 청원 운동은 중국의 젊은 세대가 "만연한 젠더 불평등과 억압에 대해 대단히 분노하고 있음을 보여준다"고 말했다.[22] "온라인으로 연결된 게릴라 운동은 검열의 우려를 해소하고 구성원들 각각이 주도권을 행사한다는 점에서 중앙에서 계획하고 실행하는 캠페인보다 효과적이다."

샤오메이리도 많은 페미니스트 활동가들처럼 모교로

탄원서를 보내 서명을 받는 일로 미투 캠페인을 시작했다. 샤오는 베이징미디어대학에 요청한 탄원서에 다음과 같이 썼다. "대학에서 일어나는 성폭력의 심각성을 떠올리면, 우리는 목소리를 내야 한다는 의무감에 사로잡힙니다. 중국의 대학은 캠퍼스 내의 성폭력을 방지할 수 있는 제도를 반드시 구축해야 합니다." 샤오의 탄원서는 웨이보와 위챗에 올라간 지 얼마 지나지 않아 검열에 의해 삭제되었다. 여기에 서명했던 몇몇 여성들에 의하면 모교의 공산당 서기가 탄원서에 대해 이전의 지도교수를 압박했다고 한다. 결국 지도교수는 이들에게 연락하여 미투 탄원서가 '중국을 음해하려는 국외 세력'의 도움을 받은 것이냐고 물었다.[23]

중국 공산당의 공식 기관지인 〈인민일보〉에서 2017년 5월 '적대적인 서방 세력'이 '서구 페미니즘'을 이용하여 여성 문제에 대한 중국의 내정을 간섭하려 한다고 경고한 이후로 이러한 노선의 질문이 점차 보편화되었다. 중화전국여성연합회의 부주석인 쑹슈엔Song Xiuyan은 여성 문제를 다루는 당 관료들이 '지나친 정치 투쟁'에 빠져 있으며 서구 이념의 침투를 경계하라는 시진핑 주석의 지침을 따르는 것이 시급히 요청된다고 말한 것으로 전해졌다.

이 모든 훼방에도 불구하고 성폭력을 근절해야 한다는 온라인에서의 요구는 대학 교육을 받은 여성들로부터 공장에서 노동하는 여성들에게까지 확대되기 시작했다. 2018년 1월 말, 여성 노동자 인권 웹사이트인 〈젠쟈오부뤄Jianjiao buluo〉에 발표된 한 에세이에서 익명의 여성 노동자는 동료에게 일상적으로 성추행을 당했다고 썼다. 이 여성은 애플의 아시아 지역 주요 공급사인 폭스콘의 조립 라인에서 일하고 있었다. "저는 폭스콘의 여성 노동자입니다. 성추행 방지를 위한 제도를 요구합니다." 이 여성은 성폭력에 저항하는 다른 여성들의 소식에 고무되었다고 말하면서 '부당하고 관념적인 제도'에 반대한다는 의사를 피력했다. 그녀는 고용주들이 자신과 같은 피해자들이 호소할 수 있는 적절한 창구를 개설해야 한다고 주장하며, '보다 많은 남성들이 자신들의 누이가 처한 상황에 대해 관심을 기울이기 바란다'고 썼다.[24]

미투 해시태그에 대한 검열이 늘어나자 중국 페미니스트 활동가인 치치Qiqi는 인터넷 검열관의 눈을 피하기 위한 아이디어를 생각해 냈다. '쌀(mi)'을 뜻하는 이모지 🍚에 토끼(tu)를 의미하는 이모지 🐰를 사용하여 중국어로 '미투'로 발음되는 해시태그 #RiceBunny🍚🐰(mitu)를 만든 것이다.[25]

2018년 3월 8일 세계 여성의 날 기념행사가 끝난 늦은 밤, 웨이보는 〈페미니스트 보이스〉의 계정을 삭제하는 극단적인 조치를 단행했다. 다음 날엔 위챗의 〈페미니스트 보이스〉 단체 대화방 계정이 사라졌다. 페미니스트 파이브의 구속 3주기에 맞추어서 〈페미니스트 보이스〉 또한 삭제된 것이다. 이 사태는 계정의 폐쇄에만 그치지 않았고, 위챗은 〈페미니스트 보이스〉 계정을 열어달라며 독자들이 쓴 글까지도 삭제했다. 2017년 웨이보는 〈페미니스트 보이스〉 계정을 한 달 동안

만 금지하겠다고 발표했으나, 2018년 이 책이 출간*되면서 영구히 금지된 것으로 보인다.

* 이 책의 원서는 2018년 영국에서 출간되었다.

당국의 검열에 의해 페미니스트 파이브의 한 사람인 리마이지의 웨이보 계정은 이미 삭제된 상태였다. 노벨 평화상 수상자인 류샤오보의 죽음을 애도하는 촛불 이모지를 사용했다는 까닭이었다. 류샤오보는 유치장에 갇혀 말기 간암에 대한 적절한 치료를 받지 못해 2017년 7월 13일 사망했다.[26] (리마이지는 이후 새로운 웨이보 계정을 개설했다.) 2018년이 끝나갈 무렵, 중국은 세계에서 가장 첨단적인 감시 기술로 알려진 안면인식과 홍채 스캔 기술 등을 채택하여 시민의 사생활에까지 보안 기구의 사정거리를 극단적으로 확장시켰다. 어마어마한 규모의 '디지털 독재국가'가 건설된 것이다.[27]

2018년 4월에도 중국 여러 대학의 학생들은 결연히 미투 탄원서를 유포하고 있었다. 대학관료들에게 성희롱과 성폭행 혐의에 대해 눈감아주는 관행을 중지하라는 요구였다.

한편 중국에서 가장 유명한 학술기관인 베이징대학에서 여덟 명의 학생 한 무리가 가오얀Gao Yan 사건에 대한 정보공개를 요청했다. 문학을 전공하는 학생이었던 가오얀은 지도교수 셴양Shen Yang에게 성폭행당했다는 사실을 친구와 가족들에게 알린 후 1998년 스스로 목숨을 끊었다. 셴은 그때까지 베이징대학을 떠나 있으면서 혐의를 부인했으나, 대학 측은 1998년 셴 교수에게 '학생과의 부적절한 관계'에 대한 경고를 주었다고 인정했다.

　정보 공개 청원을 요구한 학생 중 한 사람인 웨신[Yue Xin]
은 4월 22일 늦은 밤, 당 서기가 화가 난 웨의 어머니를 데리
고 베이징대학 외국어학부 기숙사 방으로 찾아왔다고 전했다.
스물두 살의 여학생이 성폭행당한 사건에 대해 함구하라는 경
고를 하기 위해서였다. 웨는 어머니와 함께 집으로 돌아가야
했으나, 그날 밤 겪은 협박에 대한 성명서를 온라인에 게시해
널리 유포했다. "새벽 1시에 서기는 엄마와 함께 기숙사로 찾
아와 나를 깨웠고 내 전화기와 컴퓨터에 있는 정보 공개 요청
에 관련된 모든 자료를 삭제하라고 명령했다."[28]

　서기는 웨의 활동이 '체제 전복적인' 것으로 비춰질 수
있으며 '국외 세력'과 결탁했다는 혐의를 입을 수 있다고 경고
했다.[29] 웨에 의하면 대학의 고위급 관료가 찾아왔다는 사실
에 겁에 질린 웨의 어머니는 자살하겠다고 위협했다.

　베이징대 학생들은 학우에 대한 부당한 처사에 분노했
고, 웨신과의 연대를 표현하기 위해 손으로 직접 '큼지막한 글
자'로 써 내려간 거대한 대자보를 교내 게시판에 붙였다. '우
리는 이 학교를 담당하는 높으신 분에게 묻습니다. 무엇이 정
말로 두렵습니까?'[30] 이어서 학생들은 웨신이 1919년의 역사
적인 5.4운동의 정신에 따라 행동했다고 썼다(5장 참조). 베이
징대 학생들의 이러한 움직임은 1978~79년에 학생들이 주도
했던 〈민주주의의 벽[Democracy Wall]〉 운동과 더불어 천안문 학살
로 진압된 1989년의 민주화 항쟁을 떠올리게 했다. 교내 보안

요원들을 재빨리 대자보를 철거했고 다음 날 베이징대학은 대자보가 붙었던 자리를 비추는 감시 카메라를 설치했다.[31]

누설된 검열지시에 따르면, 당국은 중국 언론에게 '베이징대학의 공개 항의 사건을 보도하지 말 것 … 소위 연대를 표현하는 내용이 개인의 소셜 미디어 계정으로 공유되지 않게 할 것'을 지시했다.[32] 그러나 온라인에서 웨신의 지지자들은 학생들의 성명서를 옆으로 눕히거나 거꾸로 올려서 검열을 비껴갔고, 심지어 암호화폐에 이용되는 블록체인 기술로 암호화하여 유포하기도 했다.

뤼핀은 검열의 장벽이 날로 심화되는 것을 고려하면, 페미니즘 운동이 중국 바깥에 진영을 확보할 필요가 있다고 생각했다. 정부의 방해를 받지 않는 '새로운 전선의 구축'으로 눈을 돌린 것이다. 뤼핀은 스스로를 유배시킴으로써 포위된 페미니즘 운동의 숨통을 틔워보기로 결심했다. 2015년 페미니스트 파이브의 구금 이후 뤼핀은 뉴욕의 컬럼비아대학에 객원연구원으로 방문한 후 뉴욕주립대 알바니에서 젠더연구로 석사학위를 취득하고자 했다. 한편으론, 동료들과 함께 미국에 기반을 둔 최초의 중국 여성인권단체인 중국페미니스트공동체Chinese Feminist Collective를 발족시켰다.

"지금까지 우리는 공산당에 반대한다고 공개적으로 말한 적이 없지만, 당이 우리를 어떻게 생각하는지는 잘 알고 있다 … 우리의 운동은 첨예한 대립 국면에 접어들었다." 이렇게 말하는 뤼핀은 언제나 당국의 숨 막히는 감시에 쫓기던 중국에서 벗어나 보다 자유롭게 말하기 위해 미국이라는 새로운 기지에 자리를 잡았다. 뤼핀은 국외의 페미니스트들이 중국 내의 페미니스트들에게 여성 인권에 관한 검열 받지 않은 중국어 정보를 제공하는 원천이 될 뿐 아니라, 운동을 지속시킬 새 활동가를 끌어들이는 동력이 되기를 희망한다. 많은 활동가들이 국외로 망명하여 중국 내의 조직과 접촉할 길이 요원해지더라도, 인터넷에서는 (적어도 아직까지는) 매우 쉽게 국내의 공동체와 지속적으로 연결될 수 있다. 특히 중국의 페미니스트 공동체와 같이 다양한 소셜 미디어와 암호화된 메시지를 제공하는 플랫폼을 통해 이례적일 만큼 초국가적으로 협력하고 있는 경우에는 더욱 그러하다.

"우리가 미국에서 이 단체를 시작하지 않았다면 중국 페미니즘 운동은 매우 움츠러들었을 것이다"라고 뤼핀은 말한다. "우리의 핵심 활동가들의 처지는 형편없이 취약하다. 또한 우리는 언제 경찰이 찾아와 또 누군가를 체포할지 모른다. 그날은 오늘이 될 수도, 내일이 될 수도 있다."

3. 구속과 해방
Detention and Release

2015년 세계 여성의 날, 페미니스트 파이브 멤버들은 베이징 하이뎬구의 구치소에 공식적으로 감금되어 있었다. 체포된 다음 날 베이징으로 이송된 다른 이들과 달리, 건강검진을 받아야 했던 우롱롱은 그대로 항저우에 억류되어 있었다. B형 간염 합병증으로 몇 주간 입원한 전력이 있는 우는 이번의 진찰 결과에서도 이상이 발견되었다. 공안은 우가 도주할 것을 우려해 발목에 육중한 족쇄를 채워 공안 병원으로 데려갔다. 그들은 우를 입원시키려 했지만, 병원 측은 남아 있는 침대가 없다고 답했다. "제대로 준비를 했어야지, 여기까지 죄수를 끌고 오려고 시간만 낭비했잖아!" 공안은 병원 관계자에게 소리치고는 우를 다시 하이뎬으로 데려갔다. 우가 병원에서 말썽을 일으켜 쫓겨났다고 추측한 담당 교도관은 우와 같은 방에 있는 이들에게 "정치범과의 대화를 금지한다"고 을러댔다.

교도관은 우의 족쇄를 풀어주었지만, 안경을 압수하고 맨바닥에서 자게 했다. 공안은 하루에 세 번이나 우를 심문했고 마지막 심문은 언제나 한밤중이었다. 우는 요원들에게 자신이 B형 감염을 앓고 있음을 매번 상기시켰지만, 치료와 충분한 수면이 필요한 우에게 그들은 어떤 의학적 처치도 해주지 않았다. 뿐만 아니라 심문을 위해 잠을 깨우는 일도 계속되었다.

심문은 대체로 영상으로 기록되었는데, 어떤 요원들은 촬영 버튼을 누르기 전, 우를 동요시키기 위해 그녀에게 욕설을 퍼부었다.

"이 나라에서 너 같은 것들이 여성 인권 운운해서 어린 여자애들 마음을 병들게 하지 않았으면, 옛날처럼 우리도 마누라 서넛은 데리고 살았을 텐데!"

때로는 직접적으로 협박하기도 했다.

"남자들 방에 넣어서 돌아가면서 강간을 당해봐야 네가 자백을 하지!"

우는 그들의 행태가 역겨워서 오히려 자신의 안위를 신경 쓸 겨를이 없었다. 공안은 윤간하겠다는 협박이 우에게는 아무 소용이 없다고 판단하고, 전략을 바꿔 가족 이야기를 꺼내기 시작했다.

그들은 우가 입 밖으로 꺼내기를 꺼려하는 우의 네 살 된 아들 이야기로 그녀를 공포스럽게 했다.

우는 더 이상 의연할 수가 없었다. 우는 아무 말도 하지 못하고 속수무책으로 울기 시작했다. 이렇게 감정을 흔들어놓은 후에 요원들은 그녀를 다시 감방에 데려다놓았다. 그날 밤 우는 한숨도 자지 못했다. 몸이 무너져내렸고, 온 신경이 부서진 것 같은 느낌이었다.

우는 챠오슌리Cao Shunli를 떠올렸다. 챠오슌리는 2013년 9월 외무부 앞에서 정부의 인권 관련 사안 심사에 시민의 참여를 요구하는 시위를 조직하여 투옥된 여성이다.[1] 챠오는 '분쟁을 일으켜 혼란을 야기한다'는 혐의를 받았고(페미니스트 파이브를 체포하는 명분도 이와 동일했다), 간질환과 결핵에 대한 치료를 거부당했다. 2014년 4월 혼수상태에 빠진 이후에야 급히 병원으로 이송된 챠오는 며칠 뒤 사망했다. 우롱롱은 약을 복용할 수도 의사를 만날 수도 없었기에 나도 여기서 챠오슌리처럼 죽어가고 있구나, 라고 생각했다.

머지않아 우는 피를 토하게 되었지만 의사를 만나게 해달라는 그녀의 요청은 3월 16일 변호인 접견이 허용되기 전까지는 아무도 들어주지 않았다.

또 한 사람의 페미니스트 파이브인 왕만 역시 선천적인 심장 질환에 대한 치료를 거부당했다. 왕만이 구치소로 이송되자, 공안은 왕만의 컴퓨터와 이메일을 샅샅이 뒤져 찾아낸 자료들에 대해 추궁했다.

"국외 세력이 조종하는 거 맞잖아! 인정해!" 그들이 다그쳤다. 왕만이 소속된 비정부기구가 유럽연합의 지원을 받는다는 이유로 그들은 왕만을 스파이라고 단정했다.

외동인 왕만은 얼마간 시간이 지난 후 자신이 억류되어 있는 동안 그들이 어머니까지도 괴롭히고 있다는 것을 알게 되었다. 한 요원은 왕만의 어머니가 왕만에게 변호사를 그만두고 죄를 자백하라고 설득하는 영상을 찍기도 했다. 그들은 왕의 부모 이야기를 길게 늘어놓으며, 그들이 매우 걱정하고 있다고 말했다. "이렇게 배은망덕하고 자기만 아는 딸이 어디 있어? 네가 부모님을 얼마나 힘들게 하는지 알아?"

매일 밤 심문이 끝나고 난 후, 왕만은 수사관의 비난을 하나하나 떠올리면서 자기가 무엇을 잘못했는지 생각하느라 뜬 눈으로 밤을 새웠다. 그렇게 일주일이 지나자 갑자기 왕의 얼굴이 하얗게 질렸고 감방의 동료가 교도관에게 의사를 불러 달라고 했다. 왕만은 검사를 받고 알 수 없는 약을 복용하고는, 몇 시간 동안 심문을 받았다. 다음 날 아침 교도관이 왕만의 발목에 족쇄를 채워 공안 병원으로 데려가자 의사가 정맥 주사를 놓았다.

밤이 되면 왕만은 침대에 족쇄로 묶였다. 낮에는 심문이 계속되었다. 공안은 진술서에 서명하라고 그녀를 윽박질렀지만 왕만은 거절했다. 그녀는 거의 정신을 잃을 지경이었다. 마침내 의사가 그녀를 진찰하고는 더 이상 이런 심문을 진행할 수 있는 상태가 아니라고 공안에게 알렸다. 3월 20일 왕의 변호사는 매일 장시간에 걸친 심문으로 인해 왕만이 심장 질환을 겪고 있다는 성명서를 발표했다. 〈중국의 인권HRIC: Human Right in China〉에 따르면, 변호사는 "왕만의 건강은 위기를 넘겨 회복 중에 있지만, 더 이상 왕만을 억류하는 것은 적절하지 않다"고 말했다.[2]

투옥된 페미니스트 파이브의 세 번째 인물인 정추란 역시 37일에 이르는 구속 기간이 건강에 악영향을 끼쳤다. 정은 흔히 쓰는 속어인 '푸제pujie'라는 단어로 억류된 동안의 자신의 마음 상태를 설명했다. "광저우에서는 정신없이 갈지자를 그리며 걸어다니다 위험하게 길바닥에 드러누워 버리는 사람을 보고 푸제라고 한다"며 "내가 미쳐가는 것 같아서 너무 무서웠다"고 말했다.

리마이지가 자신을 위협하고 모욕하는 공안 요원들을 끝없이 조롱했던 것과 달리 정추란은 '터프한' 태도를 취하기가 어려웠다. 정은 진심으로 부모님을 염려했으며, 공안 요원들은 그런 마음을 이용했다. "넌 스파이로 처벌받을 거야! 네 부모까지 스파이 짓을 한 죗값을 치르고, 평생 감시받으면서 살겠지. 지금 경찰이 갔을 거야."

경찰이 정말로 그랬을까? 정은 알아볼 방법이 없었다. 위협이 더 공포스럽게 느껴지도록 안경을 빼앗겼기에 자기를 붙들고 있는 사람의 얼굴 생김조차 알 수 없는 상태였다. 나중에야 정은 남자친구와 그가 속한 노동 인권단체의 지지자들이 광저우의 부모님을 괴롭히려는 공안 요원들을 여러 방면으로 저지했다는 사실을 알게 되었다. 그들은 정의 부모님이 안전한지를 수시로 살피곤 했다.

또한 공안 요원들은 정과 자매 같은 사이인 우룽룽이 지병인 B형 간염으로 매우 아프다고도 전했다. 그때부터 정은 매일 심문을 당하는 시간 내내 걷잡을 수 없이 울었다. 감방의 나이든 동료가 안쓰럽게 여겨 딸처럼 보살필 정도였다. 얼마 지나지 않아 스트레스로 인해 정의 머리카락이 뭉텅이로 빠지기 시작했다. 정은 잠들기가 힘들었고, 구치소 주변에서 교대 근무를 하기 위해 한밤중에 일어나야 할 때도 많았다. 건강하기만 했던 스물다섯 살의 무릎이 뻣뻣하게 굳어서 움직일 때마다 삐걱거렸고, 한시도 마음을 놓을 수 없어 심장이 요동쳤다.

시력 또한 나빠져서 눈을 가늘게 떠야만 앞을 볼 수 있었으므로 정은 눈이 멀게 될까 봐 두려워졌다. 그녀는 성희롱 반대 스티커를 배포하자는 아이디어를 낸 사람이었기에 동지들을 구속되게 만들었다는 자책감과 회의로부터 벗어날 수 없었다. 정은 그 아이디어를 혼자만 생각하고 말았더라면 아무도 이렇게나 고통받고 모욕당하지 않았을 거라고 생각했다.

치료를 받을 수 없다는 점이나 가족을 위협하는 것만큼 두려운 것은 언제까지 갇혀 있어야 하는지 알 수 없다는 점이었다. 웨이팅팅은 처음에 며칠만 지나면 풀려날 것이라 생각했기에 감정적으로 초연해질 수 있었다. 그녀는 마치 인류학자가 현장연구의 한 형식으로 구속이라는 사태를 연구하듯이 자신을 객관적으로 관찰하려고 했다. 구금이 며칠보다 더 길게 지속되리라는 것을 깨닫자 안경이 없으면 사실 눈이 먼 것이나 다름없는 웨이팅팅은 방 밖에서 무슨 일이 일어나는지 조금도 알 수 없었기에 정신이 혼미해질 정도로 두려움에 떨며 심문을 받았다. 같이 수감된 사람들과 한창 대화를 나누다가도 철문에 수갑이 쩔렁이는 소리가 들리면 반사적으로 얼어붙었다. "내 방문 앞에서 그 소리가 들리면, 나는 내가 취조 받

으러 끌려갈 것을 알았다. 내 차례가 아닐 때에서는 교도관의
발걸음 소리가 멀어져 갔고, 비로소 나는 안도의 한숨을 내쉬
었다."

　　페미니스트 파이브의 마지막 한 사람이자 가장 전투
적인 리마이지는 심문받는 첫 주에는 거의 말을 하지 않았다.
리마이지는 자신이 라라[lala], 즉 레즈비언이라는 사실을 비난
하며 창녀라고 부르는 수사관에게 조롱을 담은 미소를 지을
뿐이었다. 리마이지는 그들에게 이렇게 말했다. "더러운 여자
라는 사람들한테 네가 하고 싶었던 말 다 퍼부어봐, 매춘부
든 레즈비언이든, 내가 조금이라도 상처받는지 해보라고."
　　그들은 리가 '배은망덕'하다고 비난했다. "네 부모가
불쌍하다. 너같이 못된 불효자식이라니." 그들은 리의 부모를
직접 위협하기 전에 이렇게 그녀에게 호통쳤다. 공안은 리의
아버지에게 투옥된 딸의 나쁜 행동을 꾸짖고 페미니즘 운동을
그만두라고 충고하는 편지를 쓰게 했다. 그러나 그 편지를 받
아본 리는 어색하고 현란한 수사의 문장을 보고서 아버지가
주어진 문장을 받으셨다는 것을 즉각 알아보았다. 예를 들어
그 편지는 이런 표현으로 리에게 충고하고 있었다. "철저히 자
신을 갱생시켜서 새 사람으로 거듭나자."
　　어떤 날은 수사관이 특별한 장치가 있는 취조실로 리
를 데려갔다. 강렬한 빛이 가까운 거리에서 눈을 쏘게 되어 있
어서 눈을 뜰 수가 없고 눈물이 얼굴을 타고 줄줄 흘러내리게

만드는 장치였다. 빛 때문에 눈이 감긴 리에게 공안이 '외세'의 스파이라고 비난했다.

"뭐? 나한테 스파이라고 했어? 내가 원하는 것은 젠더 평등이야." 리가 말했다.

"넌 국가 권력을 전복시키려고 하는 스파이야!" 요원이 맞받아쳤다.

요원들이 리에게 5년형을 선고받을 거라고 했을 때, 그녀는 동요하지 않았다. 석방 후에도 여전히 젊다고 생각했고 감옥에서 중국 형법을 공부하며 시간을 보낼 계획이었다. 그러나 그들이 8년에서 10년이라고 협박하기 시작하자 리도 더 이상은 침착함을 유지할 수 없었다. 수감 생활이란 엄청난 스트레스와 극도의 무료함만이 번갈아 찾아오는 것이었다.

"때때로 나는 감방에 하루 종일 갇혀 있는 것이 너무 힘들어서 차라리 취조실로 불려 가는 것을 간절히 바랄 정도였다. 아무 것도 할 일이 없는 곳에 내내 갇혀 있는 것은 정말 지루한 일이었다. 그렇지만 심문을 받으러 불려 갈 때마다 심장이 불안감에 쿵쿵 뛰었다." 리마이지는 마음을 다스리기 위해 대처방안을 개발해냈다. "나는 이 세 단어를 매일 반복했다. '인내, 용기, 끈기' 매일 아침, 그리고 취조실로 불려갈 때, 밤에 잠들기 전에 이 세 단어를 되뇌었다." 이어서 리는 말했다. "그 주문 덕분에 견뎌낼 수 있었다."

~

감사하게도 페미니스트 파이브에게 연대를 표명하는 전 세계적인 물결이 일어났다. 우롱롱의 변호사는 우가 긴급히 치료받아야 한다는 성명서를 발표했다. 우의 남편은 우가 2월에 12일간 병원에 입원했던 기록을 공개했고, 자진하여 그 기록을 살펴본 베이징의 한 의사는 매일 치료받지 않을 경우 간부전을 앓을 수 있다고 경고했다. 또한 지지자 16명이 우롱롱의 병원 진료를 촉구하는 서한을 구치소에 전달했는데, 이들은 체포되어 하루 동안 억류되었다. 그러나 이 압력은 효과가 있었던 것으로 보인다. 그제서야 교도관들은 우가 매우 아프다는 것을 받아들여 공안병원으로 옮겨 치료를 받게 했다. 하지만 병원에서도 우는 오후 6시부터 오전 6시까지 한쪽 발목에 족쇄를 채워 병원 침대에 묶여 있어야 했다. 야간에 화장실에 가려면 발목에 족쇄로 연결된 병원 침대를 화장실까지 끌고 갔다가, 다 끝난 후 다시 침대를 끌고 돌아와야 했다.

페미니스트 파이브의 억류가 지속되자 이에 대한 분노의 목소리도 전 세계에서 이어졌다. 각국의 지지자들이 #FreeTheFive 해시태그 캠페인에 합류했고, 중국 정부의 페미니즘 운동 탄압을 규탄하는 가두시위가 벌어졌다. 4월 초에 이르러 페미니스트 파이브는 본래 '분쟁을 일으켜 혼란을 야기함'이라는 혐의에서 보다 심각한 혐의인 '공공장소에서 반체제 시위 선동'이라는 죄목으로 바뀌어 기소될 예정이었다. 이 혐의가 인정되면 5년 이하의 징역 또는 경우에 따라 그 이상을 선고받을 수 있었다. 인권 유린에 있어서 외부의 압력에 아랑곳하지 않는 중국이지만, 때로는 반체제 인사들을 석방하거나 추방하는 방식으로 대응하기도 했다. 중국 정부의 페미니스트 파이브 석방 이면의 실제 이유가 무엇인지는 알 수 없지만, 베이징세계여성대회의 20주기를 기념하는, 유엔의 베이징20 회의를 공동 주최하게 된 시진핑 주석이 뻔뻔하게 페미니스트 파이브를 억류하고 있다면 중국의 이미지는 대단히 손상되었을 것이다.

검찰이 중국 형법상의 최장 구속수사 기간인 37일이 되도록 기소하지 않자 페미니스트 파이브의 변호인들이 이들의 석방을 요구했다. 4월 13일 저녁 중국 당국은 페미니스트 파이브 전원을 '추후 조사가 있을 때까지' 보석으로 즉시 석방한다고 갑작스럽게 발표했다. 이들은 '반체제 시위 선동'으로 조사받는 '피의자'로 분류되어 1년간 정부의 허가 없는 여행이 금지되었다. 공식적으로 방면되었음에도 페미니스트 파이브는 계속 박해받았고, 그것은 풀려나자마자 시작되었다.

베이징에서 우롱롱이 풀려나던 밤, 몇 명의 요원들이 우를 공항으로 이송하며 보안 검색대를 지날 때 아무 말도 하지 말라고 으름장을 놓았다. "공항에서 혹시 누가 질문하더라도 못 들은척해. 우리가 대답할 테니까." 한 요원이 이렇게 명령했다. 비행기가 항저우에 착륙하자 그들은 우를 곧장 경찰서로 데려갔다. 한 요원이 우에게 질문을 던지자 다른 요원이 카메라로 영상을 촬영하기 시작했다.

"우룽룽 씨, 구치소에서 편안했죠? 약은 제때 복용했습니까?"

우는 공안 요원들에게 둘러싸여 비디오카메라에 대답해야 했다. 우는 억류에 대해 조금이라도 나쁘게 말하면 집에 보내주지 않을까 걱정되어서 "네, 친절하게 대해줬습니다"라고 기어들어 가는 목소리로 대답했다.

다음으로 우는 당국의 질서에 복종하겠다고 서약하는 모습을 촬영하며 더 참담한 기분이 되었다. 악을 쓰며 소리 지르고 싶은 심정이었다. "아무런 이유도 없이 37일 동안 나를 가둬놨잖아! 맨바닥에서 자게 했고! 치료도 못 받게 해서 죽을 뻔했지!" 그러나 우는 이 분노를 삼키고, 그들이 듣고 싶어 하는 말을 해주었다.

"우룽룽 씨, 장래에도 캠페인 활동을 계속할 겁니까?"

"이제부터는 사회에 도움이 되는 일만 할 겁니다." 이런 영상을 찍는 것에 대한 역겨움이 점점 더해지는 것을 느끼면서 우는 기계적으로 대답했다.

공안은 역으로 마중을 나온 우의 남편에게, 아내가 사회에 '유해한' 어떤 일도 할 수 있게 허락하지 않는다는 서약을 받았다. 한 요원이 남편에게 소리쳤다. "당신 아내가 또 이런 일을 벌이면 당신한테 갈 거야!" 우는 마치 자신이 그곳에 없는 것처럼 그들이 남편을 닦달하고 있다는 사실에 더 기분이 나빠졌다. 우가 한 일에 대해 공안은 왜 남편을 협박하는가?

우는 분노로 속을 끓였지만, 우의 남편은 가족이 다시 만나게 되어 안도하고 있었다. 우의 아들은 그녀가 구치소에 억류된 동안 네 번째 생일을 맞이한 어린 아이였기에, 엄마를 다시 만나 기쁘기만 할 뿐이었다. 우는 종종 울음을 터뜨렸지만 트라우마로 남은 우의 상처를 알아차리기에 아이는 너무 어렸다. 페미니스트 파이브가 유명해지면서 우의 사생활도 알려졌기에 많은 지지자들이 아이가 네 번째 생일을 맞이했다는 소식을 전해 들었다. 우의 아이에게 생일 축하와 우의 안녕을 기원하는 카드들이 쏟아졌다.

"엄마, 이렇게 많은 모르는 사람들이 내 생일을 축하해주는 이유가 뭐야?" 아이가 묻자 우가 대답했다.

"왜냐면 엄마가 좋은 사람이라서 사람들이 엄마를 좋아하니까 우리 아들도 같이 좋아서 생일 축하해주는 거야." 아이는 매우 기뻐했다.

그렇지만 이들에게 최악의 상황이 다가오고 있었다.

우가 풀려난 지 2주도 안 되어서 베이징의 공안 요원들이 우를 심문하러 항저우로 왔다. 그들은 항저우의 공안에게 자기들의 방문에 대해 함구하라고 경고했다. (관할 외 지역의 시민을 심문하려면 항저우 공안 당국에 알려야 한다.) 그들은 우를 준비된 호텔 방으로 데려갔다. 방에 들어서자마자 우는 공포에 사로잡혔다. 암막커튼이 쳐진 방은 매우 어두웠고, 긴 탁자 몇 개가 베이징 구치소의 취조실처럼 배열되어 있었다. 심문을 시작한 공안은 비정부기구 이렌핑의 설립자 루쥔Lu Jun에 대해 물었다. 하이뎬 구치소에서 그랬듯 루쥔이 우의 '체제 전복적' 페미니스트 활동의 배후이기를 유도하는 질문이었다. 우는 부정했다.

그들은 우에게 욕설을 퍼부으며 다그쳤다. 그 모습은 더 이상 인간으로 보이지 않을 만큼 흉포했다. 그들은 으르렁대는 짐승으로 변한 듯 우 옆에 바짝 붙어서 몇 시간 동안 악다구니를 썼다. 그러더니 우에게 복종을 의미하는 전통적인 행동인 '머리를 세 번 조아리는' 동작을 시켰다. 구치소에서도 항저우의 호텔 방에서만큼 공포스러운 적이 없었다. 우는 울기 시작했다. "계속 울어, 집에 못 가게." 그들이 을러댔다.

8시간이 지나서 풀려난 우는 한밤중 알 수 없는 곳에 버려져 혼자 걷고 있었다. 자신이 어디에 있는지도 모른 채 떠도는 유령이 된 것 같은 기분이었다. 휘청이며 도로를 따라 걷는 우에게 자동차의 헤드라이트가 비추자, 그 차에 짓이겨지고 싶다는 강렬한 충동이 일었다. 그 순간 전화벨이 울렸다. 남편이었다. 우는 전화기를 붙들고 우는 것밖에는 아무것도 할 수 없었다.

우롱롱은 자신과 가족이 곤란해질 것을 우려해 구치소에서 겪은 수모에 대해서 상세히 공개하지 않았다. 그러나 그 밤이 지나고 몇 시간이 흐른 다음에 쇼크 상태에서 벗어날 수 있었던 우는 자신을 가둬둔 이들에게 소리치고 싶은 충동을 억제할 수 없었다. 입을 다물면 숨이 막히는 것 같았고, 어떤 일이 있었는지 진실을 세상에 알리지 않으면 당장 죽을 것 같은 기분이 들었다. 우는 저장대학의 대학원생인 친구 주시시에게 전화를 걸어 악랄하게 취조당했다는 사실을 퍼뜨려달라고 부탁했다. "내 영혼은 파괴되기 직전입니다. 내일 나에게서 아무런 소식이 없으면 내가 죽었다고 생각하세요." 우의 성명서는 이렇게 쓰여 있었다. 주는 인권 변호사와 페미니스트 단체들에 이것을 전달했고, 소셜 미디어를 통해 성명서가 퍼져나갔다. 우는 나중에 이렇게 설명했다. "모든 것이 두려워 죽을 지경인 사람이 되지 않으려면, 자유를 되찾기 위한 저항을 선택해야 했다."

페미니스트 파이브의 한 사람인 정추란 역시 베이징에서 석방되어 광저우로 이송되었을 때 심각한 트라우마에 시달렸다. 정은 몇 주간이나 쇼크 상태에 빠져서 혼자 있는 것을 두려워했고, 더 이상 갇혀 있지 않다는 것을 가까스로 이해하곤 했다. 문 두드리는 소리가 들릴 때마다 정의 심장은 달음질쳤다. 정은 다시 체포될까 봐 두려워했고, 날이 저물면 구치소 수사관의 흐릿한 이미지에 시달렸다. 공안이 끊임없이 '대화'를 하자고 '식사'나 '차'를 청하고 전화로 정을 추궁하는 이상, 정의 건강이 나아질 리 없었다. 그들이 더 이상 협박하지 않고 절차에 따라 심문한다고 해도, 그들은 계속해서 정을 극도의 불안한 상태로 내모는 것이었다. 정은 자신에 대해 지지를 표명하는 친구들이 공안에게 납치될까 봐 두려워했다.

정은 공안이 요구하는 대로 순종적인 역할에 몸을 맡기며, 스스로 스톡홀름 증후군을 겪고 있다고 생각했다. "그들은 나를 국가에 순종하는 신민으로 변화시키려 했다. 여러모로 그것은 내가 구치소에서 겪은 그 어떤 일보다도 참담했다." 홍콩에 있는 정의 친구들이 그녀의 외상 후 스트레스 장애를 위한 심리치료를 마련했다. 서서히 정은 자신을 모욕하고 고통스럽게 했던 남자들 한 사람 한 사람을 응징하는 상상을 하게 되었다. 나중에 정은 이 상상적 복수를 농담거리로 삼았지만, 자신에게 가해진 부당함에 대한 심연의 분노에 다가서서, 그 감정을 끄집어내 드러내는 일은 트라우마를 극복하는 데에 분명한 도움이 되었다. 여름이 끝나갈 무렵 정은 남자친구와 결혼했다. 정부가 형사 고소를 취하하기 전까지 여성 인권 NGO 활동을 하지 않기로 부모님과 약속하긴 했지만, 정은 다시 활동할 준비가 되었다고 생각했다.

2015년이 저물어가던 때, 정은 베이징 여행을 계획했다. 그러나 공안은 인구 계획에 관련된 일반적인 조사를 수행한다는 명분으로 그녀의 시어머니를 찾아가 정에 대해 물었다. 정은 몹시 분노하여 자신의 감시를 담당하는 공안에게 전화를 걸었다. "원하는 것이 있으면 나한테 직접 말하세요. 시어머니를 괴롭히지 말고!" 그렇지만 공안은 시어머니를 방문하여, 결국 소기의 목적을 거두었다. 정의 새 가족들에게 그녀가 여전히 범죄 용의자로서 당국의 감시를 받고 있으며, 정과 가까운 사람이면 누구라도 핍박받기 쉽다는 것을 상기시켰기 때문이다.

4월 13일 자정 무렵에 석방된 왕만은 베이징 구치소 직원들에 의해 인접한 도시인 톈진의 부모님 댁으로 보내졌다. 도착하니 새벽 두세 시 경이었다. 몇 시간 뒤 왕만이 이제 시련은 끝났다고 생각했을 때, 톈진 소속의 새로운 요원이 나타나 왕만을 한 카페에 마련된 방으로 데려갔다. 창문이 없는 방은 베이징 구치소의 취조실과 비슷하게 만들어져 있었다. 심문이 다시 시작되었다. "난 아파요. 심장병이 있다고요." 왕만이 간청했다. "제발 좀 쉬게 해주세요!" 결국 공안은 왕만의 심장마비를 우려하여 그녀를 보내주었다. 그러나 다음번에 다시 심문이 있으리라는 위협을 한 뒤였다. 한 요원이 "다 끝난 거 아니야"라고 으름장을 놓았다.

왕은 공안이 여론의 주목에 당황하여 페미니스트 파이브에 대한 탄압을 중단했다고 생각했지만, 그런 일은 일어나지 않았다. 톈진의 요원은 왕의 어머니에게 거듭 전화를 걸어 딸에 대한 언론의 질문에 아무 대답도 하지 말라고 경고했다. 왕이 베이징의 아파트로 돌아오자, 공안은 왕의 룸메이트를 협박하여 쫓아냈으며, 집주인에게도 왕의 '범죄 기록'을 들먹여 그녀를 내보내게 했다. 결국 왕은 톈진의 부모님 댁으로 돌아갈 수밖에 없었다.

왕만은 여러 친구들에게 버림받은 것을 가장 고통스러워했다. 왕만은 가장 친한 친구들 중 몇몇을 페미니스트 커뮤니티가 아닌 다른 단체 활동을 통해 알게 되었고, 이들은 스스로를 페미니스트라고 여기지 않았다. 이들은 왕의 활동이 지나치게 급진적이라고 생각했기에, 정부의 억류를 잘못된 것이라 보면서도 왕이 어느 정도는 책임질 필요가 있다고 생각했다. "특히 내 선생님의 경우가 그랬듯, 내가 믿었던 지인들 중 일부는 내가 겪었던 일을 이해하지 못했고 더 이상 나와 연루되지 않으려 했다." 왕이 술회했다. "친구들이 느끼는 압박감을 충분히 이해한다. 그럼에도 그렇게 생각하는 것은 너무 어렵고 여전히 고통스러운 일이다."

왕만은 직장과 거주하던 아파드를 잃었고, 어울리던 친구무리로부터 이탈되었으며, 베이징에서의 독립생활도 박탈당했다. 또한 여전히 어머니와 그녀를 감시하는 공안 요원으로부터 정기적으로 전화를 받는다. 왕은 구금으로 인해 불거진 일련의 사건들을 끊임없이 곱씹었다. 왕의 활동은 스스로 그렇게 생각했던 것처럼 모국의 발전에 그다지 중요한 공헌이 아닐지도 모른다. 어쩌면 왕만의 활동에 대해 의심의 눈초리를 보내던 사람들이 옳을지도 모른다. 그렇다면 주어진 모든 일에 대해서 왕만은 비난받아 마땅할 것이다.

구치소에 있을 때보다 더 고통스러워 이제는 다시 돌아가고 싶을 정도로 반쯤 마비된 것 같은 상태였다. "그 안에선 모든 것이 명백했다"고 왕은 말한다. "나는 나의 결백을 믿

는다. 잘못한 것이 없었기에 나는 그곳에서 살아남아 탈출해
야 했다." 지금 바깥세상에서 왕만은 과거에 그녀가 의지했던
수많은 지지자들이 돌아섰다는 뼈아픈 사실에 슬픔과 실망감
을 마주하고 있다.

왕만은 불면증을 앓았고, 외상 후 스트레스 장애 때문
에 잠을 이룰 수 없었다. 왕은 심리학자에게 도움을 청했지만
"자신을 돌아보고," 체포당할 만한 일을 벌인 것에 대해 "책임
지라"는 말이 돌아올 뿐이었다. 전문 의료인으로부터 이런 응
답을 들을 때면 왕은 더욱 더 자신을 신뢰할 수 없었다. 페미
니스트 자매들은 왕만이 절실하게 필요로 하는 것을 주었다.
그들은 왕만을 정신적으로 지지했고, 그녀가 나쁜 일을 한 것
이 아니라 대단히 중요한 일을 했다고 확인시켜주었으며, 왕
만을 훌륭한 심리치료사에게 데려가기도 했다. 한 동료는 톈
진으로 가서 왕만의 어머니를 만나 왕만이 범죄자가 아니며
중국 여성 인권을 위해 대단히 공헌했음을 설명하기도 했다.

"자매애는 내가 온전한 나 자신이 될 수 있고 안도할
수 있는 안전한 공간을 제공해주었다"고 왕만은 말했다. "페
미니스트 연대가 나를 치료했다." 2016년 왕은 홍콩대학에서
사회학 석사 과정을 시작했다. 페미니즘의 변혁적인 힘에 대
한 왕만의 믿음이 더 굳건해졌음은 물론이다.

"대부분의 중국 여성들은 페미니즘이 무언가 정이 안
가는 것이거나 까다로운 것이라고 배워서 그런 꼬리표가 붙
는 것을 꺼려한다. 그렇지만 나는 페미니즘이야말로 위급한

상황이 닥쳤을 때 생명선이 된다고 생각한다. 어떤 여성이 마치 익사할 것 같은 위험에 빠졌을 때, 이 생명선이 그녀를 꺼내어 살려줄 것이다"라고 왕은 말한다. "문자 그대로 우리의 삶을 구원하는 것, 이것이 페미니스트 연대에 대한 나의 생각이다."

4. 당신의 몸이 전장이다

Your Body Is a Battleground

구속에서 풀려나던 날 저녁, 리마이지는 구치소에서 지급된 물건들을 가능한 한 많이 가지고 나가기를 고집했다. 담요와 식기, 수저 등이었다. 리의 소지품을 검사하던 교도관은 구속이라는 불쾌한 기억을 상기시키는 물건들을 가지고 가려는 이유가 무엇이냐고 묻기도 했다. "이 아가씨야, 너 정말 이상해." 그는 혀를 찼다.

리는 구치소 내부의 환경을 재구성해 보여주는 전시회를 열고 싶었다고 말했다. "여기는 스푼이 있어야 할 자리, 저기는 그릇이 있어야 할 자리, 또 여기는 담요가 놓여 있을 자리입니다." 리가 설명했다. "이 방에 온 관중들 모두에게 그들이 여기에서 어떻게 먹고 자야 하는지, 어떤 식으로 심문을 받는지 말해줄 겁니다. 일종의 행위예술이겠죠."

교도관들은 그날 저녁 7~8시 무렵부터 리의 소지품을 뒤지기 시작해서 자정이 가까워지도록 계속했다. 리는 속옷의 고무밴드 안에 들어있던 종이 조각에 심문 시각을 모두 적어두었는데 교도관들에게 발각되어 압수당했다. 수색이 끝나자 리는 들고 나올 수 있는 모든 것을 두 개의 가방에 가득 채워 나왔다. 왼쪽 가방에는 감방에 비치되었던 세면도구와 냄비, 그릇, 숟가락, 대야 그리고 도시락 통이 들어 있었고, 오른쪽 가방에는 담요와 매트리스가 있었다.

구치소의 여러 가지 특징들을 기억해두었던 리는 우리가 2015년에 만났을 때 나에게 보여주기 위해 오랜 시간 구치소의 상세한 지도를 그렸다. 처음에 리는 페미니스트들이 붙잡힌 3월 6일 밤 이송된 경찰서의 취조실이 여섯 개 임을 떠올렸고 단방향 거울이 설치된 큰 방 하나를 그렸다. 심지어 그녀는 방에 놓여 있던 의자와 책상의 위치까지도 기억하고 있었다. 다음은 하이뎬 구치소의 2층이었다. 리는 각 방의 번호를 기억하고 있었는데, 그녀는 1105호에 배정되었다. 인접한 1106호에는 리가 아는 사람이 없었다. 정추란은 1107호에 있었고, 웨이팅팅은 1103호, 왕만은 1101호였다. 이들은 서로 소통할 수 없도록 고의적으로 간격을 두어 배치되었지만, 취조실이 감방 바깥에 있었기에 심문을 받으러 오가는 와중에 잠깐씩 서로를 볼 수 있었다. 우룽룽만은 구치소에서 가장 외딴 곳인 1203호에 있었는데, 아마도 그녀가 가장 연륜 있는 페미니스트 활동가로 보였기 때문인 것 같다.

2015년 12월, 다른 페미니스트 파이브 멤버들이 외상 후 스트레스 장애를 치료하느라 고군분투하고 있을 때였다. 내가 리에게 치료에 대해 묻자 리는 심리치료 같은 것이 자신을 도울 수도 있다는 것은 터무니없는 생각이라 보았다. 나는 구치소에 대한 꼼꼼한 스케치가 리에게는 고통스러운 기억을 제어할 수 있는 그녀만의 방식이 되었다고 생각했다. 중국 당국이 한 달 넘게 이 여성들을 억류하면서 정부에 대한 반대 의견만을 억눌렀던 것이 아니었다. 이 여성들의 신체에 대한 통제 권한까지도 행사한 것이었다.

구치소의 형편없는 식사와 스트레스로 인해 체포 이

전에도 마른 체형이었던 리는 구금 기간에 5킬로그램에 가까이 체중이 줄었다. 풀려난 후에야 리는 공안 요원들이 지속적으로 부모를 괴롭혀왔다는 것을 알게 되었다. 그들은 리가 활동을 포기하도록 설득하라고 부모를 괴롭혔다. 공안은 강제로 리의 부모를 끌어내어 베이징에서 멀리 떨어진 외딴 지방의 이모 집에 그들을 가두었으며, 외출과 쇼핑, 취사를 금지하고 감시원들이 사다 주는 테이크 아웃 음식만을 먹게 했다.

리가 구치소를 나온 이후에 리 역시 부모님과 함께 이모 집에 머무르라는 압박을 받았다. 그들은 사실상 가택연금 상태와 다름없었다. 리의 여자친구인 테레사는 리를 만나기 위해 필사적이었지만 요원들은 치밀하게 집을 감시했고 어느 누구의 방문도 허용하지 않았다. 테레사가 리와 접촉할 수 있는 방법은 리의 아버지에게 직접 전화하는 방법뿐이었다.

"우리가 감시당하는 중인 거 몰라요? 다시는 전화하지 마세요!" 리의 아버지가 소리쳤다.

이틀 뒤, 테레사에게 리를 만나도 된다는 허락이 떨어졌다. 그러나 구치소에서 리가 견뎌야 했던 고통이 어느 정도였는지 알고 있는 테레사는 그녀를 괴롭게 하고 싶지 않아서 자신을 잠식해오는 문제에 대해서 말하지 않기로 했다. 리가 엄청나게 충격받을 것이 분명하기 때문이다. 페미니스트 파이브는 전 세계의 수많은 언론의 관심을 받았으므로, 이들의 변호사들 중 몇몇은 페미니스트 파이브의 임의적인 구금에 대해 외국 언론인들과 정례적으로 인터뷰를 하기도 했다. 그런데 한 남성 변호사에게서 문제가 생겼다. "우리를 변호하는 변호사들 중에서 그가 가장 믿을 만했고 의지가 되었었다"고 테레사는 말했다. "내가 대화하고 싶을 때마다 그는 그 자리에서 귀를 기울여주었다." 그를 절대적으로 신뢰하게 된 테레사는 베이징을 떠나 보다 안전하게 머물 수 있는 중국 북동부의 하얼빈으로 가라는 그의 충고를 받아들였다. 얼어붙은 벽지인 하얼빈에 혼자 떨어져, 아는 사람도 하나 없었던 테레사는 극심한 공포를 느꼈다. 테레사는 정부가 그녀를 밀착하여 감시하고 있어서 페미니스트 동지들과 연락을 취하기 어려웠기에 친구들이 어떤 일을 겪고 있는지조차 알 길이 없었다. 그녀와 지속적으로 연락이 닿은 이는 그 변호사뿐이었다. 매일 아침 테레사가 가장 먼저 한 일은 메시징 앱을 열어 그가 리마이지나 투옥된 다른 여성들에 대한 새로운 소식을 가져왔는지 살펴보는 것이었다.

점차 그는 테레사와 리의 관계에 대한 망상을 늘어놓으며 음란한 메시지를 보내기 시작했다. 테레사가 페미니스트 파이브에 대한 소식을 물으면, 그는 어떤 소식도 그냥 전해주는 법이 없이 테레사의 성적인 사진을 보내 달라고 요구했다. 테레사는 끔찍하게 유린당하고 있다고 느꼈지만 그러나 그녀는 고립되어 있었고, 무력했으며, 절망적이었다. 그래서 처음에는 희롱을 견디려고 했다. 그녀는 페미니스트 파이브를 석방시키는 공개적인 사례를 만들기 위해 전적으로 그 변호사에게 의지하고 있었기에 그와 대립히기가 두려웠다. 머지않아 테레사는 공안 요원과 변호사가 함께 그녀를 심문하고 모욕하기 위해 강간하는 악몽을 꾸기 시작했다.

　　마침내 테레사는 그 변호사의 행동이 심각한 권력 남용이라는 것을 깨달아 음란한 메시지 몇 개를 스크린샷으로 저장해 가까운 친구에게 보냈다. "[그 변호사]가 보낸 메시지들이 역겹지만, 나는 당장 그 문제를 해결할 힘이 없어. 이 메시지들을 보관해줘." 우연히도 다른 페미니스트 활동가가 이 스크린샷을 보게 되었다. 과거에 같은 변호사에게 성희롱을 당했던 이였다.

　　그 활동가가 주변에 수소문한 결과 그 변호사는 상습적인 성범죄자이며, 의도적으로 막 활동가가 된 이십 대의 젊은 페미니스트들에게 접근한다는 것을 알게 되었다. 그들은 '조직에 누'를 끼칠까 봐 그의 추잡한 행동을 쉽게 공론화하지 못하기 때문이다. 그에게 피해를 입은 이들 중 몇몇은 비밀대화방을 만들어 그를 어떻게 처리할지 논의했다. 그들은 그 변호사의 행위를 지적하는 메시지를 그에게 보냈다. 그는 대화방에 모인 어느 누구에게도 상처를 주고 싶지 않았다는 사과 메시지를 사적으로 보내왔다. 당시에 테레사는 그의 사과가 진심 어린 것이라 생각했고, 이 일을 계속 문제화하고 싶지 않았다.

　　그러나 페미니스트 파이브가 석방된 직후 테레사는 그 변호사에게 당한 피해자의 한 사람으로부터 그에게 지속적으로 성희롱을 당해왔으며 심지어 사과 이후에도 이어졌다는 고백을 들었다. 테레사는 변호사와 함께 그와 대면하고 싶었으나 그쪽에서 대화를 거부했다. 그는 웨이보에 공개적인 사과문을 게시하여 대응하는 듯하더니, 곧 그것을 삭제하고는 아무런 잘못도 저지르지 않았다고 부정하며 페미니스트들에겐 "농담도 안 통한다"고 비난했다.

테레사는 그 변호사와 함께 일하는 베이징 인권단체의 책임자와 대화하며 변호사가 보냈던 노골적인 메시지들을 보여주었다. 책임자는 성희롱의 명백한 증거를 보자 테레사의 의견에 동의를 표했다. 그의 반응에 고무된 테레사는 조직 차원에서 그 변호사를 문책해야 하며, 모든 고용인들에게 반성희롱 교육을 시작해야 한다고 말했다. "장래에 우리가 성희롱, 성폭행 관련 일을 할 때에 당신의 조직이 이런 사건을 처리하는 데에 주도적인 역할을 하는 것을 보고 싶습니다." 테레사가 덧붙여 말했다.

여성혐오에는 정치적인 경계가 없다. 아마도 정치적으로는 진보적일 남성 운동가들은 유사 이래 언제나 뿌리 깊은 성차별을 드러내 왔다. 여성들의 입을 틀어막음으로써, 여성들을 하찮게 여김으로써, 심지어 그들의 인권 운동 와중에 여성들을 유린함으로써. 테레사의 경우, 이어지는 다음 장면은 미국을 포함한 세계 어느 곳에서나 빈번히 일어났을 일이다. 인권단체의 대표는 위원회를 열어 그 변호사에 대한 조치를 논의하겠다고 했으나, 회의 이후 나쁜 소식을 전해왔다.

"그에게 성희롱을 당했다고 한 사람은 당신뿐입니다. 다른 사람들은 아니라고 했어요." 대표는 테레사에게 이렇게 말하며 그 변호사는 질책받긴 하겠지만 조직의 일원으로 남을 것이라고 덧붙였다. "우리는 판사처럼 한 번의 재판으로 그에게 사형을 선고할 수 없습니다. 그에게 기회를 주어야 합니다. 당신도 인내심을 갖고 그에게 시간을 주십시오."

테레사는 매우 실망했다. 그리고는 지독한 부당함에 대한 격렬한 분노에 사로잡혔다. "시간을 달래! 그럼 나는?" 테레사는 화가 머리 끝까지 났다. 한편으로 그녀는 계속해서 분노할 수도 없었다. 변호사에 관한 소식을 전해준 리마이지는 구금으로 인한 트라우마로부터 완전히 회복되지 못한 상태였으며, 이 사건으로 리 역시 몹시 분노했고 크게 실망했기 때문이다. 위태로운 상황에서 리를 방어해주어야 할 사람이 리의 여자친구를 희롱하고 그 사건에 대해 거짓말을 하면서, 동시에 리와 구금된 여성들의 반성범죄 운동을 지지하며 그들을 대변하고 있는 것이다. 그 남자의 극단적인 모순성은 가히 충격적인 것이었다.

"이 모든 경험은 사람이 얼마나 야비해질 수 있는지 알려주었다"고 리는 말한다. 그 변호사는 리가 구치소를 나오기만 하면 그녀가 진실을 알게 될 것이고 그럴 경우 자신의 행동을 설명할 방법이 두 가지뿐이라는 사실을 알았을 것이라고 리는 생각했다. 하나는 성희롱이라는 것이 무엇인지 모른다고 잡아떼는 것이다. 그가 언론을 향해 여성 인권과 젠더 평등에 대해 줄곧 말해오긴 했지만 말이다. 다른 하나는 리가 구치소에서 풀려날 거라는 사실을 믿지 않는 방법이다. "그의 행동은 역겨운 정도를 뛰어넘는다"고 리는 말한다.

얼마간 시간이 지난 후 테레사는 이 사건을 공론화시키기로 결심했다. 그래서 스크린샷으로 저장된 음란한 메시지의 일부를 테레사의 개인정보는 노출시키지 않고서 웨이보에 게재하자는 페미니스트 동지의 의견에 동의했다. 많은 사람들, 특히 많은 남성들이 그 변호사에게 성희롱 혐의를 씌우는 것이 공정하지 않다고 말했다. 이런 방향으로 주의를 기울이게 되면 다수의 '보다 중요한' 목표인 중국의 인권을 위한 투쟁에 방해가 될 것이라는 주장이었다. 테레사는 낯선 사람들이 그 변호사의 행동을 두고 '정말' 성희롱에 부합하는 것인지 왈가왈부하는 것이 매우 싫었으며, 여성혐오적인 발언들을 신경 쓰지 않으려 노력했다. 테레사는 약간의 수치심도 갖지 않도록 자신을 도와주는 페미니스트 자매들의 강력한 결속력에 감사했다.

인권과 성소수자 인권 운동 단체 내부의 남성 활동가들은 여성의 인권을 '진정한 인권'으로 여기지 않는 모습을 보이곤 했다. 나와 인터뷰했던 몇몇 페미니스트 활동가들은 인권 운동가 남성들의 성차별에 대해 호소했다. 남성 중심적인 인권 운동 그룹들은 다른 남성의 성범죄를 '결속력'의 수호를 구실로 삼아 덮어준다고 그들은 말했다. 그러나 샤오메이리와 주시시, 자오실르^{Zhao Sile}와 같은 몇몇 페미니스트들은 그 인권 변호사의 여성혐오적인 유린에 대해 공개적으로 비난하는 글을 썼다.

정추란은 구금에서 풀려난 지 몇 달이 지난 무렵 그를 강력히 지탄하는 공개서한을 소셜 미디어에 올렸다. "저 남자 변호사는 정의를 부르짖던 입으로 내 자매를 성희롱했다! 나는 성희롱에 항의했다는 이유로 투옥됐었지만, 당신이 내 자매를 희롱하고서 아무 일 없었다는 듯이 빠져나가게 하지는 않을 것이다!"

남성 공안 요원들이 그랬던 것처럼 남성 인권 변호사들 역시 리마이지와 테레사, 그리고 다른 젊은 여성들을 진지한 활동가가 되지 못할 '어린 소녀들'로 일축했다. 테레사에 의하면, 일부의 젠더 의식은 너무 취약해서 리와 테레사의 사적인 관계를 조롱하며 두 여성이 실로 라라라는 것을 받아들이지 못하고 "아직 적당한 남자를 못 찾은 것"이라 말하기도 했다.

"대부분의 중국 남성들은 성희롱에 대한 아주 기초적인 이해조차도 결여하고 있다. 그래서 [그 변호사]에게 항의하고 문제를 공론화시키는 것이 우리에게는 매우 중요한 일이었다. 그렇게 하지 않았으면 그는 나중에 무엇이든 훨씬 더 나쁜 일을 저지를 것"이라고 테레사는 말한다.

"인권이라는 깃발을 휘날리면서 영웅적인 자기 모습에 도취된 이런 남자들이 무수히 많아요. 그들은 여자들을 희롱하고 상처 입히면서도 변호사로서의 평판에는 아무런 흠집 하나 없이 잘나가요" 정추란이 내게 털어놓았다.

중국에서 성희롱이 얼마나 만연해 있는지를 알아볼 수 있는 신뢰할 만한 방법이 부재하긴 하지만, 주목할 만한 설문조사가 일부 존재한다. 2016년 비정구기구인 중국가족계획협회CFPA: China Family Planning Association가 1만 8천 명의 학생들을 대상으로 수행한 설문에 의하면 3분의 1 이상의 학생이 성폭력이나 성희롱을 경험한 적이 있다고 답했다. 가장 흔한 응답은 '구두에 의한 성희롱'과 '강압적인 키스나 부적절한 신체 접촉', '탈의 강요 또는 신체 노출' 등이었다고 국영 뉴스 웹사이트 〈식스톤Sixth Tone〉이 밝혔다.[1] 2018년 3월 광저우의 젠더&섹슈얼리티교육센터GSEC: Gender and Sexuality Education Center (페미니스트 파이브의 웨이팅팅이 설립했다)가 4백 명 이상의 여성 언론인을 대상으로 수행한 조사에서는 80퍼센트 이상이 상관이나 동료로부터 '원하지 않은 성적인 행위와 요구, 언행 그리고 비언어적이거나 물리적인 접촉'을 당했다고 응답했다.[2] 〈중국노공통신CLB: China Labour Bulletin〉에 따르면 2013년 광저우의 여성 공장 노동자들의 70퍼센트 이상이 성희롱을 당한 바 있다고 밝혔다.[3] (페미니스트 파이브가 체포된 이후 이 조사를 수행한 해바라기여성노동자센터Sunflower Women Workers' Center도 폐쇄되었다.)

여성 인권 연구자인 펑위안Feng Yuan은 십년 이상 중국의 가정폭력과 젠더 불평등에 싸워온 전문가이다. 펑위안은

"99퍼센트 이상의 중국 여성이 어떤 형식으로든 성희롱을 경험했다고 생각한다. 그러나 성희롱에 대한 명확한 규정을 결여한 중국의 법은 피해자들이 법정에서 소송을 제기하는 것을 사실상 불가능하게 만들었다. #미투 운동에 대한 중국의 삼엄한 검열(그리고 페미니스트 파이브의 구속)이 증명하듯 성희롱 문제는 여전히 정치적으로 민감한 주제로 보인다"라고 말했다.

중국 정부는 4분의 1가량의 결혼한 여성이 구타당한다고 밝혔지만 활동가들에 따르면 실제로는 훨씬 더 많은 폭력이 발생한다. 중국에서 가정폭력 방지법은 2015년 12월에 최초로 통과되어 2016년부터 시행되었다. 그러나 평위안이 운영하는 단체 웨이핑Wei Ping(평등)에서 이 법의 시행에 관해 2년간 연구한 바에 따르면, 피해자가 접근금지 명령을 얻어내기가 매우 어렵고 대부분의 가정폭력 보호소가 운영되지 않는 등 법이 제 구실을 하지 못하고 있다.[4] 더욱이 가정폭력 방지법은 성폭력에 대해서 언급하지 않기 때문에 부부 사이의 강간은 범죄로 간주되지 않는다. 그러니 대부분의 중국 페미니스트 활동가들이 성희롱과 성폭력, 가정폭력을 경험했다는 사실은 놀랄 일이 아닌 것이다.

리마이지 역시 중국의 다른 많은 아이들처럼 오랜 학대의 역사를 가진 가정에서 태어났다. 그녀는 세 살이 되기 전까지 베이징 교외에 위치한 옌칭 지역의 산속에서 살았다. 할머니는 유일한 손녀였던 리마이지를 끔찍이 아껴서 어디든 그녀를 업고 다녔고, 심지어 온종일 밭일을 할 때에도 그랬다. 리마이지의 할아버지는 저녁에 집에 돌아와 할머니를 구타했고, 자식인 리의 아버지와 삼촌도 때렸다. 그들은 가정폭력을 정상적인 것이라고 이해하며 자랐기에 리의 아버지는 리의 어머니 역시 구타했다.

세 살 무렵 리마이지와 그녀의 부모는 베이징에서 보다 가까운 지역으로 이사했으나 그녀가 일곱 살이 되었을 때 그녀의 부모는 삼촌들과 함께 살며 학교를 다니라고 리를 산으로 돌려보냈다. 리의 가족들은 소유한 땅이 없이 순이 지역에서 땅을 임대하고 있었는데, 호적은 여전히 옌칭에 두고 있었기 때문이다. 중국 법률은 호적 등록지에서 학교를 다녀야 한다고 명시하고 있기에 리는 그곳에서 학교를 다녀야 했다. 그러나 폭력적이었던 리의 삼촌은 리보다 네 살 어린 자기 딸은 결코 때리지 않으면서 리는 자주 때렸다. 한번은 삼촌이 겨울철에 잠자리를 데우는 난로(농촌에서 흔히 쓰며 '캉kang'이라고 한다)에 리의 숙제를 태워버린 일도 있었다.

"내가 내 의견을 가졌고 그에게 복종하지 않았다는 이유로 삼촌은 나를 때렸다"고 리는 말한다. "그는 내가 허드렛일을 하기 바랐지만 나는 내가 왜 당신을 위해서 일해야 하느냐고 거절했다." 리는 부모에게 이런 얘기를 전했지만 그들은 그 일을 가볍게 여겨서 아무런 개입도 하지 않았다. 가족이 아닌 남처럼 취급받은 리는 외롭고 버림받은 기분이었다. 리가 다니던 학교는 여섯 개 학년을 한 명의 선생님이 가르쳐야 할 만큼 작아서 친구 하나 없었다.

리가 4학년이 되었을 때, 리의 가족이 집을 살 수 있게 되었고 리는 다시 부모님과 함께 살 수 있게 되었다. 하지만 리의 문제는 지속되었다. 그녀는 매우 어렸지만 자신이 남자아이보다 여자아이들에게 매혹된다는 것을 알았다. 그래서 다른 아이들은 리가 '이상하다'고 생각해서 일상적으로 그녀를 괴롭혔다. 리의 아버지는 "누구든 너를 때리면 너도 같이 때려주라"고 그녀에게 조언했다.

어느 날 리마이지가 밭에서 땅콩을 수확하고 있을 때, 그녀를 종종 괴롭히던 마을의 소년이 리마이지를 한계점까지 몰아붙였다. 리가 그에게 주먹을 날리자 그의 코에서 피가 흐르기 시작했다. "그 애의 가족들이 우리를 둘러싸고 지켜보고 있었지만 나는 너무 화가 나서 신경 쓰지 않았다." 소년의 형이 이들을 보고 달려와 리를 때리자 리의 아버지가 소년의 형을 때렸다. "공개된 장소에서 이 모든 일이 벌어졌다. 모든 사람들이 지켜보고 있었고 나 역시도 보고 있었다"고 리가 말했다. "나는 그 애들에게 미안해야 할지 아니면 복수한 것을 기뻐해야 할지 몰랐다." 그 사건 이후 리는 자신을 괴롭히는 사람이면 누구와도, 남자아이든 여자아이든 심지어 리보다 더 몸집이 크고 힘이 센 남자아이와도 맞붙어 싸우기를 주저하지 않았다. "도와달라고 의지할 수 있는 사람이 아무도 없을 때는 용기를 낼 수밖에 없다"고 리는 말한다. "절대로 지지 말라.

절대로 굴복하지 말라."

한편 리의 아버지는 어머니뿐 아니라 리도 때리기 시작했다. 그는 180센티미터가 넘는 장신이었고 매우 건장했으나 그럼에도 리는 그를 두려워하지 않았다. 그녀가 중학생이던 어느 날, 리는 좋아하는 여자친구의 집에서 저녁 시간이 다 되도록 놀았다. 리의 아버지는 그녀가 저녁식사 시간에 늦으면 몹시 화를 냈다. "그때는 나도 어린애였을 뿐이었다." 리가 웃으며 말했다. 그녀는 안간힘을 다해 자전거의 페달을 밟아 8킬로미터를 거의 15분 만에 달려 집으로 돌아왔다. 리가 현관문을 열고 들어서자 리의 아버지가 그녀에게 소리치기 시작했다. 그 즉시 리는 꽉 쥔 두 주먹을 들어 올리며 그의 눈을 똑바로 응시하고 서 있었다. 리의 아버지가 리를 걷어차자 그녀는 부엌을 지나 옆방까지 날아갔다. "나는 울었지만 굴복하지는 않았다"고 리는 말한다.

리가 열일곱 살 고등학생이던 때이다. 그녀는 저녁식사 자리에서 아버지와 논쟁을 벌이다가 식탁에서 일어나 침실로 들어가 버렸다. 아버지는 '빌어먹을 년'이라고 소리치며 계속해서 욕설을 퍼부었고, 그녀도 악을 쓰며 맞받아쳤다. 리의 아버지는 부엌으로 가서 커다란 식칼을 들고 달려와 그녀의 머리 바로 위로 휘둘렀다. 리의 어머니와 할아버지가 자그마한 체구로 건장한 남자를 양쪽에서 붙들어 리에게서 떼어내려 했다. "나가버려 지금! 빨리!" 리의 어머니가 애원했다.

리는 조금도 두렵지는 않았지만, 자신의 아버지가 이

런 식으로 행동할 수 있다는 것에 충격을 받아 얼어붙어 버렸다. "해봐, 찔러!" 리도 지지 않고 악을 썼다. 하지만 리는 곧 의식을 잃을 듯이 공포에 휩싸인 어머니의 얼굴을 보았다. 그렇게나 겁에 질린 어머니의 모습은 처음이었다. 그래서 리는 도망쳤다.

리는 자전거를 타고 좋아하는 친구의 집으로 향했지만 차마 문을 두드릴 수 없어서 어둠 속에 가만히 앉아 있었다. 결국 바깥의 인기척을 느낀 친구의 아버지가 밖으로 나왔다. 그가 "누구 있어요?"라고 묻자 리가 "아저씨!"라고 대답했지만, 그는 그녀를 보지 못하고 다시 안으로 들어가 버렸다.

아무도 자기를 구해주지 못할 것이라고 리는 생각했다. 풀숲에서 밤을 보내기로 결심한 리는 초등학교 근처의 공원으로 갔다. 완연한 가을이어서 밤공기가 매우 찼다. 잠시 후 리는 더 이상 추위를 견딜 수 없어서 자전거를 타고 이모 집으로 가 남은 밤을 보냈다.

다음 날 아침 학교에 간 리는 밖에서 자기를 지켜보고 있는 어머니를 보았다.

"어머니의 얼굴에 수심이 가득했다. 나는 어머니를 고통스럽게 했다는 죄책감을 느꼈다"고 리는 말한다. "아빠는 죽든 말든 내 알 바가 아니지만, 더 이상 엄마를 고통스럽게 할 순 없었다." 리마이지는 집으로 돌아갔다. 그리고 그 순간부터 리의 아버지는 두 번 다시 리를 구타하지 않았다. "나는 우리 집의 독자였기 때문에 아빠는 내가 집을 나가서 영원히 돌아오지 않을까 봐 염려했다"고 리는 말한다. "그는 자기 마음대로 할 수 없는 상황을 처음 겪었다. 그래서 그는 구타만큼은 그만두었다." 리의 아버지는 더 이상 아내도 구타하지 않았지만 화가 날 때면 아내를 쫓아내고 문을 걸어 잠그는 등 심리적인 학대는 계속되었다.

리의 삶은 대학에 진학한 이후 변화했다. 리는 고대 중국의 수도 중 하나인 시안에 위치한 장안대학에 입학했다. 그곳에서 리는 레즈비언임을 밝히고 퀴어인 학생들과 친구가 되었으며 성소수자 커뮤니티에서 활동하며 페미니즘적 관점을 지지하기 시작했다. 2012년 학부의 마지막 해를 보내면서 리는 여러 페미니스트 운동(당시 그녀와 동료 활동가들은 '저항'이라는 용어를 의도적으로 삼갔다)에 참여했다. 그해에 리는 베이징 시내에서 남성용 공중화장실을 점령하는 캠페인을 위해 사람들을 결집시킨 혐의로 구금되었다. 경찰은 대학에서도 징계를 받게 하려고 장안대학에 이를 알렸다. 이미 그녀는 트러블메이커로 알려진 학생이었다. 동급생들 사이에서 공산당에 입당하기를 거부한 유일한 사람이었기 때문이다. 대학의 부총장이 공식적인 경고를 위해 리를 사무실로 불렀다. 페미니즘 활동을 그만두면 매달 120위안(미화 약 20달러)을 받는 근로장학생이 되게 해주겠다는 제안을 리가 수락했을까? 리는 거절하면서 그에게 쏘아붙였다. "그 대신 이건 어떨까요? 내가 250위안을 줄 테니까 나한테 자유를 돌려주시죠." 2012년 말이 되어 졸업이 다가왔을 때 리는 깨달았다. 중국의 여성 인권과 평등을 위해 싸우는 레즈비언 페미니스트 활동가가 되는 것이 자신의 소명이라는 것을 말이다.

내가 리마이지를 처음 만난 것은 2013년이었다. 리가 베이징 소재의 NGO 이롄핑에서 전업으로 일하기 시작했을 때였다. 우리는 갑갑한 리의 사무실을 나와 베이징의 비좁은 '후퉁'* 한편의 작은 만두집에서 식사를 했다. 리는 중국의 페미니스트 운동을 포함하여 성적으로 비표준적인 다수의 여성을 언급하면서 노골적인 농담을 했다. 그들은 "똑바로 들어가서 구부러져서 나온다"며 리가 웃었다. 페미니즘이 여성의 정신을 자유롭게 하고 선택 가능한 여러 가지 삶의 방식이 있다는 것을 여성들에게 제시한다는 이야기였다. 중국에는 '상남자암(대략 '이성애자 남성 쇼비니즘' 또는 '유해한 남성성'을 밀한다)'에 걸린 이가 너무 많아서 이성애자인 남자들과 대화하는 것이 힘들다고 리는 불평했다.

그럼에도 불구하고 리는 2015년 구치소에 있으면서 아버지를 점점 용서하게 되었다. 당시 리의 아버지를 만난 변호사는 공안이 밤늦도록 잠도 재우지 않고 심문하는 등 리를 함부로 대한다고 전했다. 리의 아버지는 그의 이야기에 격분하여 리가 계속 학대당할 경우 권총을 구해 복수하겠다며 이를 갈았다. "그때 나는 진심으로 감동했다"고 리는 말한다. "그런 다혈질적인 처사가 딱 아버지다웠다."

중국의 효도 전통을 조롱하며 관습을 깨뜨리려고 하는 리가 놀랍게도 아버지를 용서한 것이다. 공적인 삶에서 리

* 베이징의 독특한 거주 문화로 사각형의 폐쇄적 구조의 가옥과 좁은 골목길이 결합되어 있다.

가 가정폭력과 성범죄에 대항하여 싸우는 동안 사적인 삶에서 그녀는 아버지가 자신을 진정으로 사랑한다는 것을 믿었다. 아버지가 자신과 어머니에게 폭력을 행사한 것은 남성 쇼비니스트로 길러졌기 때문이라고 리는 이해했다. 리는 구속 기간에 공안 요원들과의 싸움에 대비해 각오를 다질 때에 아버지의 폭력적이고 호전적인 기질의 도움을 받았다고 종종 생각했다.

리마이지는 자신의 아버지보다 훨씬 더 거대한 위협에 직면해 있었다. 리는 반드시 싸워내야 할 더 위험한 적이란 가부장적이고 권위주의적인 정부에 의한 정치적 폭력이라고 생각했다. 전방위적으로 학대당해온 리의 독특한 삶의 이력을 고려하면, 그녀를 거의 죽음으로 내몰았던 이에 대해 그녀가 가진 모순적인 감정을 나는 이해할 수 있었다. "많은 사람들이 내게 왜 페미니스트 활동가가 되었느냐고 묻는다. 그러나 사실 나는 늘 저항해왔다. 저항은 나의 일상이다." 리는 이렇게 말한다. "저항하지 않으면 내가 누구이겠는가?"

내가 인터뷰한 페미니스트 활동가들 중 많은 이들이 자라며 겪어온 학대를 고백했다. 그 경험들은 이들이 열악한 페미니즘 운동에 몸을 던져 헌신하게 하는 원동력이 되었다. 바이페이도 그런 여성 중 한 명이다. 상하이에서 중학교를 다니던 열서너 살 무렵, 친구들이 줄곧 늘어놓는 남자애들에 관한 가십에 그녀는 전혀 흥미가 없었다. 바이는 여자아이들에게 마음이 끌렸지만 차마 아무에게도 말할 수 없어서 여자 반장에 대한 사랑을 일기장에 털어놓곤 했다. 누군가 그녀의 일기를 발견한 이후 바이는 같은 반 아이들의 일상적인 폭력의 대상이 되었다. "상상할 수 있는 거라면 무엇이든 당했다고 보면 된다. 그들은 뾰족한 물건으로 내 온몸을 찌르고, 내 얼굴에 침을 뱉었으며, 나를 주저앉혀 오줌을 마시게 했다." 그녀는 성인이 되어서도 150센티미터가 채 되지 않는 작은 체구이다. 동급생들보다 훨씬 왜소한 까닭에 그녀는 더욱 쉽게 괴롭힘을 당했다.

처음으로 바이가 온 얼굴이 피투성이가 되어 집에 갔을 때 그녀의 어머니가 물었다. "왜 그랬니? 싸웠어?" 바이는 같은 반 아이들이 괴롭힌다고 대답했지만 그녀의 아버지는 바이의 말을 묵살해버렸다. "네가 겁쟁이라서 그렇게 된 거야. 다 네 잘못이니까 다른 사람 탓하지 마라!" 그녀의 아버지가 이렇게 일축했다.

부모의 이런 반응은 그녀에게 깊은 상처를 남겼다. 바이는 형제도 없고 친구도 없었기에 이 일이 있은 후에는 학교에서 폭행을 당해도 몇 년이 지나도록 아무에게도 말하지 못했다. 눈에 띄는 상처를 입어도 그녀가 괜찮은지 선생님이 개입하는 일도 없어서 고등학교를 졸업할 때까지 폭행이 계속되었다. "나는 그 시절을 오로지 공포 속에서만 살았다"고 바이는 말한다. "거울에 내 얼굴을 비춰 보는 것조차 너무 무서웠다."

학교에서 괴롭힘당하고 있다는 것을 부모에게 알린 이후 얼마 지나지 않아서부터 바이의 아버지는 여자친구와 함께 살다시피 하게 되어 집에 들어오는 때가 드물어졌다. 초등학교밖에 졸업하지 못하고 아파트 단지의 환경미화원으로 일하던 바이의 어머니는 남편에게 버림받았다는 사실이 고통스러워 바이에게 관심을 기울이지 않았다. 바이는 극심한 우울에 빠져들어 자주 자살을 생각하게 되었다. 그녀는 그림을 그릴 때마다 모든 것을 검정색으로 그렸다. 그녀는 손목을 그어 자살을 시도했다가 실패한 적도 있었다.

가까스로 고등학교를 졸업한 바이는 상하이 화둥사범대학에서 사회학을 전공하는 학생으로서 새로운 삶을 시작했다. 그녀는 자신에게 "동성애는 질병이 아니다"라고 말해준 적절한 심리학자를 발견했다. 그녀는 레즈비언임을 숨기지 않게 되었고, 에이즈 관련 운동의 주요한 활동가인 완얀하이^{Wan Yanhai}(정부의 위협을 피해 2010년 미국으로 이주했다)가 이끄는 에이즈 관련 온라인 그룹인 아이즈하이싱연구소^{Aizhixing Institute}에 가입했다. 에이즈 환자들을 대변하는 커뮤니티에서 활발히 활동하게 된 그녀는 같은 아이즈하이싱 소속의 우룽룽을 소개받았다.

2011년 임신한 우룽룽이 상하이를 지날 때 바이가 하루 저녁 머물 곳을 제공한 적이 있었다. 바이는 당시 대학을 졸업했을 때였다. 그날 밤 이야기를 나누면서 바이는 우의 너그러운 성품에 이끌려 학창 시절 그녀가 견뎌내어야 했던 폭력에 대해 털어놓았다. 우는 애정 어린 연민의 마음으로 바이의 이야기에 귀를 기울였고, 바이는 지금껏 누구도 그녀의 이야기를 이렇게 들어준 적이 없었기에 가슴이 벅차오르게 고마웠다. "페미니즘 운동을 같이 하는 게 어때요?" 바이가 자기 이야기를 끝냈을 때 우가 물었다.

"페미니즘이 뭐지요?

"같이 해보면 알게 될 거예요." 바이의 질문에 우는 이렇게 대답할 뿐이었다. 바이는 내게 말했다.

"처음에 나는 아무것도 모르고 시작했어요. 나중에야 나는 페미니즘이 수많은 많은 의미를 담고 있으며, 진정으로 삶을 변화시키는 것임을 알게 되었습니다."

우롱롱은 항저우에서 열린 페미니즘 교육 과정에 바이를 초대했고 그곳에서 바이는 우롱롱과 리마이지와 같은 활동가들을 만났다. 이 교육에는 같은 그룹의 여성들이 한 사람씩 자신이 겪어온 성차별과 학대 또는 여러 가지 부당한 일들에 대한 개인적인 이야기를 털어놓고, 또 나머지 사람들은 그 이야기를 들음으로써 의식적으로 각성하게 하는 과정이 있었다.

새로 알게 된 페미니스트 자매들로부터 고무되고 힘을 얻게 된 바이는 성폭력과 가정폭력과 같은 이슈를 다루는 캠페인에 적극적으로 참여하기 시작했다. 널리 알려진 가정폭력 사건의 하나로, 쓰촨의 외딴 지역에 살던 여성 리옌이 오랜 학대를 견뎌오다 2010년 남편을 살해한 혐의로 사형을 선고받은 일이 있었다.[5] 그 남편은 상습적으로 리옌의 머리를 벽에 찧었고 그녀의 얼굴과 다리에 담배를 비벼 껐으며, 성적 학대뿐 아니라 급기야 손가락을 자르는 일까지 있었다. 어느 날 밤 그는 공기총으로 그녀를 때리며 죽이겠다고 협박했다. 리옌이 총을 빼앗아 그 총으로 그를 죽인 후 그의 시체를 조각낸 후에야 협박이 끝났다. 리옌의 변호사는 어찌할 바를 몰랐던 리옌이 여러 차례 경찰과 여성 연맹 관계자들에게 도움을 요청했으나 결혼 생활에 충실하고 '인내'해보라는 답을 듣곤 했다고 전했다.[6]

바이페이는 페미니스트 자매들과 함께 리옌의 사형선고와 가정폭력법의 부재에 대해 항의했다. 그들은 하얀 붕대로 몸을 감고 법정 앞에 누워서 '제2의 리옌이 되고 싶지 않다'라고 쓰인 팻말을 걸어두었다. 이 캠페인은 여러 도시의 페미니스트들에게 알려졌다. 바이페이는 리옌에 대한 관용을 요청하는 탄원서에 수백 명의 서명을 받았으며 최고인민법원에 탄원서를 전달하기 위해 베이징으로 갔다. 2015년 4월 리옌 사건에 대한 사회적 공분을 이끌어내기 위해 고군분투한 페미니스트들과 변호사들의 노력이 성과를 거두어, 쓰촨지방법원은 리옌을 가정폭력의 희생자로 인정하여 사형 선고를 유예했다. 바이페이에게는 리옌을 지켜낸 캠페인을 포함한 페미니스트로서의 활동이 자신의 상처를 치유하는 데에 있어 결정적인 부분이었다.

"페미니스트 커뮤니티를 통해서 나는 내가 평생 겪어

온 학대가 내 잘못이 아니라는 것을 이해하기 시작했다"고 바이페이는 말한다. "마침내 나는 나 자신의 가치를 발견했고 나에게 자부심을 가질 수 있다는 것을 알게 되었다."

페미니스트 파이브가 석방된 지 6개월이 지났을 때 나는 상하이에서 바이페이를 만났다. 그녀가 〈차이신Caixin〉 매거진에 실린 동성애혐오 학대에 관한 리양잉페이Liang Yingfei의 사진에세이 〈고통의 언어Painful Words〉의 모델로 사진을 찍은 후였다.[7] 놀랍도록 아름다운 흑백의 초상화 속에서 반나체의 바이페이가 의자에 앉아 접어 올린 다리를 끌어안고 있었다. 그녀의 온몸에는 반 아이들과 그녀의 아버지가 악의적으로 그녀를 비난했던 말이 뒤덮여 있었다. 왜곡되고 상식적이지 않은 말, "다 네 잘못이야."

페미니스트 파이브가 체포된 후 며칠이 지났을 즈음에 바이페이가 비서로 근무하던 회사로 경찰이 전화를 했다. 바이의 상사는 옆에 붙어 서서 통화 내용을 엿들었다.

"어떤 활동에 가담할 계획이었습니까?" 경찰이 물었다.

"어떤 활동이요? 무슨 말씀이신지 모르겠는데요."

바이는 위챗으로 페미니스트 동료들과 세계 여성의 날 행사를 위해 항저우로 갈 계획을 논의했었지만 아무것도 모른다고 대답했다. 경찰도 더 이상 질문하지는 않았다. 왜냐하면 바이의 상사에게 그녀가 '트러블메이커'라는 것을 알린 것으로 그들의 임무는 끝난 것이나 다름없었기 때문이다. 전화를 끊자마자 역시나 상사는 페미니즘 활동에 대한 질문을 했고,

그 자리에서 바이를 해고했다.

"상사는 나를 위험인물로 생각했고 페미니즘 운동에 대해서도 그랬다"고 바이는 말한다.

그녀는 그 이전 2014년에도 경찰과 갈등을 겪은 일이 있었다. 보편적인 참정권을 요구한 홍콩의 우산 민주화 운동에 대한 지지를 웨이보에 표명했기 때문이다. (영국의 식민지였던 홍콩은 조약에 따라 1997년 중국 정부에 이양되었고 여러 부분의 자유가 박탈되었다.) 상하이 경찰은 바이의 아파트로 찾아가 컴퓨터와 휴대 전화의 모든 자료를 삭제했고, 홍콩 시위대에 대한 지지 표명을 하지 말라고 경고했다. 또한 그녀에게 중국 시민으로서 충성과 애국을 맹세하는 서약을 받아냈다.

2015년 11월 우리가 만났을 때 여전히 실직 상태였던 바이는 비서나 보좌관으로 일할 직장을 찾고 있었다. 그러나 짧은 머리에 화장기 없는 얼굴로 티셔츠에 바지를 입은 젠더 중립적인 외양 때문에 일을 구하기가 어렵다고 말했다. 그녀는 "비서를 고용하는 사람들 대부분은 화장도 좀 할 줄 알고 긴 머리에 원피스를 입은 '여성스러워' 보이는 사람을 원한다"고 했다. "이쪽 분야에는 심각한 젠더 차별이 있고 저는 일자리를 구하지 못했습니다."

다행스럽게도 바이의 어머니는 결국 바이의 성 정체성을 받아들였다. 그녀가 레즈비언으로서 커밍아웃을 한 지 7년 만이었다. 어머니는 바이의 여자친구가 상하이의 집에서 그들과 함께 사는 것을 허락하기도 했다. 어머니는 커다란 안방을 썼고 바이와 여자친구는 작은 방을 함께 썼다.

"여자친구가 일하지 않을 때에 우리 셋은 모여 앉아서 밥을 먹었다. 꽤 즐거운 일이었다. 내 여자친구는 특히 엄마를 행복하게 해주는 말을 잘했다."

학창 시절에 동성애혐오에 의한 악랄한 괴롭힘을 당했으면서도 바이페이는 스스로 '운이 좋다'고 여겼다. "중국의 학교에서 학교폭력은 매우 흔한 일이다. 나는 그런 학대를 겪은 수많은 피해자 가운데 한 사람이었을 뿐이다. 나는 믿을 수 없을 만큼 운이 좋아서 우롱룽과 페미니스트 자매들을 만나게 되었으며 오늘날까지 올 수 있었던 것이다."

힘든 시기를 감사하게 생각할 줄 아는 바이페이에게 나는 경외감을 느꼈다. 그녀와 같은 여성들의 목소리를 녹음하여 듣고 또 들으며 인터뷰 한 내용들을 받아 적는 동안 그들의 충격적인 이야기가 오랜 세월 묻혀 있던 기억을 끄집어내었다. 열다섯 살의 내가 겪었던 끔찍한 성폭행의 기억이다. 중국의 도시 여성들을 대상으로 한 나의 선행 연구들은 특히 결혼을 둘러싼 선택과 한계에 관해 논함으로써 '개인적인 것의 정치성'을 조명하려 했다. 그러나 정말 이상하게도 나는 어린 시절의 트라우마가 내게 입힌 상처를 들여다볼 수 없었다. 그 수모를 한 번도 잊은 적이 없으면서도 남편이 아닌 어느 누구에게도 그 일에 대해 말하는 것이 너무나 수치스러웠다. 나는 그 기억을 봉인해 아주 오랫동안 깊숙이 감춰두었다. 그런데 중국 페미니스트들과의 인터뷰가 그 기억을 흔들어 깨우기 시작했다. 한 심리학자의 도움으로, 십 대 초반의 그 경험이 스스로의 자존감을 어떻게 산산조각 냈는지 볼 수 있게 되었다.

　나의 어머니는 베트남에서 성장한 중국계 이민자였다. 어머니의 가족들은 미국과의 전쟁으로 뿔뿔이 흩어지게 되어, 일부는 난민이 되어 미국으로 망명했고, 몇몇은 홍콩으로 갔으며, 몇몇은 바다에서 사망했다. 그리고 내 어머니처럼 전쟁이 발발하기 전 미국으로 이민을 간 경우도 있었다. 나의 아버지는 백인이고 미국에서 자랐다. 내 부모님 두 분은 모두 중국 연구자들이어서, 호주로 이민한 이후 여섯 살이던 나와 오빠는 부모님과 함께 종종 중국으로 여행을 가기 시작했다. 1970년대 초 무렵이었다.

　그 일은 내가 나고 자란 호주의 캔버라에서 일어났다. 파티에 마지막까지 남아 있던 날이었다. 열다섯 살의 나는 순종적인 '중국인' 딸이자 우수한 성적의 학생으로 사는 데에 지쳐 있었다. 나는 부모님이 잠든 사이에 침실 창문으로 기어 나왔다. 이웃에 사는 아는 남자가 파티에 데려다주기 위해 기다리고 있었다. 그는 내가 빠져 있었던 열일곱 살의 소년이 그곳에 있을 거라고 말했다. 새벽 한 시가 되어 친구들이 떠난 뒤에도 나는 독한 술을 홀짝거리고 남아 있었다. 마치 석유 같은 맛이었지만 맛은 중요하지 않았다. 반항하고 싶을 뿐이었기 때문이다. 내가 집에 가고 싶다며 일어섰을 때 내가 좋아했던 그 아이가 내 잔에 술을 채우고는 계속 마시라고 권했다. 그가 나를 좋아하기를 바랐으므로 나는 술을 마셨고 어지럽기 시작하더니 어느새 몸을 가눌 수조차 없어졌다.

그다음으로 내가 기억하는 것은 나보다 나이가 많은 두 남자들과 함께 내가 욕조 안에 있었다는 것이다. 욕조 옆에는 그날 밤 나를 파티에 데려다주었던 남자가 지켜보고 있었다. 내가 한 남자를 밀쳐내려 하자 그가 내 옷을 벗겼고, 그때 두 번째 남자, 내가 좋아했던 그 남자도 옷을 벗었다. 한 사람이 내 질에 손가락을 밀어 넣는 동안 두 남자가 내 가슴을 움켜쥐고 나를 밀어붙였다. "하지 마!"라고 소리 지르며 울었지만 나를 태워다준 남자 역시 가만히 지켜볼 뿐이었다. 무서웠고, 술에 취했으며, 역겨웠기 때문에 나는 결국 토해버렸다. 나는 그들도 속이 울렁거려 내게서 떨어질 만큼 토했다.

발가벗겨진 나는 바닥에 널브러져서 내 토사물 위에 누워있었다. 그 남자가 토사물을 닦아내라고 수건을 주었고 내게 옷을 입게 한 다음 집에 데려다주었다. 나를 내려주며 그가 말했다. "우리가 나빴지만, 아주 나쁘지는 않았어." 그것은 내가 훨씬 더 끔찍한 일을 겪을 수도 있었으므로 그 정도에서 끝난 것을 행운으로 생각하라는 말이었다. 그 남자가 마을 근처에서 허드렛일을 하는 이십 대 중반이라는 것밖에는 아는 것이 없었지만, 스톡홀름 신드롬에 빠진 나는 두 폭행범으로부터 '구출'해준 그에게 고마움을 느꼈다. 이제는 내가 그에게 하나의 몸뚱이에 불과했다는 사실을 직시할 수 있다. 친구들에게 전해줄 장난감일 뿐이었던 것이다.

　　나는 부모님에게 차마 이 일을 말할 수 없었다. 부모님들이 내가 '착한 아이'가 아니라는 것을 알게 될까 봐 두려웠다. 나는 한두 명의 여자 친구들에게 그 일에 대해 얘기했지만 우리는 너무 어렸으며 인간의 권리에 대해서는 완전히 무지했다. 나는 그 일에 대해서 사람들이 나를 비난할까 봐 두려워하기도 했다. 무수히 많은 다른 여자아이들과 마찬가지로, 나 역시도 길에서 일상적으로 성희롱을 당했다. 남자들은 아무 생각 없이 신체 부위에 대해 노골적인 말을 던졌다. 나는 여자가 성희롱당하는 것은 선택의 문제가 아니라 받아들여야만 하는 일이라고 생각했다. 나는 집 근처에서 폭행범들을 만날 때면 너무 부끄러워서 오히려 아무렇지도 않은 척을 했고, 어느 누구에게도 다시는 그 일에 대해 말하지 않았다. 이 침묵을 깨뜨리기 위해서 나에게는 30년의 시간이―그리고 자신의 경험을 털어놓는 중국 페미니스트들과의 수십 차례에 걸친 인터뷰가―필요했다.

　　2016년 리마이지와의 대화가 떠오른다. 그때 우리는 중국에서 얼마나 많은 여성들이 성폭력에 노출되는지에 관하여 대화하고 있었다. 그런 경험이 공론화되는 일은 여전히 거의 없었다. "중국에는 강간 문화가 너무 만연해서 성폭행당했다는 것을 인정하려는 사람이 거의 없어요. 오히려 비난받을 것을 걱정하지요." 리가 말했다.

　　아마도 가장 유명한 사례는 배우 바이링Bai Ling일 것이다. 그녀는 열네 살부터 열일곱 살까지 티베트의 군악대원으로 있었다. 그녀가 2011년 AP통신에서 밝힌 바에 따르면 공연단의 다른 소녀들과 함께 그녀도 공공연히 술 마시기를 강요당했고 몇몇 인민해방군 장성들에게 성폭행을 당했다.[8] 강간으로 임신까지 한 그녀는 결국 낙태를 해야 했다. 바이링은 미국으로 이주했고 마흔네 살이 되어서야 자신이 당했던 일들을 공개적으로 말하게 되었다. "중국은 순종을 미덕으로 여기는 문화가 있어 아무도 이의를 제기하지 않는다"고 바이링이 말했다. "그저 따르고 순종할 뿐이다."

2017년의 세계적인 #미투 운동과 더불어 홍콩의 몇몇 유명한 여성들이 자신의 경험을 공개하기 시작했다. 2017년 11월에 진 미스홍콩이었던 루이자막Louisa Mak은 십 대 시절 대표단으로 중국에 방문했다가 성폭력의 피해자가 되었다고 폭로했다.[9] 홍콩의 허들 챔피언인 베라 루이 라이유Vera Lui Lai-yiu도 고작 열세 살에 코치로부터, 광저우 지역의 저널리스트인 소피아 황추에친Sophia Huang Xueqin은 출장 중 호텔에서 선배로부터 성폭행을 당했다고 말했다. 2017년 9월 황은 자체적으로 중국의 여성 언론인들의 성범죄 피해에 관한 조사를 시작했고 나중에는 광저우젠더&섹슈얼리티교육센터와 협력했다. 조사 결과 성폭력에 노출된 대다수의 여성들은 커리어에 문제가 생길 것을 우려해 사측에 이를 알리지 않았다고 답변했다.[10]

2018년 1월에는 베이징항공항천대학의 졸업생인 뤄시시Luo Xixi는 교수인 첸샤오우Chen Xiaowu에게 성폭행당한 일을 상세하게 서술한 에세이를 온라인에 게재했다. 뤄시시는 십여 년 전 첸 교수가 자신을 캠퍼스 밖으로 꾀어내어 성폭행을 시도했다고 말했다. 첸은 혐의를 부인했으나 여러 졸업생들이 성희롱으로 그를 고발하고 나서자, 대학 측은 첸이 교수로서의 행동규범을 '심각하게 훼손'했다며 그를 해고했다. 뤄가 미국에 거주하고 있었음에도 그녀의 에세이는 입소문을 타고 퍼져나가 중국 전역 수천 명의 학생들과 졸업생들이, 성범죄에 대한 매우 드문 집단적 움직임인 미투 탄원서에 서명하도록 고무시켰다. 그러나 대부분의 탄원서에서 여성들은 자신이 성범죄의 생존자라고 공개적으로 밝히지 않았다.

다른 나라들과 마찬가지로 중국에도 '순수한 강간 희생자'라는 사회적 통념이 있다. 성폭력의 피해자인 여성들은 '자초한 것'이 아니냐는 비난을 받는다. 그녀가 잘못된 방식으로 옷을 입어서, 뭔가 잘못 말해서, 잘못된 목소리 톤을 냈거나, 누군가에게 잘못된 시선을 보내서, 잘못된 장소에 가고, 잘못된 시간에 외출해서, 술을 너무 많이 마셔서 아니면 보호자가 없어서. "성폭력을 당한 여성들은 감정적으로 무장되어야 한다. 더불어 보호기관의 지원을 받으며 성폭행에 대해 적극적으로 알려야 한다. 그렇게 하지 않으면 모멸감에 잠식되어 익사해버릴 것이다." 리마이지는 중국에서 성폭행과 성추행의 트라우마에 관한 논의가 공공연하게 일어나기까지는 수년의 시간이 필요할 것이라고 덧붙였다.

리는 젠더 기반의 폭력에 저항하는 캠페인에서 '우리

의 몸이 우리의 전장'(여성의 얼굴을 흑백의 실크스크린에 담은 바바라 크루거Barbara Kruger의 1989년 작 〈너의 몸이 전장이다Your Body is a Battleground〉에서 영감을 받은 표현이다)이라고 말해왔다. 성장하는 동안 리가 견뎌온 오랜 학대의 경험은 이 말이 그야말로 진실이라는 것을 증명한다. 세상의 모든 여성들에게도 이 말은 진실일 것이다. 페미니스트 파이브는 중국의 심각한 성폭력 문제를 부각시키기 위해 몸에 붙이는 스티커를 배부하려고 기획했다가 구속되었다.

이 책을 쓰면서 나는 호주의 법률에서 '어린이와 청소년' 대상의 성범죄에 관한 부분을 찾아보았다. 내 고향인 호주의 수도에서는 14세에서 16세 사이의 청소년을 대상으로 한 성범죄의 경우 징역 10년에 저한다는 것을 발견하고 나는 깜짝 놀랐다. 사건과 무관한 입장이라면 형량은 적절해 보인다. 그러나 나는 내가 기소 가능한 정도로 심각한 범죄의 희생자였으며 평생 그 일에 대해 말하기를 두려워하며 살았다는 점이 더 놀라웠다. 성교육 시간에 동의에 대해서 배웠더라면 어쩌면 나는 내가 당한 폭행을 범죄라고 신고할 권리가 있음을 깨달았을지도 모른다. 하지만 내 기억 속의 성교육 상담사는 섹스하고 싶지 않을 때에도 언제나 상대를 기쁘게 해주는 것이 중요하다고 우리에게 (물론 여자 아이들에게만) 말했다.

내가 그 일을 털어놓을 만큼 어른들을 신뢰했더라면 분명히 다른 여자아이들도 그렇게 폭행했을 그 남자들을 저지할 수 있었을 것이다. 굴욕감에 빠져 침묵해버린 나는 내가 지지받아야 한다고는 상상조차 하지 못해서 나도 모르는 사이에 성폭력의 연쇄가 지속되도록 용인해버렸다. 범죄가 일어났던 장소로부터 아주 멀리 떨어진 시간과 공간 속에 있는 지금의 나는 그들을 고소할 생각은 없다. 그러나 나는 여전히 두 남자의 이름을 똑똑히 기억하고 있으며 그들 세 사람의 얼굴은 머릿속에 새겨진 듯 또렷하다.

유엔에 따르면, 전 세계의 여성 10명 중 7명은 살아가는 동안 물리적 폭력을 동반한 성폭력 또는 물리적이거나 성적인 폭력을 경험한다.[11] 미국에서는 강간 피해자의 90퍼센트가 여성이고, 강간 내지 강간 미수의 피해자 또는 기타 성폭력을 당한 이들 가운데 16세에서 19세 사이의 소녀들이 차지하는 비율은 다른 연령층의 네 배를 웃돈다. 미연방 사법부에 따르면 2016년 기준, 강간 또는 성폭력 사건의 약 23퍼센트만이 경찰에 신고되었다. 2017년 ABC뉴스와 워싱턴 포스트에서 실시한 설문에 따르면, 3,300만 명의 여성(미국 전체 여성의 약 5분의 1에 해당한다)이 직장에서 성희롱을 경험했다고 응답했다. 그러나 이 가운데 절반도 안 되는 수의 여성만이 상부에 그 사실을 알린 것으로 조사됐다. 미연방평등기회위원회US Equal Opportunity Commission는 성희롱 피해자의 75퍼센트가 자신의 피해 사실을 알린 이후, 그로 인해 보복을 당했다는 것을 밝혔다.
　　미국처럼 사법부가 독립적이고 법적 체계가 잘 작동하

는 나라에서도 성희롱을 신고한 여성들이 보복을 당하는 일이 이렇듯 흔하게 벌어진다면, 법이 실질적으로 제 기능을 하지 못하는 중국과 같은 권위주의 국가에서는 여성들로 하여금 성폭력 신고를 주저하게 만드는 장애물이 얼마나 많을지 상상할 수 있을 것이다. 성적인 학대를 신고한 여성은 보복당할 경우 훨씬 더 과격한 폭력이 수반되며 특히나 가해자는 거의 아무런 책임을 지지 않는다는 것을 쉽게 알 수 있다. (나는 가정폭력을 신고한 여성들이 당했던 끔찍한 보복의 유형들을 『잉여 여성Leftover Women』에서 다루었다.)

중국 정부는 성희롱과 성폭행에 대한 신뢰할 만한 통계를 내놓지 않았지만 2013년 유엔에서 남성과 폭력의 문제를 여러 국가를 대상으로 연구한 바에 따르면 중국의 조사 대상 남성의 절반가량이 친밀한 관계의 파트너에게 물리적 또는 성적 폭력을 행사한 바 있다고 답변했다.[12] 페미니스트 활동가 샤오메이리는 2013년에 발표된 유엔의 이러한 연구 결과를 접하고 큰 충격을 받아서, 중국에서 성 학대가 확산되고 있다는 사실을 널리 알리기 위한 장거리 페미니스트 행진을 모색하기 시작했다.

5년 전인 2008년 미디어대학에 입학할 무렵의 샤오메이리는 중국 사회의 성차별적이고 이성애규범적heteronormative인 가치관에 물들어 있었다. "고등학생 때는 화장하는 것이 금지되었다. 그런데 우리가 대학생이 되자마자 갑자기 '예쁜 여성' 되기가 가장 중요한 책무가 되어버렸다"고 샤오는 말했다.

"나는 꽤나 열심히 해보았지만 여성에게 부과된 그런 터무니 없는 기대에 부응하는 것은 나에게 불가능한 일이었다." 대학 시절 샤오는 두 명의 남자친구와 사귀어보았지만 이성애적 관계에 내재한 불평등이 불편하게 느껴졌다. 남성의 욕망이 그녀 자신의 욕망보다 언제나 더 중요하게 다뤄지는 느낌이 들었기 때문이다.

"솔직히 말하자면, 오랜 세월 나는 심지어 '버진 콤플렉스virgin complex'가 있었고 내 남자친구 역시 그랬다." '버진 콤플렉스'는 여성을 성적 순수성을 기준으로 구별하던 제국 시절 중국의 유교적 '순결 문화'(7장 참조)로 퇴보한 것이다. 현대판 순결 문화에 따르면—중국에서는 특별한 것이 아니다—성적 경험이 없는 여자는 그녀의 남편에게 값이 매겨지지 않을 만큼 귀한 선물이다. 그래서 결혼하지 않은 여자가 남자와 처음으로 섹스할 때 그녀는 사실상 그의 소유가 되어 종내에는 그와 결혼하리라고 여겨진다. 중국이 1980년대와 1990년대를 거쳐 경제개혁을 단행한 이후 수십 년이 지나며 혼전 성관계가 보다 흔해졌고 사회적으로도 받아들여졌다.[13] 중국최고가족계획기관China's chief family-planning agency이 2016년 수행한 연구에서 70퍼센트 이상의 대학생이 '혼전 성관계에 동의한다'고 대답했다.[14] 그러나 조사 대상의 4분의 1에 가까운 학생들은 또한 '어떤 상황에서도 혼전 성관계는 안 된다'고 답했다. 한편 설문조사에 응답한 여학생 중 오직 15퍼센트만이 실제로 성관계를 맺고 있다고 한 반면 남학생은 28퍼센트가 그렇다고 대답했다.

　　도시에 사는 젊은 중국인들은 자유롭고 절제되지 않은 성생활을 누리는 것으로 묘사되곤 하지만, 대다수의 중국인들은 성에 대해 매우 보수적인 시각을 가지고 있다. 중국에서는 인권에 바탕을 둔 성교육이 거의 실시되고 않고 있고, 이는 여성들의 성적 행동에 대해 엄격하게 금지하는 것으로 이어져 성에 대한 광범위한 무지를 낳고 있다. 대부분의 부모들은 자신들도 잘 모르는 탓에 자녀들과 성에 관한 대화를 나누기를 꺼려하고, 콘돔 사용률이 낮아 에이즈 바이러스의 감염자가 늘고 있으며, 낙태율도 높게 나타나고 있다.

　　소셜 미디어에서 점점 더 많은 비판을 받고 있기는 하지만, 많은 성교육 교과서들은 여성혐오적이고 성차별적인 이중적 규범을 확산시키고 있다. 예를 들어, 장시성의 교육 담당 부처에서 발행한 중학생 대상의 성교육 교과서는 혼전 순결을 지키지 않은 여학생을 '타락자'라고 명명하고 있다. 온라인 매거진 〈식스톤〉의 판이잉Fan Yiying의 보고에 따르면, 2004년에 최초로 출간된 『중학교 3학년 학생을 위한 체계적 성교육』이라는 책에는 다음과 같은 내용이 실려 있다. "혼전 성관계는 여학생들의 몸과 정신의 건강에 매우 해롭다." "사랑을 위해 몸을 희생한 여학생은 더 이상 남학생의 사랑을 얻을 수 없다." "여학생을 '정복'한 남학생은 그녀를 타락자로 볼 것이고, 애정이 줄어들 것이다." 2016년, 한 교사가 이 책의 내용을 발췌해 웨이보에 올려 많은 사람들이 분노하자 결국 출판사는 사과문을 올리고 책을 회수하기로 했다.

샤오메이리는 학창 시절에 한 번도 성교육을 받은 적이 없었고, 자기에 대해 부정적으로 생각하게 만드는 성차별적 메시지들만 그녀에게 쏟아졌다. 샤오는 대학에 와서 처음으로 페미니즘이라는 용어를 들었지만, 그녀에게 의미 있는 단어가 되지는 못했다. 3학년이 된 그녀는 교환학생으로 대만의 스신대학에서 공부하게 되었고 그곳에서 여러 페미니스트 교사와 성소수자 학생들과 가까워졌다. 중화인민공화국과 달리 대만은 젠더문제에 있어 동아시아에서 가장 진보적인 국가 중 하나이기에, 여성과 성소수자의 인권에 대해 상대적으로 강한 지지를 드러낸다. 2017년 5월, 대만의 대법원은 아시아 최초로 동성결혼을 합법화하는 역사적인 판결을 내렸다.

샤오는 "근시가 있던 사람이 새 안경을 낀 것처럼, 나는 또렷하게 보기 시작했다"고 표현했다.[15] 그녀는 양성애자로서의 삶을 시작했고, 중국으로 다시 돌아오기 전까지 페미니즘 운동에 뛰어들었다. 2011년, 〈페미니스트 보이스〉의 베이징 사무실에서 인턴으로 근무하던 샤오는 열정적인 페미니스트인 리마이지를 만나 연인이 되었다. 2012년 밸런타인데이에 이들은 웨이팅팅과 함께 가정폭력에 항의하는 '블러디 브라이드' 행진에 참여했다. 광저우에서 〈남자 화장실을 점령하라〉 운동을 성공시킨 샤오메이리와 리마이지는 2012년 베이징에서도 캠페인을 벌였다. 그러나 이 시위를 저지한 베이징 경찰은 반체제인사로 이름이 올라 있던 리를 강도 높게 심문했다.

2012년에 대학을 졸업한 후, 리는 여성 인권을 집중적으로 다루는 비정부기구에서 전업으로 일하기 시작했고, 샤오는 다른 페미니즘 캠페인에 자원했다.

2013년, 샤오는 중국 대륙을 걸어서 횡단하는 남성은 많지만, 여성은 거의 없다는 사실에 주목했다.[16] 그녀는 페미니스트 트래킹에 대해 생각해보기 시작했고, 몇몇 사람들에게 아이디어를 들려주었다. 일부는 그녀에게 "강간범죄에 노출되는 것이 걱정되지는 않느냐"고 물었다. 그녀 역시 여성이 혼자 먼 길을 걸으면 인신매매범들에 의해 납치되거나 강간당하는 일에 속수무책이라는 것을 알기에 걱정이 되었다. 샤오는 멘토인 〈페미니스트 보이스〉의 뤼핀과 이 문제를 논의했다. 뤼핀은 장거리 페미니스트 행진과 성폭력 문제를 연결시킴으로써, 피해자에 대한 비난을 멈추고 성폭력 가해자를 처벌하는, 여성을 위한 공공장소의 문제를 제기하기에 훌륭한 캠페인이 될 거라고 말했다.

"처음에는 내가 해낼 수 있을 거라고 생각하지 않았는데 뤼핀이 용기를 주었습니다. 뤼핀이 내게 '해요! 합시다, 저도 당신과 함께 할게요!'라고 말해준 뒤에는, 생각이 바뀌었어요. 일단 그녀가 그렇게 말하니까 실제로 실현될 수도 있겠다는 생각을 하게 됐습니다." 2013년 9월, 당시 스물네 살이던 샤오는 베이징에서 광저우까지 2천 킬로미터가 넘는 거리를 걷기 시작했다. 그녀는 그것을 '아름다운 페미니스트 행진: 성폭력에 맞서, 여성은 해방을 요구한다'라고 불렀다. 스스로

지은 가명 메이리Meili의 본래 뜻, '아름다운'이라는 의미가 캠페인의 제목에 재치 있게 들어맞았다. 처음 몇 주 동안 샤오는 뤼핀과 함께 걸었다. 그리고 2014년이 되어 샤오가 광저우에 다다르자 다시 뤼핀이 합류했다. 샤오는 값싼 호스텔에서 잠을 청하거나 때론 민박을 했으며, 하루 또는 며칠 동안 지지자들과 함께 걷기도 했다. 걷는 내내, 그녀는 학생들이 겪는 성폭력에 항의를 표하는 서명운동을 진행했고, 지역의 담당기관에 성폭력 사건에 대해 조사할 것을 요청하는 편지를 썼으며, 웨이보에 사진이나 그림 또는 영상, 짧은 글을 올렸다.

6개월의 여행 기간에 60여 명의 지지자들이 샤오와 함께 걸었다. 페미니스트 연구자이자 영화감독인 아이샤오밍 Ai Xiaoming, 중국의 성노동자들을 다룬 소설 「연Lotus」의 작가 리자장Lijia Zhang, 페미니스트이자 성노동자들의 인권 운동가 예하이엔 등이었다. '훌리건 스패로우Hooligan Sparrow'라고도 불리는 예는 미성년의 여섯 소녀들을 강간한 하이난성의 한 교장을 규탄하기 위해 이목을 끄는 소셜 미디어 시위를 벌인 적이 있었다. 예는 학교 앞에서 혼자 팻말을 들고 사진을 찍었는데, 그 팻말에는 '교장선생님, 나랑 호텔 가요. 아이들은 학교에 두고요'라고 쓰여 있었다. 이 사진은 소셜 미디어를 타고 퍼져나갔다. 유명 예술가 아이웨이웨이Ai Weiwei까지 합세해 탈의한 배에 '교장선생님, 나랑 호텔 가요'라고 쓴 사진을 웨이보에 올렸다.

2016년에 샤오메이리와 처음 인터뷰 했을 때, 그녀는 아직 경찰에게 쫓기지 않고 있었다. 공식적으로 NGO 활동을 하지 않기 때문이라고 그녀는 추측했다. 한편 그녀는 타오바오(억만장자 마윈Jack Ma이 설립한 중국판 이베이)에서 직접 디자인한 페미니즘 제품들을 판매했다. '페미니즘: 상남자암에 걸린 남성들과 여성혐오주의자들에 맞서는 신비의 명약!'이라는 슬로건이 적힌 티셔츠를 비롯하여 그녀의 상품들은 젊은 페미니스트들 사이에서 인기가 많았다.

대화를 나누던 도중 샤오의 전화가 울렸다. 그녀는 갑자기 이야기를 끊어서 미안하다고 사과하며 몇 가지 제품의 주문을 받았다. "타오바오 일이 주 수입원이라서 계속 일해야 해요." 중국의 대부분의 페미니스트들이 그러하듯 샤오는 활동으로는 수입이 생기지 않았다. 그렇지만 샤오는 직접 디자인한 상품이 사람들의 관심을 끌어모으는 데에도 효과적이라고 생각했다.

최근 샤오는, 어머니가 지하수 개발회사에서 해고된 이후에 일자리를 구하지 못한 상황이라서, 어머니를 해외로 나갈 수 있도록 도와주었다. "어머니가 하루 종일 할 일이 없으시니까 쉴 새 없이 저에게 결혼하라고 구박해요. 결혼 안 한다고 여러 번 말했더니, 이제는 아기를 가져보라고 그러네요."

페미니스트 파이브가 구금된 이후 샤오는 잠시 도피해 있다가, 베이징보다는 경찰의 감시가 느슨한 광저우로 이사를 갔다. 2016년 초, 그녀와 동료들은 광저우 지하철 역사에 반

성희롱 광고를 걸기 위해 크라우드펀딩을 시작했다. 그들은
몇 달 안에 광고가 걸리기를 바랐다.

중국 내에서만 1,200명이 넘는 소액 기부자들의 노력
이 모여 4만 위안(2016년 기준 약 미화 6,000달러)을 모았다. 비록
미국을 기준으로 보면 모금액이 적을지 모르나, 활동가들은
극히 위태로운 정치 환경 속에서 여성주의 운동을 일으키고,
공개적으로 자기 정체성을 밝힐 수 있는 강력한 지지자의 토
대를 다지는 것에 크라우드 펀딩의 의의가 있다고 말했다.

원래 지하철역 내에 광고지면을 빌리는 것은 그다지
어려운 일이 아니다. 그러나 광저우 당국은 디자인이 "이용자
들에게 혼란을 야기한다"며 딴지를 걸었다. 처음 도안은 빨간
매니큐어를 바른 작은 손이 커다란 잿빛의 손목을 잡고 있고,
'유혹은 변명이 안 됩니다'라는 구절과 함께 '그만! 그만! 그
만!'이라고 쓰인 디자인이었다. 이 도안을 거절당한 후 페미
니스트들은 다른 여러 도안들을 제출했지만, 그때마다 당국
은 번번이 불가하다는 입장을 보였다. 1년이 다 되도록 이 광
고는 공중장소에는 '받아들여질 수 없는' 것으로 간주되었다.
당국은 이 유명한 페미니스트들을 괴롭히고 방해하면서도,
가끔은 이들의 요구에 응하여 이들의 도안과는 다른 내용의
반성폭력 광고를 선전이나 베이징과 같은 도심의 지하철에
내걸었다.

"당국에 맞서기 위해 우리는 계속해서 전략을 바꿔야
만 했습니다. 페미니스트 파이브가 구금되기 전의 우리는 항

* 탁구에서
공이 코트의
가장자리(edge)에
맞는 것을 말한다.
공이 튕기는
방향을 예상하기
어려워 좀처럼
받아내기 어렵기에
중국에서 법의
허점을 이용하여
일을 처리하는
것을 비유적으로
표현하는 말이다.

상 '에지볼'*을 쳤던 거죠." 샤오는 말했다. 가급적 정치적으로 민감한 주제를 피하면서 대중에게 다가가는 전략을 말한 것이었다. "우리는 그동안 수없이 많은 페미니스트 캠페인을 진행해왔지만, 이제는 더 이상 허가되지 않아요. 그래서 지금은 소셜 미디어에서 활발히 활동합니다."

2016년, 첫 번째 인터뷰가 있은 지 얼마 되지 않아, 광저우 경찰은 샤오를 내쫓으라며 집주인을 압박했다. 페미니스트 계정을 금지한 웨이보를 상대로 소송을 벌인 여자친구 장레이레이와, 오직 남성 요리사만 고용한다고 홍보한 광저우의 한 레스토랑을 상대로 성차별 소송을 제기한 룸메이트 가오샤오Gao Xiao에게도 마찬가지였다.

집주인을 겁주어 3일 이내에 집에서 내쫓으라고 압박하는 수법은 경찰이 미리 파악된 트러블메이커들을 괴롭히는 일반적인 방식이다. 새 아파트로 이사 온 후 5개월밖에 지나지 않았을 때, 집주인은 그녀에게 문자를 보내 경찰이 그녀들을 "좋을 일 하나 없을 레즈비언들"이라고 말하더라고 전했다. 집주인은 샤오에게 화를 내며 둘의 관계를 따져 물었다. 다음 날 아침 9시가 되자 광저우 경찰이 집에 찾아왔다.

샤오는 단지 "소방 안전점검일 뿐"이라 말하며 제복을 입고 문 앞에 선 두 경관의 사진을 몰래 찍었다. 그들은 그녀에게 신분증과 지문 채증을 요구했다. 그들은 두 번이나 지문을 찍고도 흐리게 나왔다며 세 번을 찍게 만들었다(그녀는 나중에서야 지문 채증에 응한 것을 후회했다). 경찰은 그날 이후로 매달

샤오의 숙소를 찾아와 검문했다. 샤오는 위챗의 친구들에게 경찰에게 지문을 채취당한 이후 자신에게 일어난 변화를 보여주는 글을 남겼다(이 글은 금세 삭제되었다).

> 그[경찰]는 불쑥 말했다. "직장 주소를 아직 안 적었네요."
> 내가 직장 주소를 쓰자, 이제 그는 룸메이트의 직장 주소도 요구했다.
> "전 모르죠. 친구는 이제 막 잠들었어요. 아까는 그런 얘기 없었으니까 그만 가세요."
> 그러자 그는 갑자기 화를 내면서 나에게 소리를 질렀다. "잘 들어, 난 너를 경찰서로 끌고 갈 거야!"

샤오는 젊은 경관이 협박하는 모습이 실린 사진을 자세히 설명했다. 몰래 찍은 사진에서 그 경찰은 노기에 가득 차서 눈을 부릅뜨고 콧구멍을 씩씩거리며 입을 일그러뜨리고 있었다. 그녀는 다른 시간에 와달라고 요청하며 문을 닫으려 했지만, 경관은 평정심을 잃고 강제로 문을 열려고 했다. 당시 어쩔 도리가 없다고 생각한 샤오는 룸메이트를 불러 직장 주소를 적도록 했다.

> "좋아. 보라구. 협조를 하니까 아무 문제가 없잖아." 경찰이 말했다.

"당신이 먼저 공격 했잖아요"라고 내가 말했더니 경찰은 이렇게 말했다.

"네가 날 그렇게 만든 거야. 내가 그렇게 안했으면 네가 협조를 안 했겠지!"

"난 당신이 너무 공격적이었기 때문에 그냥 문을 닫으려 고 했던 것뿐이에요."

그러자 그는 다시 화를 내며 소리를 질렀다. "그래서 문 을 다시 닫겠다는 거야? 두고 봐, 내가 경찰서로 너 꼭 데 려간다!"

언쟁이 몇 번 더 오간 뒤, 경찰은 결국 철수했다. 샤오 가 이 문제로 경관에게 소송을 제기하자 이후 몇 달간은 그녀 를 건드리지 않았다.

샤오는 그 당시에 중앙정부가 급증하는 감시대상자의 유전자정보와 생체정보에 기반한 광범위한 데이터베이스를 구축하고 있었고, 경찰이 이런 계획 아래 지문 채취를 이어가 고 있다는 것을 몰랐다. 인권감시기구는 중국 정부의 빅데이 터 기반 치안시스템이 이전에 생각했던 것보다 훨씬 더 치밀 하고 위협적일 것이라고 경고했다. 2017년까지 공안당국에서 는 활동가, 이주노동자, 위구르족, 무슬림을 포함하여 4천만 이 넘는 사람의 DNA와 생체정보를 수집했다. "당국에서 수억 명이 넘는 사람들의 정보를 수집하고, '정상적인 사고방식'을 가졌다고 식별된 사람들 가운데에서 일탈한 사람이 누구인지

가려내고 또 감시한다는 사실은 정말 충격이었습니다."[17]

게다가 샤오메이리의 생체정보를 수집하려고 일부러 사는 곳까지 찾아오는 것(심지어 여성혐오 정서를 부추겨 집주인을 경악게 하는 것)이 무언의 협박으로 느껴진다는 것을 경찰은 잘 알고 있었다.

그러나 2017년 5월, 샤오의 여자친구 장레이레이가 스물네 살이 되던 해, 샤오는 웨이보에서 #성폭력에맞선행진 WalkAgainstSexualHarassment과 #나는광고판이다IAmABillboard와 같은 해시태그를 활용한 새로운 반성폭력 운동을 시작했다. 그녀는 머리카락을 밝은 핑크색으로 염색해 젊은 사람들의 관심을 모으며 직접 '걸어다니는 반성폭력 광고'가 되어 교통당국으로부터 거절당한 최종 디자인 시안을 입고 광저우를 배회하는 일상의 사진들을 올렸다. 지하철에서 작은 고양이가 손을 뻗고 '멈춰!'라고 말하며 큰 분홍돼지의 팔을 막아서는 내용이 담긴 매우 건전해 보이는 일러스트였다. 여기에도 이전과 같이 '유혹은 변명이 못 돼! 더듬던 손 치워!'라는 슬로건이 쓰여 있었다.

장은 선착순 백 명에게 벽보를 보내주겠다고 제안했다. 그녀가 웨이보에 '행동하자! 당신이 사는 도시가 최초로 반성폭력 광고를 내는 곳이 되도록 하자!'라고 선언하자 이 캠페인 소식은 중국 전역에 순식간에 알려졌다. 이틀 만에 베이징, 상하이, 선양, 시안 같은 23개 도시의 열정적인 여성(일부 남성)들이 공공장소에서 피케팅을 자원했다. 이들은 포스터를 들고 전철을 타기도 하고 도시의 상징물 옆에서 포즈를 취하거나, 성폭력 문제에 관한 설문지를 만들어 거리에서 사람들에게 나눠주었으며, 반성폭력 광고를 낼 수 있도록 교통당국에 탄원하는 서명을 행인들로부터 받아 그 활약상을 웨이보에 올렸다. 이틀 만에 벌어진 이 같은 호응은 공중 교통시설에서의 빈번한 성폭력에 진절머리가 났던 젊은 중국의 여성들에게 페미니즘이 남다른 영감을 주고 있다는 것을 증명하는 것이었다. 정부의 가혹한 억압에도 불구하고, 단단히 조직된 페미니스트 활동가 그룹들은 대중의 여론에 영향력을 미쳤고, 전국 곳곳에서 여성을 움직이게 할 수 있었다. 중국이 공안적인 질서를 지독히 내세우는 나라였음에도 불구하고 말이다. '어떻게 해서든 우리의 공간을 위축시키려 하고 있지만, 도처에서 싹을 틔우는 페미니스트들을 멈춰 세울 수 없다. 우리는 언제든 우리의 고귀함을 드러낼 힘이 있다.' 장은 위챗에 개인적 감상을 적었지만 이 글은 정부 검열로 즉각 삭제되었다.

  캠페인이 있은 후 2주가 지나자 경찰이 장레이레이와 샤오메이리의 아파트로 다시 찾아왔다. 경찰은 캠페인을 중단하든지 아니면 광저우를 떠나라고 명령했다. 그리고 집주인에게 세 차례나 이 여성들을 내쫓으라고 협박했다. "이번 시위 때문에 일이 너무 커지고 있어. 이제 그만두는 게 좋을 거야"라고 경찰은 경고했다. "이번 12월에 포춘세계포럼이 열리니까, 앞으로 몇 달간은 포산(인접한 도시)으로 떠나 있어 … 페미니스트 파이브도 이렇게 일을 벌이다가 체포됐다는 거 알고 있지?"[18]

광저우 경찰이 국제회의가 열리기 7개월 전부터 장을 내쫓으려 했다는 점에 주목해야 한다. 안보를 명분 삼아 국제회의를 7개월이나 앞두고 정치 운동가들을 내쫓는 것은 정부 당국의 통상적인 내국인 안보절차를 고려했을 때 매우 이례적인 것이었다. 일반적으로 당국은 6.4천안문학살 추모식과 같이 정치적으로 민감한 시점이 오면, 요주의 인물들을 며칠 또는 기껏해야 몇 주 정도의 짧은 기간 동안, 강제적인 '휴가'를 보내는 것이 일반적이었다.

장은 일상적인 피켓시위는 멈추기로 했지만, 광저우를 떠나라는 요구는 거절했다. 또한 다른 사람들이 각자의 거주 지역에서 캠페인을 이어가는 것을 그녀가 막을 수는 없는 노릇이라고 경찰에게 말했다. 그리고 웨이보에 글을 올렸다. (이 글은 곧 삭제된다.) '저는 성희롱을 겪은 단 한 명의 사람이 아닙니다. 그리고 저는 이 문제를 세상에 알리는 단 한 명의 사람이 아닙니다. 저처럼 어려움을 겪는 젊은 여성이 조롱의 대상이 되기보다는 지지를 받기를 바랍니다 … 당신이 당한 일들은 당신의 탓이 아니라고 말해주고 싶습니다. 성희롱은 반드시 사라져야 할 사회문제입니다. 마음 깊은 곳에 상처로 담아두기보다, 자신이 겪은 이야기를 들려주는 사람이 더욱 늘어나길 바랍니다.'

샤오메이리와 장레이레이는 물러서지 않았다. 장은 경찰과의 대립에 관해 설명하면서, 몸소 깨닫게 된 교훈을 글로 남겼다. 이것은 중국뿐 아니라 다른 나라에도 똑같이 해당되는 것이었다. '국가기관의 폭력이든 가정폭력이든, 그 패턴은 동일합니다. 이런 상황을 그냥 받아들이고 있으면 더 심한 괴롭힘을 당하게 될 겁니다. 저항하지 않으면, 폭력의 순환 고리는 더 악화될 것입니다. 당신의 권리를 위해 싸우십시오, 절대로 타협해서는 안 됩니다.'

~

2013년으로 거슬러 올라가 보면, 리마이지는 내게, 삼십 년이 지나도 중국의 여성 인권이 실질적인 진보를 거둘 것이라고는 기대하지 않는다고 말했다. 난 무척 놀랐었다. 왜 그녀를 비롯한 페미니스트 활동가들은 과감한 조치를 취하지 않는가? 물론 여성화장실의 부족함보다 더 심각한 인권에 대한 폭력들이 벌어지고 있다고, 그 당시에 나는 생각했었다. 나는 중국 페미니스트들이 논쟁적으로 정부에 맞서지 않고 그런 상황을 애써 피하려는 듯이 러시아의 푸시라이엇^{Pussy Riot}처럼 익살궂게 활동하는 것에 반감을 갖고 있었다. 러시아의 페미니스트이자 펑크 록가수인 푸시라이엇은 자국 대통령 블라디미르 푸틴을 모욕하는 노래를 불러 투옥된 바 있다.

예수의 어머니 동정녀 마리아여, 푸틴을 추방하소서!
푸틴을 추방하소서. 푸틴을 추방하소서.

KGB의 우두머리인 그들의 신성한 보스는
저항하는 자들을 감옥으로 보낸다네.[19]

나는 페미니스트 파이브가 투옥된 후에야 내가 리와
중국의 젊은 페미니스트 활동가들을 얼마나 과소평가하고 있
었는지를 깨닫게 되었다. 그들의 말이 정부에게 노골적으로
불명예를 안겨주지는 못할지라도, 독립적인 여성 인권 활동가
로서 그들의 존재 자체가 완전히 체제 전복적인 의미를 지니
는 것이었다. 게다가 수십만의 교육받은 도시 여성들이 중국
사회의 만연한 성차별을 인지하기 시작했고, 페미니스트들은
이 팽배해진 불만에 주목하기 시작한 것이다.

"우리는 평등한 사회를 만들기 위해 도전할 것이고, 권
력을 해체하고야 말 것입니다 … '정치적으로 민감하다'는 딱
지가 붙는 것을 피해야 했기에 우리의 행동은 [비교적 덜 알려
진] 개개인들로부터 시작되었던 것입니다." 이는 2015년 리가
체포되기 전에 했던 말이다.

오늘날 리마이지는 중국 페미니스트 운동가들 가운데
가장 유명한 사람이 되었다. 〈포린폴리시Foreign Policy〉는 2015년
'세계를 선도하는 사상가'들 중 한 명에 그녀의 이름을 올렸
고, 2017년에는 '미-중 50인'(미-중 관계에서 영향력 있는 인물)의
한 사람으로 그녀를 선정했다. 또 BBC는 '2015년 100인의 여
성' 명단에 그녀를 포함시켰다. 페미니스트 파이브 역시 〈미즈
매거진〉이 꼽은 '2015년, 가장 영감을 주는 페미니스트 10인'

에 이름을 올렸고, 또 다른 활동가인 정추란 역시 BBC가 선정한 '2016년 100인의 여성'에 선정됐다. 그러나 우리의 목표는 언제나 중국 전역에서 페미니스트들을 끌어모아 페미니즘 운동이 널리 뿌리내려 오래 지속될 수 있도록 만드는 것이지 한 사람의 이름난 리더를 갖는 것이 아니다.

5. 바다를 메운 징웨이

Jingwei Fills the Sea

2015년 11월, 페미니스트 파이브가 석방된 지 반년 정도 지났을 무렵 나는 항저우를 방문했다. 이십 대 페미니스트 활동가 두 사람이 그 도시에서 가장 아름다운 풍경을 볼 수 있는 서호West Lake를 둘러보자고 나를 초대했다. 폭우가 몰아치던 날이었다. 우리는 머리나 겨우 가려질 만한 지붕이 달린 작은 배를 타고 호수를 건너기 위해 한 노인에게 뱃삯을 지불했다. 빗속에서 호수를 건너며, 우롱롱과 협력하며 활동하고 있는 지나Gina(가명¹)와 저장대학에서 여성학으로 박사과정을 밟고 있는 주시시는 페미니스트 파이브가 체포되고 나서 공안으로부터 수차례 소환되어 심문을 당했다고 하소연했다. 지나의 집주인은 경찰의 압력을 받아서 그녀를 쫓아내겠다고 협박했고, 주시시는 대학으로부터 퇴학낭할 수도 있다는 경고를 받았다.

노를 저으며 대화를 나눈 지 얼마 지나지 않았을 때, 지나와 주시시는 안개 낀 호수 위로 곡선을 그리고 있는 회색 돌다리를 가리키며 말했다. 중국에서 가장 유명한 페미니스트 혁명가인 치우진Qiu Jin의 묘가 여기서 가깝다는 것이었다. 저장 지역 출신인 치우진은 청 제국에 대한 반란을 모의했다는 이유로 항저우에서 60킬로미터 떨어진 도시 사오싱에서 1907년 참수당했다.

주는 페미니스트 자매들과 치우진의 저항 노래 '여성에게 권리를'을 부르곤 했으나 "너무 오래된 고어이고 기억하기도 어려웠다"고 말했다. 영화 〈레미제라블〉이 개봉하자 몇몇 페미니스트들이 모여 〈민중의 노래가 들리는가?〉를 개사하여 기억하기에 훨씬 쉬운 〈모든 여성을 위한 노래〉로 만들었다. '나와 함께 / 우리의 권리를 위해 계속 싸우지 않을래요?'라는 가사를 담은 새 노래가 되어 페미니스트 운동의 결속을 위한 성가가 되었다.

"우리 여기서 사진 찍어요!" 주의 제안에 내가 휴대 전화를 꺼내어 사진을 찍었다. 조각배 위에서 지나와 주는 두 손가락으로 승리의 브이를 지어 보이며 웃고 있다. 폭우가 내리는 항저우의 서호에서 젊은 페미니스트들과 치우진의 묘지를 지나던 그 순간, 마치 역사가 잉태된 것 같다.

백 년 하고도 십 년도 더 전에 떠들썩하게 20세기가 열리던 때에, 남장을 한 페미니스트 아이콘 치우진은 중국 여성들을 해방시키는 한편, 민족주의(국민당) 혁명에 참여하라고 촉구하기 위해 노랫말과 서정적인 시, 에세이 등을 썼다. 1905년 치우진은 차후에 주석이 되는 쑨원(손중산)의 조직에 들어갔다. 그 무렵 치우진은 그녀의 가장 중요한 작품이지만 결국 완결되지 못한 작품인 〈징웨이 새의 돌〉을 쓰기 시작한다. 이 노래는 구전되어온 고전문예 양식의 하나로 산문과 시가 번갈아 나오는 탄사의 형식으로 쓰였다.[2]

치우진은 남편과 두 자녀를 중국에 남겨두고 도쿄로 떠났다. 치우진은 도쿄의 중국 학생들에게 연설을 하기도 했고 공부도 하며 〈징웨이 새의 돌〉의 대부분을 그곳에서 썼다. 중국의 징웨이의 전설 중 한 판본은 다음과 같은 이야기를 전한다. 중국의 시조인 염제에게는 어린 딸이 있었다. 그녀는 '작은 소녀'를 의미하는 여와^{Nüwa}라는 이름으로 불렸다. 여와는 바다 위로 떠오르는 태양이 보고 싶어서 동틀 무렵 배를 타고 동해로 나가 노를 저었다. 잔혹한 동해는 폭풍우를 일으켜 그녀의 배를 뒤집었고 여와는 물에 빠져 죽었다.[3]

죽는 순간 여와는 흰 부리와 붉은 발톱을 가진 아름다운 한 마리의 새로 변신했다. 이 새는 분노와 고통 속에서 "징웨이, 징웨이!"라고 울부짖었다. 비통한 그 소리를 따서 징웨이로 불리게 된 여와의 영혼은 매일 그녀가 살던 고장에서 돌을 날라와 바다로 떨어뜨렸다. 바다를 메워 복수하기 위해서였다. 동해는 그런 한심한 일을 그만두라며 징웨이를 조롱했다. "바보 같은 꼬마야, 얼마나 어리석어야 그런 돌멩이 따위로 나를 채워버리겠다는 생각을 할 수 있지?" 그러나 징웨이는 포기하지 않기로 맹세했다. 그녀는 수천 년 동안, 헤아리기 힘들 만큼 오랜 기간 동안 바다를 메우는 데 성공할 때까지 매일 돌을 날랐다.

치우진은 중국 여성들이 조국과 그들의 자유를 위해 투쟁하는 것을 징웨이 신화로 은유했다. "마음을 다 바쳐서 2억 명의 중국 여성 동포들에게 절실히 간청한다. 시민으로서의 책임을 다하자. 일어나라! 일어나라! 중국 여성들이여 일어나라!"[4] 치우진은 이렇게 썼다. "중국 여성들은 족쇄를 벗어던지고 분연히 일어설 것이다. 그들 모두는 영웅이 되어 새로운 세계의 무대에 오를 것이다. 하늘이 그들에게 국가를 다시 세우라고 명한 그곳으로."[5]

서른한 살의 나이에 〈징웨이 새의 돌〉을 완성하지도 못하고 죽은 치우진의 삶과 작품은 흥미롭게도 오늘날 중국의 젊은 페미니스트들과 유사한 부분이 있다.[6] 그들 모두는 하찮은 '어린 소녀들'로 조롱받았다. 징웨이의 전설에서 '징웨이가 바다를 메웠다jingwei tian hai'는 격언이 만들어졌다. 불가능해 보이는 막대한 과업을 인내로 수행해낸다는 의미다.

2018년 3월 〈뉴욕 타임스〉의 에이미 청Amy qin은 111년이나 늦은 치우진의 부고 기사를 썼다. 과거에 사망하여 부고를 싣지 못한 여성들을 조명하는 〈뉴욕 타임스〉의 글로벌한 연속기사의 하나였다. "그녀가 사망한 지 한 세기가 훌쩍 지났다. 많은 중국인들이 항저우의 서호 근처에 있는 그녀의 무덤을 방문하여 이제는 페미니스트 영웅으로 민족의식에 각인된 그녀에게 존경을 표한다."[7]

20세기 초 치우진과, 쑨원, 량치차오Liang Qichao, 허-인젠 (허젠何震으로 불리기도 한다) 등의 진보적인 지식인들은 혁명운동의 한 부분을 담당했다. 이들 대부분은 일본과 홍콩, 미국으로 망명하여 활동했다. "1911년 말에 일어난 이 혁명운동은 청 왕조를 실각시켜 중국의 낡은 군주제를 공화정으로 변모시키는데 성공했다." 『중국 페미니즘의 탄생The Birth of Chinese Feminism』[8]을 쓴 리디아 리우Lydia H. Liu와 레베카 칼Rebecca E. Karl, 도로시 코Dorothy Ko에 의하면, 페미니즘은 이 '혁명적 격동'의 핵심적인 부분이었다.

오늘날 중국의 지적 교류와 사회 운동 조직의 일부분

은 한 세기 전에 그랬던 것처럼 국경 밖에서 일어난다. (외국에 유학하거나 대학에 연구원으로 방문하는 경우가 있다.) 심지어는 미국과 홍콩이라는 동일한 장소에서 발생한다. 다만 이전과 달리 일본이 아니라 보다 진보적인 성향의 대만이 페미니스트들의 목적지로 선택되고 있다. 페미니스트 운동가로서 전념하는 이들 대부분은 인권 변호사와 노동 인권 운동가, 물론 성소수자 인권 운동가들과 같은 다른 분야의 활동가들과 자주 아이디어를 공유한다.

〈징웨이 새의 돌〉에서 치우진이 마지막으로 쓴 부분은 예물을 팔아 불행한 중매결혼으로부터 도망치는 한 무리의 젊은 여성들을 그리고 있다(치우진 역시 그렇게 중국에서 도망쳤다). 일본으로 향하는 배의 갑판에 올라 멀어져가는 고향을 돌아보며 그들은 서로의 손을 꼭 잡고 있었다.

> 장벽을 부숴버린 이 소녀들의 야망이 얼마나 대단했겠는가! 그들은 집으로부터 천 리를 떠나와 지금은 수만 리를 바람처럼 빠르게 여행하고 있다. 갑판 위의 모든 사람들이 이들을 보며 생각한다. "새로운 학문이 분명 번성하리라. 어느 날 이 소녀들이 자유의 종이 되어 조국을 구하리라."[9]

여성 해방은 1911년 청 왕조를 무너뜨린 20세기 초의 개혁주의자들과 혁명가들에게만 중요한 목표였던 것이 아니다. 1949년 중화인민공화국의 설립에 이른 중국의 공산주의 혁명에 있어서도 여성 해방은 중심적인 목표였다. 오늘날 여성 인권 운동을 탄압하는 중국 정부가 대단히 아이러니한 것은 20세기 초반 초창기의 중국 공산당은 여성과 남성이 평등하다는 유명한 원칙을 공공연히 내세우며 여성 해방의 혁명적 꿈을 포섭하고 있었기 때문이다. 페미니즘은 중국 혁명사에서 핵심적인 역할을 했지만 그 사실은 자주 잊혔다.

중국은 19세기와 20세기를 거치며 정치, 군사, 경제적인 측면에서 심각한 혼란을 겪었다. 아편전쟁은 대영제국이 불평등한 조약으로 중국과 무역을 요구하여 1839~42년과 1856~60년 두 차례에 걸쳐 발발한 전쟁이었다. 1850~64년의 태평천국 운동은 자신을 신의 아들이자 예수의 형제라고 믿는 한 남자가 일으켰다. 일본이 중국 해군을 격파한 첫 번째 중일전쟁도 1894~95년에 있었다. 또 중국이 선교사에 대한 반감의 표시로 외국 군대를 공격한 일에 대응하여 미국을 포함한 외국 군대가 베이징을 급습하여 약탈한 의화단사건도 1900년에 발생한 일이었다.

미국과 유럽, 일본의 침략은 중국 경제를 흔들었고 특히 방직 노동으로 가계 경제를 지탱해온 여성들이 피해를 입었다.[10] 영국이 자국의 도시 산업을 위해 부과한 세금 때문에 중국 여성들은 이전보다 더 강도 높은 노동을 하고도 더 적은 수익을 얻어야 했다.

도로시 코와 왕정Wang Zheng은 "중국의 페미니스트 프로젝트는 그 시초부터 왜곡된 민족주의적 책략과 얽혀 있다"고 주장한다.[11] 중국보다 국력이 강하지 않았던 일본에게 중국이 굴욕적으로 패배하자, 중국의 개혁주의자들은 일본을 적이자 모범으로 여기게 되었다. "'여성 인권'은 남성과 여성이 모두 '천부인권'을 누린다는 데에 뿌리를 둔 것이겠지만, 중국의 남성 개혁주의자들이 보기에 여성 인권의 목표는 민족을 강화하는 것이었다."

역사학자인 미즈요스도Mizuyo Sudo는 '여성 인권'이라는 개념—중국어로는 nügun*, 일본어로는 joken**이다—은 중국 개혁주의자들이 청 왕조의 제도를 근대화하는 수단으로서 서구의 '인민의 권리'나 '시민권'(minquan***) 개념(일본 문헌을 번역한 경우가 많다)을 받아들여 만들었다고 썼다.[12]

20세기로 접어들면서 진톈허Jin Tianhe****와 량치차오 등의 남성 개혁가들 대부분은 중국 전통으로부터 여성들을 해방하고 여성들이 더 많은 교육을 받아야 한다고 주장했다. 그러나 그들의 요구는 외세에 맞설 능력을 기르고 민족의 생존을 보장하는 데에 있어 여성들이 미약하나마 역할을 다할 수 있게 하려는 목적이었을 뿐, 중국 여성의 삶에 대한 진정한 염려와는 무관한 것이었다. 예전에는 남성인 진톈허가 1903년에 쓴 에세이 '여성의 종'을 중국 최초의 페미니스트 선언으로 여겼다. '2억 명의 내 누이들은 겨울의 꿈에 사로잡히고 봄의 우울에 젖어 남자와 여자가 동등하다는 사상도, 근대화된 민족의 자유로운 사람들이 생각하는 것처럼 여성도 정치를 할 수

있다는 사상도 모르는 채 전과 같이 사슬과 족쇄로 속박되어 있다'고 그는 썼다.[13]

　문학평론가 린디아 리우는 진의 에세이가 독특한 인종적인 관점으로 글을 시작했다고 지적한다. 남성 개혁주의자들을 유럽이나 미국의 백인 남성에 비해 '비참한 존재'로 비교하는 것이다.

나는 젊은 백인 남자를 꿈꾼다. 이날, 이 시간에 담배를 말아 입에 물고서 지팡이를 짚으며 아내와 아이들을 곁에 둔 그는 머리를 높이 들고 양팔을 휘저으며 런던과 파리, 워싱턴의 산책로를 지나고 있다. 얼마나 행복하고 안락한지![14]

　"결혼 생활의 행복에 겨운 상류층 백인 남성을 닮고자 하는 욕망은 유럽의 백인 남성에 비교했을 때 중국 남성들이 처한 고통스러운 상황과 그들의 정신적인 투쟁을 반영하고 있다. 그러나 이것이 중국 여성들, 더 중요하게는 페미니즘과 무슨 관계가 있는가?" 리우는 반문한다.[15]

　리우에 의하면 페미니스트 저술가이자 아나키스트였던 허-인젠은 진톈허의 에세이를 가장 먼저 읽은 사람 중 하나이다. 아버지의 성을 물려받는 가부장적 관행에 저항하는 의미로 그녀는 어머니의 성 인[Yin]을 아버지의 성 허[He] 뒤에 덧붙여 하이픈으로 연결된 독특한 성 허-인[He-Yin]을 만들었다.[16]

1907년 남편인 류스페이^{Liu Shipei}와 도쿄로 이주한 허-인젠은 급진적 성향의 잡지 『톈이』(자연의 이치)를 창간하여 젠더 억압에 관한 그녀의 선견지명이 돋보이는 에세이들을 발표했다. 역사학자들은 짧은 기간 발간된 『톈이』에서 그녀가 쓴 글의 대부분을 그녀의 남편이 쓴 것으로 오인했다.[17] 1907~08년 사이에 그녀는 중국의 남성 개혁주의자들을 신랄하게 비판하는 '여성 해방 문제에 대하여'를 썼다.

> 중국 남성들은 권력과 권위를 숭배한다. 그들은 유럽과 미국, 일본이 근대화된 세계의 개화된 국가들이라 믿고 여성들에게도 어느 정도의 자유를 보장한다고 생각한다. 중국 남성들은 그 제도를 자신들의 아내와 딸의 생활에 이식하여 전족을 금지하고, 학교에 등록해 기초교육을 받게 함으로써 개화된 민족의 반열에 들어선 것에 대해 전 세계로부터 박수를 받으리라고 생각한다… 나는 그들의 행동이 여성을 소유재산으로 여기는 이기적인 욕망을 순수하게 드러낸 것이라고 생각하게 된다.

허-인젠은 남성과 여성 사이의 경제적인 평등을 이룩하기 위해서 사적 소유를 금하고 공적인 소유를 구축해야 한다고 주장하는 글을 잇달아 발표했다. 그녀는 젠더의 구별에 따른 범주화가 유교적 사고방식에서 가부장적 권력의 근본을 이루고 있다며 이를 폐기해야 한다고 주장했다. "아들과 딸을 동등하게 대우하고 같은 방식으로 기르고 교육시킨다면 남성과 여성이 떠안는 책무들 역시 반드시 동등해질 것이다. 그렇게 되면 '남성'과 '여성'이라는 분류가 더 이상 필요치 않으리라."[18] 1911년 청 왕조의 실각 직전에 허-인젠과 류스페이는 민족주의적 혁명가들과 사이가 벌어졌고, 그래서 그녀의 말년의 삶에 대한 신뢰할 만한 정보는 존재하지 않는다.

~

1919년 5월 4일, 베이징의 남녀 학생 수천 명이 외세에 맞서는 데 있어 유약하기만 한 중국 정부를 지탄하기 위해 천안문 광장에 모였다. 그들은 1차 세계대전의 결과로 작성된 베르사유 조약이 산둥 지역에 대한 독일의 권한을 중국으로 반환하지 않고 일본으로 넘긴 것에 대해 분노하여 일본 상품에 대한 불매운동을 주장했다. 반제국주의 운동은 중국의 다른 도시로 번져갔으며, 중국 전통문화를 배격하고 민주주의와 과학, 남성과 여성의 동등한 권리를 요구하는 신문화운동(1915~24)의 자양분이 되었다.

대부분의 여성저널과 여성인권단체가 이 운동으로 생겨났으며, 문학평론가인 레이 초우Rey Chow에 따르면 '여성'을 유약한 중국의 상징으로 여기기 시작했다. "여성의 희생을 주축으로 지탱되어온 중국의 전통 문화가 대규모 사회 변혁의 시기에 이르러 붕괴되어갈 때에 가장 억압받아온 이들의 형상으로 이를 표현함으로써 뼈아픈 자기 인식을 감동으로 '대체'하려 한 것이다."[19]

오늘날 중국의 젊은 페미니스트 대부분이 대학 교육을 받은 것처럼 여성저널에 묘사된 5.4운동 시기의 '신여성'들도 그러했다. 코[Ko]와 왕[Wang]은 "페미니스트 '신여성'은 근대의 이정표로서 당시 형성되고 있던 도시 중산층 소속으로 상상되어야 했다"고 서술하며 5.4운동의 지식인들 모두가 사실상 도시거주민이자 중산층이었다고 지적했다.[20]

헨리크 입센의 희곡 〈인형의 집〉은 남편과 두 자녀와 함께하는 불행한 삶을 떨치고 세상에 나온 노라라는 이름의 여성에 대한 이야기이다. 1918년 중국어로 번역된 인형의 집은 5.4운동 시대의 '신여성'의 전형으로 여겨지며 대단히 흥행했다. 역사학자 수잔 글로서[Susan Glosser]는 노라가 단지 결혼으로부터 도망치고 싶은 중국 여성들의 롤모델이기만 했던 것이 아니라는 점을 지적한다. 중국의 젊은 남성들에게도 노라가 쾅, 하고 닫은 문은 자신들의 해방을 은유하는 것으로서 공화국의 미래에 대해 토론할 수 있는 창구가 되었다.[21]

저명한 작가인 루쉰은 베이징여자고등사범학교에서 '노라가 떠난 후 어떻게 되었는가?'라는 제목의 연설을 했다. 루쉰은 가족을 떠난 노라에게 단 두 개의 선택만이 가능했다며, 하나는 매춘부가 되는 것이고 다른 하나는 다시 남편에게 돌아오는 것이라고 말하면서 빈사상태인 중국 사회의 전통을 근본적으로 개혁해야 한다고 역설했다. "노라에게 가장 중요한 것은 돈입니다. 보다 고상하게 말하면 경제적 자원이겠지요. 물론 돈으로 자유를 살 수는 없습니다. 그러나 자유는 종종 돈에 팔립니다." 이어서 루쉰은 말했다. "첫째로 가정에서 남성과 여성은 공정한 몫을 받아야 하고, 둘째로 사회에서 남성과 여성이 동등한 권리를 가져야 합니다."[22]

1919년 11월 젊은 마오쩌둥은 자오우전Zhao Wuzhen 또는 '미스 자오'라고 불리는 젊은 여성의 자살에 대한 글을 썼다. 그녀는 중매결혼하기로 예정되어 있던 예비 남편에게 끌려가던 중 스스로 목을 베어 자살했다. 〈다궁바오〉*에 발표된 이 글에서 마오는 그녀의 죽음이 '타락한 결혼제도의 결과이자, 사회 제도의 그늘, 독립적일 수 없는 의지 그리고 자유로울 수 없는 사랑의 결과였다'고 썼다. 그는 결혼과 여성의 자유의지와 관련된 문제를 근본적으로 해결하기 위해서는 사회 규범의 전면적인 재검토가 필요하다고 주장했다. 사학자인 레베카 칼의 서술에 따르면, 마오는 '여성과 사회의 일상적인 관계를 매일의 강간으로 표현할 만큼 그 관계의 생래적인 폭력성을 인지하고 있으며, 그래서 미스 자오와 같은 여성(즉 대부분의 중국 여성)들은 삶속에서 자기만의 고유성을 지킬 수가 없고 오직 자살로서 죽음에 대한 의지를 드러낼 때에만 자유롭다'고 결론지었다.'[23]

* 大公報

젊은 마오가 이런 글을 쓸 무렵에 소비에트 연방의 지원을 받고 있던 공산주의 인터내셔널(코민테른)은 중국 공산당의 수립을 적극적으로 계획하기 시작했다. 중국의 국가적 이

익과 소비에트의 개입이 결합하여 중국 전역에서 소규모 공산당 그룹이 생겨나기 시작했다고 칼은 설명한다.[24] 1921년 7월, 흩어져 있던 전국의 공산당 그룹들은 전국적인 당 조직을 세우기 위해 상하이로 결집해 비밀리에 회동했다. 차후에 중화인민공화국의 창립자가 되는 마오도 대표단 중의 한 사람이었다.

중국 공산당 조직의 최초 여성 리더는 고작 스물세 살

* 王会悟

이었던 왕휘우Wang Huiwu*였다. 그녀는 5.4운동의 페미니스트 활동가로 1921년에 있었던 비밀회의의 장소를 마련한 이였다.[25] 왕휘우는 상하이의 페미니스트 활동가 커뮤니티 도움을 받아 프랑스 조계지에 위치한 여학교에 공산당원들이 만날 수 있는 공간을 확보했다. 사학자 크리스티나 길마르틴Christina Gilmartin에 따르면 경찰이 첫 번째 회의를 급습했을 때, 그녀는 경찰의 감시를 피하여 대표단들이 관광객 행세를 할 수 있도록 항저우 근처 저장성 남호South Lake의 수상가옥을 알아두었다.

왕휘우는 여성의 일생을 유폐시키는 한 형식으로서의 결혼제도를 비판하는 글을 썼다. 그녀의 가장 유명한 글인 「중국 여성 문제: 덫으로부터의 해방」은 마오를 포함하여 장래의 저명한 공산당원들을 고문으로 두었던 잡지 『소년중국少年中國』에 발표되어 1919년에 출간되었다.

남자들은 여성들이 열심히 일해서 성공하고 저축하여 경제적인 제한을 타파함으로써 결국에 중매결혼이라는 덫이 위태로워지는 것을 두려워합니다. '바느질'이나 '요리'와 같은 집안일들이 여성에게 맡겨진 결과, 여성들에게는 더 이상 승리를 일구어낼 기회가 주어지지 않습니다… 이런 질투심 때문에 남성들은 '내외부에 방어막'을 세우고 여성들의 사회관계를 단절시켰고, 이는 오늘날까지 계속되고 있습니다. 이 덫에 깊숙이 사로잡힌 여성들은 절대로 스스로를 구출할 수 없었습니다.[26]

왕휘우와 1세대 여성 공산당원들은 중매결혼과 같은 가부장적인 제약으로부터 벗어나고 싶었기에, '대체로 이들에게 적대적인 사회 분위기와 달리 공산당은 그들을 지지하는 환경을 제공해준다는 점에서 매력적이었다'고 길마르틴은 설명한다. "전통적 젠더 관계에 도전하여 대안적인 모델을 제시하고 싶은 여성들에게 공산당은 정치기구라기보다는 사실상 하위문화였던 것이다."[27]

1921년 중국 공산당의 설립 이후 새로 임명된 중앙위원회의 첫 번째 결정은 급진적인 여성인 가오중만Gao Junman과 왕휘우에게 독립적인 여성 그룹이었던 상하이여성서클연맹Shanghai Federation of Women's Circles을 재조직하여 공산당의 여성 프로그램으로 출범시키는 일을 맡기는 것이었다.[28] 왕휘우는 두 개의 프로젝트를 지원한다는 허가를 받았다. 새로운 저널인 〈여성의 목소리Women's Voices〉 간행과 상하이핑밍여학교Shanghai Pingmin Girls' School 설립이었다.

〈여성의 목소리〉는 두 여성 편집자 왕휘우와 왕지앙훙 Wang Jianhong*과 함께 첫 호를 발행했다. 길마르틴에 따르면 저자는 기본적으로 여성이었고, 5.4운동 시기에 정치적으로 '각성'된 여성 독자를 대상으로 삼았다. "노예처럼 가족을 보살펴야 했던 여성을 그들은 인류 역사 '최초의 노동자'로 묘사합니다. 대부분의 여성들이 사유재산을 가지지 못했기에 여러모로 여성들은 '프롤레타리아트'를 의미하는 '무산자 계급'으로 간주될 것입니다."[29] 1922년 초에 개교한 상하이핑밍여학교는 왕휘우의 남편이자 공산당의 고위 간부인 리다가 교장을 맡았으나, 사실상 왕휘우가 실질적인 업무를 모두 담당했다. 그녀는 커리큘럼을 짜거나 선생님을 고용하는 업무 등 일상적 행정을 도맡았으며 공산당의 여성 간부가 될 만한 학생들도 모집했다.

그러나 혁명 초기에 리다[Li Da]와 천두슈[Chen Duxiu]와 같은 공산당의 설립자들이 페미니즘적인 수사를 수용했을 때에도 왕휘우는 정식 멤버로 인정받지 못했다. 리다가 다른 당원들의 신임을 잃어 중앙위원으로 재선되지 않은 1922년, 당의 남성 지도자들은 여성인 왕휘우가 그녀의 남편보다 중요한 자리를 차지한다는 것을 받아들일 수 없었다.[30] 〈여성의 목소리〉발행은 갑자기 중단되었으며 핑밍여학교는 1922년 이후 영구히 문을 닫았다.

그럼에도 불구하고 여성을 혁명에 참여시키려는 공산당의 노력은 1925년 5월 30일 이변을 맞이한다. 일본인 소유의 방직공장에서 중국인 노동자가 살해당한 일에 항의하기 위해 상하이에 모여든 시위대를 향해 영국 경찰이 총격을 가하는 사건이 발생한 것이다. 여학생을 포함하여 열두 명의 학생과 노동자가 사망하자, 노동자와 기업가, 학생들 모두가 극도로 분노하여 나라 전체에 혁명의 열기를 불어넣었다. 이때 샹징유Xiang Jingyu(여성 프로그램의 새 리더)와 같은 공산당 조직원은 여학생들과 여성 노동자들을 모집했다. 1925년 9월에 이르자 공산당은 5월 30일 사건 이전보다 10배나 많은 천 명가량의 여성을 입당시키게 되었다.[31]

매년 중국의 주요 도시에서 열리는 세계 여성의 날 기념행사는 점점 급진적인 성격을 띠게 되었다. 1926년 광저우에서 단독으로 개최된 세계 여성의 날 행사에는 만 명 이상의 사람들이 모여들어 중매결혼의 철폐, 이혼의 자유, 임금에서의 젠더 평등을 요구했으며 첩 제도와 아동 혼인, 소녀를 종비로 삼는 문화를 철폐하라고 호소했다. 그러나 공산당과 민족주의 진영이 분열하여 1927년 내전을 시작하자 페미니스트 프로그램들은 정치적 기반을 잃었다.

한편 1928년 모스크바에서 개최된 중국 공산당 제6차 회의에서 '여성 운동에 관한 결의안'이 통과되었다. 길마르틴에 따르면, 이 결의안은 지난 8년간의 여성 프로그램을 '부르주아 페미니스트'라 비판했고 독립적인 여성 기구의 설립을 허용한 것이 실수였다고 논평했다. "이로서 페미니즘 프로그램을 분명하게 철회할 수 있게 되었으며, 경제적인 계급 억압을 젠더 차별보다 우선하는 전통적인 공산당의 입장을 채택할 수 있게 되었다."[32] 표준적인 마르크스주의의 모델인 도시 노동계급을 동원해온 공산당 지도부가 농촌에서 농민을 기반으로 한 혁명으로의 전환을 결정한 이후, 대단히 가부장적인 남성 농민들의 반감을 사지 않기 위해 페미니즘 정책을 반려하는 경향은 더욱 심해졌다.[33]

~

공산당이 의도적으로 페미니즘을 포기한 결과는 오늘날에 이르기까지 수십 년간 위세를 부렸다. 공산당은 계속 젠더 평등을 지지했지만, 당 간부들은 '페미니즘'이나 '여권주의 nüquan zhuyi'라는 용어를 피했고, 사적 소유와 계급의 철폐로 초점을 옮겼다. 코와 왕은 이들이 "당의 목표를 지지하지 않고 젠더 평등 문제에만 치중하는 페미니스트를 '편협한 부르주아 페미니스트'라고 부르는 정책을 유럽 사회주의자들로부터 베껴왔다"고 서술했다. 그 대신 당은 '남녀평등 nannü pingdeng'과 '여성 해방 funü jiefang'이라는 개념을 수용했다.[34]

중국 공산당이 '부르주아 페미니즘'을 버린 그해에, 여성 작가 딩링 Ding Ling이 『미스 소피아의 일기 The Diary of Miss Sophia』로 유명해졌다. 1928년 출간된 이 책은 작가 자신처럼 도시에 거주하는 고학력 여성의 경험을 서술한 것으로, 여성의 섹슈얼리티와 주체성을 대담하게 표현하여 비평가들을 놀라게 했다. 이 책에서 소피아는 성적 욕구가 강한 여성으로 묘사되어 남성을 욕구의 대상물로 여기지만, 한편으로 그녀는 여성에게 섹슈얼리티의 표현을 금하는 사회에 대해 좌절감을 느끼고 그것을 감춘다.

> 나는 눈을 떴다. 그의 부드럽고 붉고 촉촉한, 빨려들어 가는 것 같은 입술을 바라보며 나는 나지막이 숨을 내쉬었다. 굶주린 아이가 사탕을 바라보듯이 내가 그의 자극적인 입술을 응시하고 있다는 것을 어느 누구에게 말할 수 있을까? 내 욕망과 좌절감을 만족시키기 위해 내게 필요한 것을 취하는 일은 이 사회에서 금지되었다. 나는 그것을 너무도 잘 알고 있다. 아무에게도 해를 끼치지 않을 때조차 그것은 금지된다.[35]

문학평론가인 리디아는 『미스 소피아의 일기』가 전통적인 남성적 관점을 완전히 전복시켰다고 설명한다. "서술자의 여성적 시선은 욕망에 대한 남성적 담론을 뒤집어서 남성을 성적 대상으로 전환한다. 서술자는 남성의 입술을 하나의 사탕 정도로 대상화할 뿐 아니라 팔루스를 무시하고 남성적 섹슈얼리티를 입술(여성 질 입구의 음순labia)과 결합하여 여성화시킨다."[36]

이후 『미스 소피아의 일기』는 지나치게 '부르주아적'이라고 비판받았으며 보다 중요한 정치적 문제들로부터 단절

되어버린다. 1942년 마오는 '옌안예술포럼Talks at the Yan'an Forum on Literature and Art'에서 혁명기의 예술과 사랑의 역할에 대한 '올바른' 비전을 제시한다.

> 이제는 사랑에 있어서 계급사회 안에서는 오직 계급적인 사랑만이 가능합니다. 그러나 동지들은 계급 초월적인 사랑, 관념적인 사랑 그리고 관념적인 자유를 찾고 있습니다… 그들이 얼마나 부르주아 계급의 영향을 받았는지를 보여주는 대목입니다. 부르주아적인 영향력을 스스로 떨쳐내고 겸손하게 마르크스-레닌주의를 학습합시다.

마오는 공산혁명에 복무하는 예술과 이념적 순수성의 중요함을 역설했다. 이 연설은 1940년대부터 마오의 사망 이후 중국이 경제 개방을 실시하기 전인 1970년대 후반까지 여성의 옷차림에서 남녀구별을 지워버렸을 뿐 아니라 소비에트에서 발전된 예술 양식인 사회주의 리얼리즘을 고착시켰다.

사회주의 리얼리즘을 통해서 '해방된' 여성의 이미지를 표현하고, 평등의 목표를 달성했다는 증표처럼 화장하지 않은 얼굴과 무채색의 옷차림을 제시함으로서 여성이라는 차이 자체를 지워버린다고 리우는 설명한다. "계급이 그러하듯이 여성이라는 범주는 중국이라는 국가의 헤게모니적 담론에 의해 오랜 기간 착취당해왔다"고 그녀는 덧붙인다. "여성을 언제나 민족주의적 의제 하위에 두는 국가의 해방 담론에서는 '여성 해방'이 공공 노동에 참여할 동등한 기회 이상의 의미를 갖지 못한다."[37]

남편인 작가 후예핀Hu Yepin이 민족주의자들에게 살해당한 후 딩링은 1932년 공산당에 입당했다. 그녀는 민족주의자들에게 납치되어 몇 년 동안 가택 연금을 당하다가 옌안으로 도망쳤다. 옌안은 적군파가 민족주의 세력을 피해 전설적인 대장정을 마친 후 공산주의의 기지가 된 곳이었다. 딩링은 유명한 공산당원으로서 연애와 섹슈얼리티에 관한 글쓰기를 포기하고 혁명 대중을 위한 사회주의 리얼리즘 형식을 받아들였다.[38]

1942년 세계 여성의 날을 맞아 딩링이 발표한 에세이는 공산당의 '여성동지'에 대한 취급을 날카롭게 지적하며, 공산당의 젠더 정책을 신랄하게 비판했다. "'여성'이라는 단어에 특별한 무게를 더하여 특수하게 취급하지 않아도 되는 때는 언제일까?" 그녀의 글은 이렇게 시작했다. 딩링은 이어서 싱글 여성은 '추문'의 대상이 되기에 여성 동지들은 결혼에 대한 중압감을 느낀다고 서술했다. "그래서 그들은 상대를 따질 여유도 없다. 그가 말을 타는지 짚신을 신는지, 아니면 예술가인지 관리직인지 따지지 못한다. 여성 동지 누구나 그럴 것이다."[39]

딩링은 여성에 대한 당의 이중 잣대를 지적한다. 당은 여성에게 아이 낳기를 기대하면서, 동시에 그 여성을 '정치적으로 후퇴'했다거나 혁명에 대한 헌신이 부족하다고 조롱한다. "나 자신도 한 사람의 여성이기에 나는 여성의 결점을 다른 이들보다 더 잘 알고 있다. 그러나 그들이 겪는 고통에 대해서는 더 절실히 이해하고 있다"고 딩링은 말했다. "여성들은 나이를 초월하여 살 수 없고, 완벽할 수도 없으며, 강철처럼 단단할 수도 없다." 딩링은 공산당의 남성들에게 함께 가야할 동지인 여성들의 고통과 '사회적 맥락'을 고려하라고 요구했다. "그들이 공허한 탁상공론보다는 현실의 문제에 대해 더 많이 대화함으로써 이론과 실천을 분리시키지 않고, 당원 각자가 자신의 도덕적 실천에 보다 책임감 있는 자세로 임하기를 바란다."

　　레베카에 따르면, 당 관계자들은 딩링이 '편협한 페미니즘'적 태도를 지녔으며, '여성 해방과 계급투쟁 사이에서 반혁명적 관점'을 가졌다고 비난했다. 당을 비판한 것에 대한 보복으로 딩링은 문학잡지의 편집자 직을 박탈당했고 스스로 재교육할 것을 명령받았다. 딩링은 나중에 정치적으로 복권되지만 1957년 반 우익 캠페인에서 대중을 재교육하기 위해 보내졌을 따름이었다. 여성에게 지워진 '이중의 짐'에 대한 연설에서 딩링은 이렇게 말했다. "여성은 인구재생산이라는 영웅적 기여를 인정받으며 '철의 여인'이라는 사회적 역할을 담당합니다. 그러나 한편으로 그들은 묵묵히 집안일에 분투해야 합니다."[40]

　　공산당은 여성 간부들에게 이중 잣대를 적용하면서도 혁명적 대의에 여성 대중을 동원하기 위해 젠더 평등의 미사여구를 구사했다. 1949년 민족주의 세력과의 전쟁에서 승리하여 중화인민공화국을 수립한 공산주의자들은 새 헌법에도 젠더 평등을 명시했다. 역사학자 게일 허셰터Gail Hershatter는 공산당 정책의 획기적 변화는 수억 명의 여성들을 집에서 이탈시켜 공적인 영역의 임금노동으로 투입시키려는 목적이었다고 설명한다. "국가 수립 이후 십 년간 … 야심찬 국가 계획은 토지소유, 결혼제도, 노동조직을 변화시키려 했다. 익히 알고 있는 그들 스스로의 공동체와 과거를."[41]

공산주의 혁명의 초석이 된 1950년의 혼인법은 중매 결혼과 아동 신부 매매, 일부다처, 매춘을 철폐했다. 또한 여성에게 경제적 독립성을 확대했으며 폭력적인 남편과 이혼하고 재가할 권리처럼 삶을 변화시키는 자유를 승인했다(그러나 이 법에 대한 노인들의 강력한 저항에 맞닥뜨려 당 간부들은 엄격한 법 적용을 포기했다). 허셰터에 의하면, "이 법은 사회적 관습을 변화시키고 여성의 지위를 상승시키려는 야심찬 시도였다. 특히 1949년 이전의 농촌은 '봉건적' 사상이 문제시되는 경우가 도시에 비해 별로 없었기 때문이다."[42] 또한 새로운 공산당 정부는 대부분 글을 읽을 줄 몰랐던 농촌 지역 여성들에게 문해 교육을 지원했다. 농촌 지역의 당 관계자는 허셰터에게 이렇게 말했다. "그 당시에 왜 우리가 문해 교육을 시작했겠는가? 중국 가정은 여성이 읽는 법을 배우러 갈 때에만 그녀를 집 밖으로 나가게 해주었다. 여성들이 수업에 출석하여 바깥세상과의 접촉을 점차 즐겁게 여기면서부터 그들의 생각도 조금씩 해방되어갔다."[43]

공산당은 '여성의 권익 보호'를 위해 국가 기관인 중화 전국여성연합회를 설립한다. 그러나 페미니즘이라는 용어가 금기시되어, 왕정Wang Zheng이 '숨겨진 정치'라 말한 것처럼, 여성연합의 관계자들은 여성 인권 의제를 수행하기 위한 모든 실질적인 노력을 감추어야 했다.[44] 그와 동시에 1950년대 초까지 전국 여성연합은 수천 명의 관리자를 고용하여 대도시에서부터 한참 떨어진 벽지까지 아우르는 지방 지부를 설치했다. 상하이 여성연합에서 준비한 1951년 세계 여성의 날 행사는 25만 명의 주부를 포함한 30만 명 이상의 여성이 운집하여, 일본을 재무장시킨 미국의 '제국주의'에 항의하는 대규모 집회가 되었다.

　　집회의 주제는 반제국주의였지만, 내부 보고서는 참가자들의 '고양된 느낌'을 강조했다. 왕이 기록하기를, "행렬에 참가한 사람들은 이제 여성이 권력과 지위를 가진다고 느꼈다. 심지어 남성들조차 이제 여성은 무시할 수 없는 존재라고 말했다."[45] 중국 역사에서 3월 8일 세계 여성의 날이라는 혁명적 뿌리는 2015년 그날을 기리는 행사를 계획한 젊은 페미니스트들을 공산당의 공안이 투옥시킨 사건의 위선성과 사회 안정에 대한 현 정부의 편집증을 보여준다. 당은 수백만 명의 여성들을 혁명에 동참시켰던 그 역사적 성공에 발목 잡힐 것이다.

　　1950년대 중반 마오쩌둥은 부유층이 사유재산과 산업을 소유하지 못하게 하는 한편 농촌의 집단 생산화를 꾀하는

급진적인 운동에 착수했다. 1958년에 마오가 개시한 대약진
운동은 철강과 농산물 생산에서 중국이 미국과 영국을 따라
잡게 하려는 막대한 기획이었다. 이 정책은 농업에 종사하던
수백만 명의 농민들을 공장 노동자로 전환시켜 대규모의 코
뮌을 설립하는 한편, 동시에 농촌에서는 농업 생산물의 공출
을 기하급수적으로 증가시켰다. 지방 관료들은 상부에 잘 보
이기 위해 데이터 조작을 일삼아 생산량의 '놀라운 성과'를 보
고했다. 궁극적으로 대약진운동은 심각한 식량 부족을 야기
하여 수천만 명의 사람들을 아사시킨 20세기 최악의 기근을
불러왔다.

　　'철의 여인'이라는 현상은 대약진 시기에 주로 남성의
영역이었던 공업 생산을 증진하기 위해—전통적으로는 농업
에 있었던—여성 노동력을 유용하기 위해 탄생했다. '높은 생
산성을 위해 여성은 여성들끼리도 경쟁하고 남성들과도 경쟁
했다'고 칼은 설명한다. "마오의 욕망과 '노동을 통한 해방'이
라는 여성의 책무를 모두 성취한 것이다."[46] 사회학자 젠융핑
Jiang Yongping에 의하면 1952년 국영기업에서 일하는 여성은 노
동자의 12퍼센트도 안 되었으나, 대약진 기간에 여성들은 집
단적으로 국영기업에 배치되었다.[47] 1970년대 말엽에 이르면
중국 도시 여성의 노동 참여 비율이 90퍼센트에 이르렀다. 정
부가 세계에서 가장 거대한 여성 노동 인구를 구축했기 때문
이다. '따라서 여성들은 아버지나 남편의 허락을 구할 필요가
없었다. 이것은 도시 여성들이 가장의 통제로부터 해방되었다

는 것을 의미한다. 사람들은 여성 고용을 사회 경제의 자연스러운 부분으로 받아들이게 되었다'고 젠은 설명한다.[48]

그러나 인류학자인 귀유화Guo Yuhua가 중국 북부의 한 마을 여성들을 대상으로 집단 생산 시기의 기억을 연구한 바에 따르면 1950년대와 1960년대는 여성들에게 대단히 고통스러운 시기이기도 했다. 여성들은 모든 집안일을 도맡아 하면서도, 들판에 나가 남성들과 나란히 일해야 했다. 아무도 도와주지 않기에 아기와 어린아이를 자주 굶기고, 배설물 처리도 못해줄 정도였다고 귀유화는 기록했다. '[당에 의한] 해방은 진정한 해방이 아니었다.'[49]

공산주의 초기에 여성들이 얻어낸 것이 진정한 것이었는지 단지 미사여구에 불과한 것이었는지에 대해서는 이견이 분분하다. 마오쩌둥의 가장 유명한 발언 중 하나는 "여성이 하늘의 절반을 떠받든다"는 것이다. 1949년 이후 공산당 정부는 여성에 대한 영웅적인 선전 이미지로서 새로 건설된 국가의 영광을 위해 용접공이나 불도저 기사로 일하며 뺨이 붉게 그을린 남성적인 모습의 여성을 제시했다. 세기 전환기와 5.4운동기에 남성 개혁주의자들에 의한 여성 해방의 수사들이 실제 여성의 삶을 개선하기보다 국가를 근대화하고 강화하는 것에 더 가까웠듯이 공산주의 시기의 여성 '해방' 역시 여러모로 대단히 상징적이다. 귀유화에 따르면 공산당은 프롤레타리아 혁명의 성공을 과시하기 위해 여성 해방을 선전했지만, 공식적인 당사Party history에서 여성의 목소리는 누락되었다.[50]

1974년 마오쩌둥의 사망 이후에도 공산당 주도의 남녀고용평등이 계획 경제하에서 수십 년간 이어져온 가운데, 새로운 지도자인 덩샤오핑 휘하의 정부는 전면적인 경제개혁에 착수했다. 마오 시기의 삶은 분명 가혹하고 잔인했으나 누구에게나 그러했다. 하지만 중국의 후기 사회주의 시장 개혁이 본격화되자 젠더 불평등이 급증했다.

1978년 중국 의회는 노동집약적인 분야의 여성 은퇴 연령을 50세로 규정한 반면, 남성 노동자는 60세에 은퇴하도록 하여 여성을 구조적으로 차별하는 놀라운 형식을 개발했다. (공무원으로 일하는 화이트칼라 여성의 은퇴 연령은 55세이나 화이트칼라 남성은 65세까지 일하는 경우가 많다.) 정부는 최근 의무적인 정년을 서서히 올리겠다고 발표했으나 다섯 살에서 열 살 가까이 벌어진 젠더 간의 격차는 오늘날에도 그대로 남아 있다.

1970년대 말 최고치에 이르렀던 도시 여성의 노동 참여율은 중국이 계획경제를 해체하기 시작하면서 급격히 하락했다. 평생고용을 보장하여 노동자들에게 '철밥통'을 제공하던 거대한 국영 기업들도 수천만 명의 노동자를 해고하기 시작했다. 류지에위에 따르면 국영 기업에서 일하는 여성들이 가장 먼저 해고되었거나 55세 정년을 통고받았고 가장 늦게 복직되었다.[51] 국영 기업들은 또한 사내 어린이집을 폐쇄했고, 해고되지 않은 젊은 여성들은—나이가 들더라도 계속—아이와 노인을 돌볼 주된 인력이라는 이유로 비난받았다.

실업률이 상승한 1980년대 후반과 1990년대에는 남성을 위해 여성이 직장을 포기하라는 요구에 따라 '여성을 다시 집으로'라는 캠페인이 많은 주목을 받았다. 자유 시장개혁이 심화될수록 고용에서의 젠더 차별도 만연해지기에, 오늘날에도 많은 직업들이 오직 남성만을 고용한다고 노골적으로 말하며 차별을 지속하고 있다.[52] 혹시 여성에게도 개방된 직업일 경우, 반드시 아이가 있는 기혼자여야 한다거나, 특정한 나이나 키 또는 몸무게, 특정한 외모여야 한다고 명시한다. (고용에서의 젠더 차별은 중국 페미니스트들이 자주 도맡는 이슈의 하나다.)

1989년의 천안문 대학살로 민주화 시위대의 대규모 봉기가 진압되고 소비에트 연방이 분열된 이후, 중국 정부에게는 공산당의 타당성을 뒷받침하기 위해 시장주의에 근거한 경제개혁을 가속화하는 것이 정치적으로 긴급해졌다. 두 자릿수의 GDP 성장률이라는 '경제적 기적'의 결과는 생활수준이 높아지는 한 정치적 개혁은 요구하지 않을 대다수의 중국 시민들을 포섭했다.

1995년 중국은 유엔세계여성대회를 주최했다. 여성 인권 운동의 전문가인 펑위안Feng Yuan에 따르면, 중국 정부는 주최국으로서의 특권을 대가로 여성 인권 NGO 조직을 허락하기로 합의했다. "너그러운 미사여구의 뒷면에는 우리의 활동을 제약하는 엄격한 제한들이 언제나 존재했다"고 펑은 말한다. 저널리스트로 커리어를 시작한 펑은 다른 여성 언론인들과 함께 1996년 NGO인 여성네트워크를 위한 미디어감시기구를 출범시켰다.

1995년의 유엔 여성회의에서 힐러리 로드햄 클린턴 Hillary Rodham Clinton이 '여성의 권리는 인권'이라고 선언한 연설로 유명세를 얻기 전까지, 대부분의 중국 여성들은 가정폭력의 의미조차도 알지 못했다. 2000년에 펑은 비정부기구인 가정폭력방지연합Anti-Domestic Violence Network을 공동 설립했다. 이 기구는 2016년 가정폭력 방지법을 추진하는 데에 중추적인 역할을 담당했다.

1990년대부터 2000년대 중반까지 여성 인권 조직들은 중화전국여성연합회와 밀접한 관계에 있었으며 정부로부터 결코 자유롭지 못했다. 펑위안이 말한 바와 같이, 정부가 말하는 '여성의 운동movement of women' 즉, 인민에 복무하는 위로부터의 동원과, 아래로부터의 '여성 운동women's movement'은 매우 다르다. 그럼에도 불구하고 여성 NGO에서 일하는 전문적인 활동가들은 오늘날의 독립적인 페미니즘 활동가들의 출현을 위한 길을 닦았다. 2013년, 영화감독이자 여성학 교수인 아이샤오밍이 학생들을 지도하여 이브 엔슬러Eve Ensler's의 〈버자이너 모놀로그The Vagina Monologues〉를 중국어로는 최초로 공연했을 때, 항저우의 중산대학에서 상연된 이 연극은 새로운 젊은 페미니스트 그룹을 고무시켰다.[53]

한편 중국의 시장 개혁이 가속화될수록 젠더 불평등도 그만큼 악화되어갔다. 중국의 젠더에 따른 소득 격차는 1990년대부터 현저하게 벌어졌다. 중국국가통계국의 공식적인 자료에 따르면, 1990년에 조사된 도시 여성의 평균 연봉은 남성의 77.5퍼센트였으나, 2010년에 이르면 도시 여성의 평균 소득이 남성의 67퍼센트를 약간 웃도는 정도로 하락했다.[54] 농촌 지역의 여성은 더욱 열악하여 2010년 평균의 경우 남성 연간 소득의 56퍼센트에 불과했다.

　　시장개혁이 시작된 이후 중국의 여성 취업률도 급격히 감소했다. 세계은행World Bank에 따르면, 1990년에는 15세 이상의 중국 여성 중 73퍼센트가 노동 인구에 해당되었지만, 2017년에는 고작 61퍼센트에 불과한 수치로 급락했다. 갖가지 양상으로 나타난 집요한 젠더 차별로 인해 중국은 젠더 불평등 조사의 대상 국가 중 하위 3분의 1에 위치하게 되었다. 세계경제포럼The World Economic Forum의 2017년 보고서에 기록된 국제적 젠더 차이 지수에서 중국은 144개국 가운데 100위로 평가되었다.[55]

　　나는 베이징 칭화대학의 박사학위 연구를 통해, 남성에 비해 여성의 경제적 지위 하락을 보여주는 보다 중요한 지표가 젠더에 따른 소유재산의 차이라는 점을 발견했다. 1990년대 후반 주택 시장의 민영화에 따라 이 차이는 놀라울 만큼 벌어졌다. 초기 공산주의 시기의 계획경제하에서는 정부가 작업 단위에 따라 공공주택을 배분했고, 임대료도 무시할 수 있을 만큼 적었다. 의회가 정부의 주택 분배를 중단하고 시장 기반의 주택소유제도를 시작하자 중국에 부동산 붐이 일었다. 2000년대 중반 이후 도시의 주택 가격이 치솟았고, 부동산 붐에 대한 잦은 경고에도 불구하고 여전히 계속되는 추세다.

『잉여 여성』에서 상세히 설명했듯이, 중국 여성들은 사상 최대의 거주용 부동산 축적의 기회를 놓치고 있다. 2017년 말을 기준으로 중국 GDP의 3.3배 또는 미화 약 43조 달러에 이르는 가치다.[56] 이 문제는 복잡한 역학관계를 가지고 있지만, 간단히 말해 기하급수적으로 가치가 상승하고 있는 도시 주택이 남성의 이름으로만 등록되는 경향이 있기에, 많은 여성들은 주택자산의 폭발적 팽창이라는 현실로부터 소외되었다는 것이다. 중국 부모들은 아들에게는 집을 사주지만 딸에게는 사주지 않는 경향이 있다. 여성들은 남편이나 남자친구의 이름만 등록된 주택을 구입하기 위해 자신의 모든 자산을 내놓는 경우가 많았다. 문제를 더욱 악화시킨 것은 2011년 최고인민법원이 결혼법에 대한 새로운 해석을 발표한 일이다. 법적 분쟁이 일어나지 않는 한 부부의 자산은 이름이 등록된 사람의 소유라는 것이다. 중국에서 그 사람은 주로 남자다(적어도 추적 가능한 자료 중 가장 최신자료인 2012년까지는).

얼마나 많은 여성들이 새로 마련한 주택에 대한 소유권을 남편이나 남자친구에게 마지못해 양도하려 하는지 알아내기 위해서 나는 엄청난 어려움을 겪었다. 2010년 후반부터 2013년 초까지 대규모의 여성들과 온라인 또는 면대면으로 인터뷰를 함으로써 나는 대학 교육을 받은 똑똑한 여성들이 심지어 자신의 인생을 바쳐 마련한 부동산을 양도하고 있다는 것을 알게 되었다. 수많은 젊은 여성들이 재정적이고 정서적인 부분에서 크게 타협하지 않으면 남편을 얻지 못하리라는 성차별적 메시지를 정부의 언론과 그들의 부모님으로부터 듣고 있었다. 나는 그들이 그 말을 정말로 믿고 있다는 것을 알게 되었다. 가부장적 규범이 이 사회에 얼마나 뿌리 깊이 박혀 있는지를 드러내듯이, 이십 대에서 삼십 대 초반의 도시 여성들에게 성차별에 대한 인식이 부족하다는 점은 나를 몇 번이고 좌절하게 했다.

『잉여 여성』이 본토인 중국에서 출간된 2016년(일부 검열된 구절은 개인 웹사이트에 게재했다), 나는 경제적 독립을 위한 투쟁의 중요성을 알리고 싶어 특별히 중국 여성들을 위한 서문을 작성했다. 아래는 2016년 리쉐순Li Xueshun의 번역으로 루장Lujiang에서 출간된 서문의 일부이다.

싱글이면서 결혼을 고려하고 있는 중국 여성들에게 나는 두 가지를 당부하고 싶다.
1) 만약 정말로 결혼하고 집을 구매하고 싶다면 반드시 당신의 이름으로 등기하라. 당신이 인생에서 소유할 수 있는 자산 가운데 가장 귀중한 것의 소유권을 박탈당하지 말라.
2) 결혼만을 위해서 결혼하지 말라. 인생에는 행복에 이르는 수많은 길이 있다. 싱글로 남아서 당신의 포부를 지지해주는 비슷한 마음가짐을 지닌 친구들과 함께라면, 당신은 훌륭하게 자아실현에 성공할 것이다.

나는 수천 개의 개인적인 메시지를 받았고 웨이보에도 수많은 게시물이 올라왔다. 대부분은 결혼에 대한 극심한 압력을 어떻게 이겨내고 있는지 말해주었으나 매우 소수의 여성은 자기 명의로 집을 구매했다고 말했다. 부동산의 소유권이 근본적으로 변화된 2013년 이후로, 나는 중국의 심각한 젠더 간 차이를 보여주는 증거로 이보다 더한 것을 본적이 없다. 그러나 지금 중국의 모든 여성들이 갑자기 자기 소유의 아파트를 구매할 여력이 생긴다 해도, 그들은 1990년대 후반과 2000년대 후반까지 최고치에 이르렀던 자산 축적의 기회를 이미 놓쳤다.

『잉여 여성』은 또한 전통적인 젠더 규범의 부활에 대해서 검토한다. 특히 2007년에 시작된 중국의 한심한 선전 캠페인은 이십 대 후반의 싱글이면서 도시에 거주하는 전문직 여성들에게 오명을 씌웠다. 나는 '잉여 여성' 또는 **셩뉘**라는 용어가 고학력의 '고급high-quality' 여성들을 결혼하게 하여 이론적으로 사회 안정성을 증진하려는 고의적인 선전 캠페인의 하나였다는 것을 논증했다(부차적으로는 중국의 남녀 성비 불균형으로 인한 남성 인구의 과잉을 해결하려 했다). 나는 중국 국무원이 '전례 없는 인구 압박의 해소'를 위해 2007년 중요한 정책을 발표한 직후부터 이 여성들을 타깃으로 한 언론 캠페인이 나타났다는 점을 지적했다.

중국 국무원의 '인구와 가족계획 프로그램의 전면적 개선 및 인구 문제 해결을 위한 결정'은 '일반 대중의 낮은 자질'로 인해서 중국이 치열한 경쟁에서 국력을 위한 자격요건에 미달하게 된다며[57] '국민의 질 향상'이 핵심적인 목표라고 선언했다.[58] 나는 중국 정부의 결혼 캠페인이 고학력의 '고품질' 여성이 국가에 이익을 가져다줄 '고품질' 아기를 생산하여 '국민의 질 향상'이라는 우생학적인 목표를 보조하고 있다고 밝혔다.[59]

맹렬한 경제 발전에 따른 젠더 불평등이 부활한 걱정스러운 상황에서 중국의 새로운 페미니스트 운동이 탄생했다. 오늘날, 1949년의 혁명 이후 처음으로 공산당에서 독립한 젊은 여권 운동가들은 여권주의nüquan zhuyi(페미니즘)라는 용어를 열렬히 환영하고 있다. 이들 페미니스트 활동가들은 여성을 둘러싼 복잡한 의미들 가운데 피와 살을 가진 인간으로서의 여성에 집중하고, 실제의 삶이 변화하도록 하는 데에 치중한다. 그래서 그들은 함께 연합하여 정부가 부당하고 성차별적인 정책을 바꾸도록 압력을 가한다.

2015년 혁명가 치우진의 무덤 근처에서 나는 항저우 페미니스트들과 처음으로 만났다. 페미니스트 파이브의 한 사람인 우롱롱은 구속 기간에 겪은 학대로 인한 외상 후 스트레스 장애를 이겨내고 있었다. 우의 젊은 보좌관인 지나Gina는 페미니스트 활동가들을 소탕하기 위해 각지에 배치된 공안을 피해서 거의 두 달 동안 버스로 1천9백 킬로미터 이상을 이동했다. 폭우가 쏟아진 그날 오후, 그녀는 도망자로서 겪은 시련에 대해 오랫동안 얘기했다.

2015년 3월 6일 지나가 여섯 명의 동료와 자원봉사자들과 함께 위즈하이밍여성인권센터에서 점심을 먹고 있을 때였다. 그녀가 걸려온 전화를 받자 항저우 공안국이 지나에게 만나기를 요구했다.

　　"당신 말을 믿을 수가 없네요. 당신이 누군지 어떻게 압니까? 여기는 장난전화가 많이 와요." 지나가 대답했다.

　　"당신 상사 우롱롱을 안다고."

　　"우롱롱한테 전화해서 물어볼 테니 여기로 전화하지 마세요."

　　2014년 여름 허난성에서 대학을 졸업하고 1년도 채 되지 않아서 지나는 여성센터에서 일하기 시작했다. 24세에 불과했던 지나는 경찰에게 취조를 받은 적이 없었고, 그래서 그것이 어떤 것인지도 몰랐다. 그녀는 생각을 정리하기 위해 바람을 쐬러 가려고 아래층에 내려갔다.

　　지나는 로비에서 건물 경비원들이 여성센터 사무실 번호를 묻는 몇몇 남자들과 대화하는 것을 보고 그들이 공안이라는 것을 알아차렸다. 지나는 사무실로 전화하여 당장 도망치라고 말하고는 공안국에 전화를 걸어 경찰서가 가까운 쇼핑몰에서 만나자고 제안했다.

　　항저우 공안국에서 나온 두 남자와 한 여자가 약속 장소에 나와 있었다. 그들은 경찰서에서 '제대로 된 대화'를 해야 한다고 말했다. 지나는 사람들이 많은 패스트푸드 점에서 대화하자고 했으나 그들은 적절한 장소가 아니라고 거절했다. 한 요원이 "국민을 지켜주는 경찰서가 여기 있습니다"라고 말했다.

이 말은 지나를 더 두렵게 하여 오히려 경찰서에 가지 않아야겠다는 결심을 굳히게 만들었다. 그녀가 계속 걸으면서 대화할 만한 공공장소들을 제안하자 결국 마음을 바꾼 요원들이 레스토랑의 조용한 방 하나를 예약했다. 지나와 공안이 그곳에 도착했을 때 방 안에는 예닐곱 명의 요원들이 이미 테이블 주변에 앉아 있었는데 그중 한 사람만 남자였다. 새로 온 요원들은 신분을 밝히지 않았으나 지나는 그들의 억양을 듣고서 분명 베이징에서 왔으리라고 짐작했다.

"성희롱에 관한 활동은 누가 기획했습니까? 타이밍이 아주 나빴죠. 전국인민대표대회가 열리고 있는 걸 몰랐습니까?"

지나는 그 활동의 기획자를 인터넷에서만 봐서 모른다고 대답했다. 지나는 배포하려던 반성희롱 스티커의 샘플을 꺼내 중국의 젠더 불평등에 대해 설명하려고 했지만 아무도 그녀의 말을 들어주지 않았다. "당장 그 활동 그만두세요."

몇 시간의 심문이 끝나고 요원들이 그녀를 보내주었다. 매우 늦은 밤이었으나 지나는 리마이지와 정추란 등의 페미니스트 자매들이 각 도시에서 체포되었다는 소식을 듣고 여성센터의 스티커들을 챙기기 시작했다. 여성센터는 두 개의 방이 있어서 지나는 사무실 옆방(그곳은 그녀의 거주공간이기도 했다)의 벙커침대에 올라 밤새 뒤척였다.

다음 날 아침인 3월 7일, 지나는 스티커 박스를 들고 저장대학에 있는 주시시의 기숙사로 갔다. 오후 두 시경에는 항저우 공항에 도착한 우룽룽이 돌아왔다는 메시지를 보내왔다. 여러 번 전화를 걸어도 우가 받지 않자, 지나는 우가 공안에 체포되었다고 판단했다.

지나가 우룽룽의 감시를 담당하는 공안에게 전화를 걸자(지나는 그의 전화번호를 갖고 있었다) 그는 베이징의 공안 요원들이 항저우에 와서 우를 체포해 갔다고 확인해주었다. 지나가 기숙사 방에서 주시시를 기다리며 다른 페미니스트들과 함께 무엇을 해야 할지 조바심을 내고 있을 때 공안으로부터 다시 전화가 왔다. "당장 만나야겠습니다." 지나는 여성센터로 전화를 걸어 모두 대피하고 전화기를 꺼놓으라고 말했다. 주시시 역시 항저우의 공안으로부터 교내에서 만나자는 전화를 받았다.

"너도 숨어야겠다." 지나가 주에게 말했다. 둘은 기숙사를 나와 마지막으로 함께 저녁을 먹은 후 헤어졌다.

지나는 한 친구와 붙어 다녔다. 둘은 기차가 아닌 버스로 항저우를 떠나기로 결정했다. 왜냐하면 기차표를 살 때에는 신분증을 보여주어야 하기에 공안의 추적이 용이해질 수 있기 때문이었다. 그날, 그들은 페미니스트 '구조팀'이 마련해준 낯선 이의 집에서 하룻밤을 보냈다. 다음 날 아침 일찍 두 사람은 먼 교외로 향하는 버스에 올랐다.

둘은 신분증을 등록해야 하는 호텔에는 갈 수 없었기에 밤늦게 옆 마을로 이동해 맥도날드에서 잠을 잔 후 다음 날 아침에 또 다른 버스를 탔다. 그들은 여러 지역으로 이동하는 것이 공안의 추적을 더 어렵게 한다고 생각했다.

이들은 먼저 서쪽으로 향하여 장시성을 지나 후베이성의 우한시로 갔다. 우한은 항저우에서 720킬로미터가량 떨어져 중국의 중심부에 있는 도시였다. 둘은 우한에 사는 친구의 친구와 함께 일주일 정도를 머무르다 다시 버스를 타고 북쪽으로 870킬로미터를 이동하여 (케이에프씨나 맥도날드에서 밤을 보내며) 지난으로 향했다. 산둥성의 수도인 지난은 '트레이너들의 트레이닝'이 오래전부터 계획되었던 지역이다.

지나는 지난의 트레이닝 과정에 참여하고 있는 페미니스트와 만나기로 되어 있었다. 항저우에서 멀리 떨어진 곳이기에 안전하리라고 생각한 것이다. 그러나 두 사람이 약속 장소로 가고 있을 때, 경찰과 사복 요원들이 누가 봐도 명백하게 순찰을 돌며 영상을 촬영하고 있는 것을 보고 그녀는 깜짝 놀랐다. 두 사람은 누가 알아채기 전에 재빨리 뒤돌아섰다. 일단 그곳을 벗어난 후 지나는 만나기로 약속한 여성에게 경찰의 순찰을 조심하라고 일렀다. "호텔로 돌아가지 마! 경찰이 거기 있으니까, 우린 다른 데서 보자."

지지자 한 사람이 지난에서 잘 알려지지 않은 호스텔 하나를 찾아주었다. 신분증을 보여주지 않아도 되는 곳이었다. 그날 밤 세 여자가 함께 묵었다. 다음 날 아침 호스텔을 구해준 활동가는 따로 몸을 피했고, 지나와 그녀의 여행 동반자는 지난을 빠져나오는 버스를 탔다. 그들은 남쪽으로 1280킬로미터이나 멀리 떨어진 장시성으로 향했다. 동료 페미니스트

한 사람이 몇 주간 둘이 머물 수 있도록 안전한 집을 마련해
주었기 때문이다.

　　지나는 자기 스스로 소셜 미디어 네트워크를 모두 끊
어버려서 무슨 일이 일어나고 있는지, 미래가 어떻게 될지 알
수 없어서 극도로 불안했다. 얼마 후 지나는 인터넷 전화로 허
난의 외딴 산에 거주하는 부모님께 전화를 걸었다. 지나는 페
미니즘 활동에 대해서 부모에게 거의 아무것도 말하지 않았고
오히려 그들이 질문을 할까 봐 걱정했었다. 어린 시절에 지나
의 부모님은 그녀의 남동생은 산을 뛰어 놀게 내버려 두면서,
지나에게는 집안일을 시켰다.

　　"넌 여자애잖아, 남자애랑 똑같이 하면 안 되지." 지나
가 불만을 터뜨리면 어머니는 그렇게 말했다. 지나의 아버지
도 화가 나면 지나의 어머니를 때렸고 그녀는 묵묵히 그 폭력
을 받아들였다. 어린 시절부터 지나는 이런 숨 막히는 전통을
견디기 힘들었기에, 페미니스트라는 용어를 알기 한참 전부터
자신이 진정한 페미니스트가 되었음을 느꼈다고 내게 말했다.
지나는 공부를 매우 열심히 하여 대학 졸업장을 받았지만 그
녀의 남동생은 중학교도 졸업하지 못했다.

　　다행스럽게도 지나의 어머니가 전화를 받았다. "엄마,
우리 회사에 문제가 생겼어."

　　그녀의 어머니는 걱정하며 도울 일이 있는지 물었다.

　　"엄마가 할 일은 없어, 엄마, 너무 걱정하지는 마."

　　지나는 어머니에게 혹시 공안이 찾아올 경우 아무것

도 말하지 말라고 당부했다. 그리고 만약 그들이 괴롭힌다면 친구에게—페미니스트들에게 그 사실을 전해주기로 되어 있는—말하라고 했다.

숨어 지내는 동안 부모에게 무슨 일이 있었는지 확인하기 위해 지나가 다시 전화를 걸었을 때는 그녀의 아버지가 전화를 받았다. "당장 집에 들어와!" 지나가 "아뇨, 못 가요"라고 하자 그가 소리를 질러댔고, 그녀는 전화를 끊었다.

페미니스트 파이브가 석방된 후 지나는 항저우로 돌아왔다. 우롱롱이 여전히 회복 중이었기에 지나는 항저우의 페미니스트들을 조직해야 한다는 무거운 책임감을 느꼈다. 우롱롱과 그녀의 파트너는 위즈하이밍여성센터의 폐쇄를 발표하기로 결정했다. NGO의 외국 자금을 제한하는 새로운 법으로 인해 NGO는 정부에서 후원기금을 찾아야 했고 경찰에도 등록해야 했기 때문이다. 그러나 비공식적으로는 어느 때보다도 많은, 젊은 여성들의 열렬한 지지를 받았다. "페미니스트 파이브의 구금은 참담한 사건이었으나 한편으론 전보다 훨씬 많은 사람들이 우리의 대의에 관심을 갖기 시작하고 자원해주었다"고 지나가 말했다.

지나는 캠페인에 참여하고 싶다는 고등학생들의 메시지를 받기 시작했다. 이전에는 페미니스트 활동에 자원하는 이들 대부분이 대학생이나 대학원생이었기에 처음 있는 일이었다. 새롭게 쏟아지는 관심에 대해 지나는 조금 성급하게도 젠더 불평등에 대한 공개 토론을 계획했고, 이를 위챗에 홍보했다. 그러나 그녀의 소셜 미디어를 주의 깊게 감시하던 경찰은 이벤트를 취소하라고 명령했다.

"정치적인 환경은 나아졌다고 생각해요. 그렇지만 지금은 절망적이네요." 우리가 서호를 방문하고 돌아올 때에 택시를 타고서 비 내리는 항저우의 도로를 오래도록 달리는 동안 심란해진 지나가 내게 말했다.

최근의 페미니스트 운동에서 저는 앞으로 나아갈 길이 보이지 않습니다. 우리가 하는 일의 대부분은 어떤 언론의 주목도 받지 못하기에 아무도 그 일을 알지 못합니다. 그래서 저는 스스로에게 묻기 시작하죠. 아무도 그 일을 전해주지 않아도, 위험을 무릅쓰고 할 만한 가치가 있은 일인가? 우룽룽이 석방된 이후, 저는 과중한 책임을 떠안아야 했습니다. 저는 대학을 갓 졸업한 신입 활동가를 훈련시켜야 했습니다만 저 자신도 대학을 겨우 졸업했을 뿐이에요. 가끔은 아무 것도 감당하기 힘들다는 느낌이 듭니다.

비가 쏟아지기 시작하더니 우리가 탄 차의 지붕을 소란스럽게 두드렸다. 운전기사가 와이퍼의 속도를 높이자 빗물이 리드미컬하게 좌우로 밀려났다. 지나는 가만히 창밖의 비를 바라보더니 흐느끼기 시작했다. 결연한 이 젊은 여성은 공안에게 체포될 수도 있다는 두려움에 정신적 충격을 받은 것이 분명하지만, 그럼에도 그녀는 페미니스트 운동을 지속시키기 위해 헌신하고 있었다.

나는 중국 바깥에 있는 사람들이 도울 만한 일이 있느냐고 물었다.

지나는 잘 모르겠다고 말했다. "숨어 있었을 때 저는 매일 밤 울다 잠들었어요. 저는 별것 아닌 일로 구치소에 가게 된 한 여성의 이야기를 들었어요. 그녀는 아무와도 면회를 할 수 없었는데 그러다 갑자기 그 안에서 사망했어요. 가끔 궁금하지 않나요, 인간으로도 대우받지 못하는 이런 참담한 환경에서, 진짜 인간답게 행동하는 것은 무엇일까요?"

택시가 목적지에 도착했다. 다른 페미니스트 활동가들과 만나기로 한 장소였다. 그녀가 재빨리 눈물을 닦아냈다.

"우리는 계속해서 신입 활동가를 키워내야 합니다. 만약 우리가 끌려가도 우리 뒤에 언제나 더 많은 사람들이 그 자리를 채울 수 있게끔 말이죠." 지나가 말했다.

6. 페미니스트, 변호사, 노동자

Feminists, Lawyers and Workers

중국의 젊은 사람들이 점차 젠더 평등을 기본적 이상으로 수용하게 되자, 페미니즘은 통상적으로 남성의 영역으로 간주되어온 사회 운동에도 영향을 미치기 시작했다. 일부 남성 노동인권 운동가들은 젠더에서의 정의가 실현되지 않으면 경제적 정의도 존재하지 않는다고 인식하게 되었다. 최근 성폭력과 젠더 차별은 중요한 소송 사건들의 중심에 있다. 중국 페미니스트 운동가들이 각기 다른 분야의 소외된 그룹들이 직면한 어려움들을 수용하는 능력은 공산당이 그들을 위협적인 존재로 여기는 이유의 하나다. 그런 그룹들을 결합시킨다면 강력한 반대세력이 형성될 수 있기 때문이다.

인권 변호사인 왕유Wang Yu는 페미니스트 파이브의 리마이지를 변호한 사람으로 독자적인 페미니스트 활동가이다. 그녀는 정치적으로 가장 민감한 사건들을 맡고 있는데, 그중에서도 금지된 영적 집단인 파룬궁 회원들을 대변하는 일은 어떤 변호사도 감히 손대지 못한 사건이었다. 일함 토티Ilham Tohti 교수의 경우도 그러하다. 위구르 학계의 중도파인 그는 분리주의에 대한 혐의로 평생을 감옥에서 살았다. 물론 페미니스트들도 변호했으며, 교장에게 성적 학대를 당한 초등학생 소녀들의 부모들을 변호하기도 했다. 기자들은 왕유를 인권 변호사로서 널리 소개했는데 대부분의 글들이 왕유의 인권 운동과, 여성 인권 운동을 분리하고 있다는 것은 의미심장한 지점이다. 여성과 소녀들의 인권에 대한 그녀의 법적 지지는 인권법 분야가 젠더적 관점을 받아들였을 때 얼마나 강력해지는

지를 보여주는 훌륭한 예이며, 젠더 정의와 기타 사회적 정의들이 불가분의 관계에 있다는 것을 보여준다.

2015년 7월 9일 새벽 4시경 한 무리의 공안 요원들이 왕유의 집 자물쇠를 뚫었다. 이들은 왕유를 침대로 떠밀어 놓고 수갑을 채워 머리에 검은 복면을 씌웠다. 이들은 그녀를 끌어내어 집 밖에서 대기하고 있던 승합차에 태워서 알 수 없는 장소로 데려갔다. 결국 그녀는 구치소의 한 방에 도착했다. 10개의 침대가 있는 그 방에서 그녀만이 유일한 수감자였고 매우 어려 보이는 여성들이(왕은 그들의 나이가 스무 살 언저리일 것이라고 추측했다.) 왕유를 감시하고 있었다. 그들은 감시 카메라를 벽에 설치하더니 한 여성이 '정기 검사'를 하겠다고 말했다.

그들은 내게 검사를 위해서 옷을 모두 벗고 방 한가운데로 간 뒤 제자리에서 세 바퀴 돌라고 명령했다. 나는 이 모욕적인 명령을 거부했지만 그 어린 여성들은 개의치 않았다.
그들이 내게 몰려와서 나를 벽에 밀어붙이고 내 옷을 벗겼다. 나는 울면서 그들에게 빌었다. 그들은 나에게 왜 그렇게까지 모욕을 줬을까? 동정심이라고는 조금도 없었던 걸까? 나처럼 작은 여자한테 왜 그렇게까지 폭력적이었을까?[1]

왕유는 709탄압으로 끌려간 첫 번째 인권 변호사였다. 7월 9일에 구속이 시작되어 709탄압이라 불리는 이 사건은 300여 명의 변호사와 법조계 종사자들을 구속과 실종, 심문으로 몰아넣은 전면적인 탄압이었다.

당국은 2016년 1월 왕유의 정식 구속을 발표하기 전까지 수개월 동안 그녀를 잔혹한 처우와 심문으로 굴복시켰다. 정식 기소의 혐의는 '국가권력 전복'으로 종신형을 받을 수도 있는 죄였다. 수습 변호사로 일하던 그녀의 남편, 바오롱준Bao Longjun도 그녀보다는 가벼웠지만 '국가권력 전복 선동'이라는 혐의를 입었다. 또한 2015년 10월, 국경을 넘어 미얀마로 건너간 공안은 당시 16세였던 왕유의 아들 바오주오샨Bao Zhuoxuan이 미국으로 피신하려는 깃을 붙잡아 본국으로 소환했다. 공안은 그를 내몽고의 집에 가택연금 시켜놓고 할머니와 함께 지내게 했다. 중국 당국은 국경을 넘어서 18세 이하의 아이를 납치하고 그의 어머니가 한 일에 대해 아이를 처벌한 것이다. 이는 유엔의 아동 인권에 관한 조약 2항, 부모의 행위에 대해 아이에게 어떤 형식의 처벌도 금지한다는 조약을 위반한 것이었다.

2016년 8월 왕유가 국영 언론에 의해 촬영된 '고백' 영상에 얼굴을 드러낸 이후에 당국은 왕유를 석방했다. 그 영상에서 왕유는 변호사 직을 포기했으며 자신을 이용하여 중국 정부를 비방한 '외세'를 비판했다. 미국 변호사 협회는 2016년 7월 국제 인권상의 첫 수상자로 왕유를 선정했으나 '고백' 영상에서 그녀는 "나는 중국인으로서 중국 정부의 지도력만을 받아들인다"며 국외 단체의 어떤 수상도 거부하겠다고 약속했다.[2]

1년도 지나지 않아서 진실이 밝혀지기 시작했다. 2017년 7월 왕유는 차이나체인지China Change의 야쉬에차오Yaxue Cao에게 자신의 지지자들에게 감사를 표현하는 성명을 발표했다.[3] "지난 2년간의 고난은 저에게 우리 시민들과 인권 변호사분들 그리고 세계 각국의 친구들에게 매우 감사하는 마음을 갖게 했습니다 … 우리가 혼자가 아니라는 사실을 깨닫게 해주는 사람, 바로 당신들입니다 … 물론 우리 앞에 놓인 길은 매우 멀고, 그 길을 걷는 것은 우리의 용기와 자신감을 시험하는 일일 겁니다. 저는 과거에 그랬던 것처럼 계속해나갈 것이니, 친구들이여—믿음을 부탁합니다!"

왕유는 여권 변호사들 가운데 페미니스트적인 열정으로 가득한 이들로 형성된 새로운 조류에 속해 있었다. 그들은 성적 학대와 가정폭력, 젠더 차별과 같이 공산당의 정통성에 대한 직접적인 도전은 아니지만 정치적으로 민감하게 다뤄지는 사건들에 자원했다. 중국 정부는 얼마간 왕의 입을 다물게 하는 데에 성공했지만, 왕유가 체포되기 전, 그녀는 이미 중국 인권법에 페미니즘적 경향을 불어넣는 데 일조했다.

류웨이Liu Wei는 페미니스트 변호사이자 이롄핑 정저우 지부의 전 고위 임원으로, 왕유와 다른 여성 변호사들이 어떻게 이 길을 가게 되었는지 설명한다. 2013년 4월 류와 왕은 우한에서 열린 인권 변호사 학술회의에 참석했다. 그곳의 여성 변호사들은 중국 전 지역을 아우르는 인권 변호사들의 네트워크를 만들어 서로를 지원할 수 있게 하자고 제안했다. 그러나 대부분의 남성 변호사들이 너무 '위험하다'며 이 생각에 반대하여, 결국 채택되지 못했다고 류는 전한다. "개인적인 생각이지만 중국의 남자 변호사들 중에는 지나치게 자기주장이 강하고 말이 너무 많은 이들이 많다. 그래서 그들에게는 이런 네트워크의 필요성이 보이지 않은 것 같다."

학술회의의 첫째 날 밤, 저녁을 먹은 후 변호사들은 작은 그룹으로 나뉘었다. 다른 그룹들과 달리 왕유와 류웨이가 속한 그룹에는 남성보다 여성이 더 많았다. 저녁 시간이 끝나갈 무렵, 그들의 토론이 류에게 통찰을 불러 일으켰다.

"나는 여성과 소녀들의 권리를 위해 싸우는 것이 내 일생의 사명이라는 것을 처음으로 깨달았다." 왕과 류 그리고 다른 몇몇 여성들은 여성과 소녀들의 권리를 위해 일하는 여성 변호사들을 위한 네트워크를 그들 스스로 공동창립하기로 결정하고 중국여성변호사공익협력네트워크Public Interest Collaborative Network for Women Lawyers in China라 이름 지었다.

몇 주 동안 그들은 강령을 작성하는 한편, 성 학대, 가정폭력 및 기타 사건의 피해자들에게 무료 법정대리 제공을 희망하는 여성 변호사를 중국 전 지역에서 모집하기 위하여 온라인에 공고를 게시했다. 그들은 정치적으로 민감한 사건을 다룰 때에 변호사들이 처할 수 있는 위험을 덜어주기 위해, 여권 변호사들을 지원하고, 서로 다른 지역의 변호사들끼리 보다 쉽게 협력할 수 있게 할 계획이었다. 5월이 끝나갈 무렵이 되자, 여성 변호사들의 네트워크는 회원이 수십 명으로 늘어났으며, 베이징과 광저우, 허난, 쓰촨 등 여러 도시와 지방에서 회의와 연수가 시작되었다.

이 네트워크가 설립된 직후인 2013년 5월, 학교 교장과 정부 관료가 열한 살에서 열여섯 살의 소녀 여섯 명을 하이난성 완닝의 한 호텔로 데려가 강간했다는 뉴스가 터져 나왔다. 왕유는 유명한 여성인권 운동가인 예하이옌(훌리건 스패로우)을 포함한 그룹을 꾸렸다. 피해자 가족들에게 법률 지원을 제공하고, 교내 여학생 대상의 성폭력 확산에 대해서 언론의 관심을 모으기 위해서였다.[4] 같은 시기에 네트워크의 다른 지원자들은 여러 성폭행 사건에서 긴밀히 협력하기 시작했다.

류와 한 팀을 이룬 변호사들은 허난성의 퉁바이현에 위치한 한 마을학교에서 3학년 학생들과 관련된 사건을 맡았다. 그 학교의 한 남자 선생이 수년간 대부분 일곱 살에서 아홉 살이었던 여자아이 스무 명가량을 성폭행한 사건이었다. 변호사들은 희생자 가족들에게 무료 변호를 지원했다. "사건을 맡으면 마을 사람들의 신뢰를 얻는다"고 류가 말했다. "얼마 지나지 않아 주변 마을에서 선생님에게 성폭행을 당한 소녀의 가족들이 찾아와 그들이 당한 일에 대해 털어놓았다."

그 선생은 수년에 걸쳐 수많은 여학생들을 유린해왔기

에 열다섯 정도의 변호사들이 협력하여 피해자 가족들에게 적극적으로 나서서 증언해주기를 설득하러 다녔다. 피해자 가운데 가장 나이가 많은 이는 이미 결혼하여 아이까지 있었다. 무료 법률 서비스를 지원함에도 처음에는 증언하겠다고 나서는 이가 거의 없었다. 어느 정도는 법의 진입장벽이 높아서이기도 했지만, 실은 수치심 때문이었다. "대부분의 사람들은 강간 피해란 감추어야 할 가족의 수치라고 생각한다"고 류가 말했다. 2013년 당시까지 중국의 형사법은 아동 강간을 "미성년자 매춘부와의 성관계"와 동일하게 분류하고 있었다. 수많은 피해자 가족들이 적극적으로 나서지 못하게 낙담시키는 피해자-혐오의 언어인 것이다.

증언을 약속한 피해자들은 소름끼치는 이야기들을 꺼내 놓았다. 법정이 지난 2년간 발생한 여학생들의 사건으로 한정하기로 했음에도, 그는 7세와 8세인 아동을 집에서 강간한 혐의에 대해 유죄 판결을 받았고, 16세 여학생의 성기를 급우들 앞에서 여러 번 더듬은 것이 인정되어 강제추행에 대해서도 유죄가 선고되었다.[5] 그는 심지어 부모에게 사실을 말할 경우 피해자를 해칠 거라고 협박했다.

류에 따르면, 중국은 보통 신체적 상해만이 증거로서 유효하고 보상받을 자격이 있는 것으로 여겨진다. 성폭력으로 인한 상처와 정서적 고통을 보상받는 것은 대단히 어렵다. "처녀막hymen*을 다친 소녀들의 일부 부모들은 약국에서 싸구려 연고를 사다 상처에 발라준다"고 류는 말한다. "정서적으로

* 성차별적 용어인 처녀막 대신 질막, 질주름 등 대체 언어가 논의되고 있다.

깊이 상처 입어 자포자기한 소녀들은 모두 심리치료가 필요하다." 류의 팀은 법정에서 희생자들의 가장 큰 상처가 정서적인 부분이기에 심리상담에 대한 보상이 필요하다고 주장했다. 판사는 "중국은 이런 경우에 대비할 수 있는 법이 없지만, 피해자들이 상처 입었다는 사실을 증명한다면 그것을 인정하겠다"고 류에게 말했다.

류는 그들이 피해의 증거를 찾지 못할 거라고 판사가 확신했다고 생각했다. 그러나 그들은 정저우의 심리상담센터에서 희생자들을 돕고 싶어 하는 몇 사람의 심리학자를 데려와 학대받은 소녀들을 감정하게 했다. 심리학자들은 소녀들 모두가 엄청난 트라우마에 시달리고 있으며 몇 년간의 심리치료가 필요하다고 증언했다.

이전 사건에서는 가시적인 신체적 상처가 없었기 때문에 류의 팀은 소송에 참여한 가족들이 나누어 가질 총 금액으로 130만 위안(미화 약 20만 6천 달러)에 합의를 주선하기로 했다. 이 금액은 중국에서 아동 성범죄와 관련된 소송 보상금 중에 최고액으로 추정된다. 그러나 이러한 의미 있는 승리를 거두었음에도 일부 가족들이 느낀 수치심을 해소하는 데에는 실패했다. 2016년 류는 선생에게 성폭행을 당한 두 소녀의 부모 중 한 사람이 빌딩에서 몸을 던져 자살했다는 사실을 동료에게 전해 들었다.

심각한 아동 성폭력을 둘러싼 언론의 관심이 커지자 〈종즈여성법률상담센터Zhongze Women's Legal Counseling Center(2016년 강

제로 폐쇄되었다)〉의 설립자 궈쟌메이Guo Jianmei와 같은 선구적
인 여성 인권 변호사들이 힘을 보태어 활동가들을 북돋았다.
2015년 전국인민대표대회는 아동 강간 피해자를 '매춘부'로
분류하던 법을 폐지하고 아동과의 성관계를 강간으로 분류했
으며, 소년과 남성을 성폭력의 피해자로 포함시킨 데다 아동
강간 가해자에 대한 최대 형량도 강화했다. 그러나 성폭력과
강간에 대한 법에는 여전히 결점이 있다. 사법부의 독립성이
보장되지 않는 중국에서는 법이 아무리 빈틈없어 보인다 해도
그 법의 집행은 상당히 어려운 일이라고 여성 인권 변호사들
은 입을 모은다. 허난과 하이난 지역의 사건은 무수한 사건들
중에 단 두 건이었을 뿐이지만, 중국 정부는 성폭력에 관한 신
뢰할 만한 자료를 내놓지 않고 있다.

성폭력 방지 센터인 여아동청소년보호재단Girls' Protection
Foundation에 따르면, 2013년부터 2015년까지 언론에 소개된 14
세 이하 아동 성폭력 사건은 최소 968건으로 1790명 이상의
피해자를 낳았고 그중 절대다수는 여성 아동 · 청소년이었다.[6]
2016년에는 최소 433건의 아동 성폭력이 언론에 보도되었는
데, 778명 이상의 피해자 가운데 92퍼센트가 여성 아동 · 청소
년이었다. 여권 변호사들은 인구가 14억에 달하는 나라에서
이 숫자는 터무니없이 적으며 실제 성폭력 사건의 빙산의 일
각에 불과하다고 말했다.

미국과 비교해보면, 2017년 5월 연합 통신Associated Press
은 2011년 가을부터 2015년 봄 사이에 고등학교, 중학교 심지

어 초등학교 학생들의 성폭력에 대한 공식 보고가 1만 7천 건이라고 집계했다.[7] 이 보고서는 미국 내 학교에서의 성폭력에 관한 가장 완전한 집계임에도 "이런 사건의 경우 일부 주state들은 조사를 하지 않고 조사를 하더라도 어떻게 분류하느냐에 따라 성폭력의 범주가 매우 다양하여 누락되는 일이 많기 때문에, 이 보고서는 문제에 대한 완벽한 통계는 아니다"라고 밝혔다.

2017년 11월 뉴욕 증권거래소에 상장된 기업인 RYB 교육에서 운영하는 베이징의 한 명문 유치원에서 일어난 성폭력 혐의가 물의를 일으키자 중국 당국은 전국의 어린이집에 대한 실태 조사를 하겠다고 발표했다. 〈신화통신〉은 어린아이들이 '성추행을 당하고 주사를 맞았으며 알 수 없는 약을 투여받았다'고 전했다.[8] 중산층인 아이들의 친인척들이 공산당 지도부 청사에서 수킬로미터 떨어진 유치원 바깥에 모여들었고, 웨이보에서도 수만 명의 사람들이 정부의 답변을 요구했으나 대중의 논의는 재빨리 진압되었다. RYB교육은 학교장을 해고하고 경찰은 한 선생을 체포했으며 그 사이 정부는 중국의 모든 언론에 "베이징 차오양 지역의 RYB 뉴 월드 유치원에 대한 어떠한 보도나 논평도 하지 말라"는 직접적인 검열 지시를 내렸다고 〈차이나 디지털 타임스China Digital Times〉가 밝혔다.[9]

반면 2013년 10월 류웨이가 허난 사건을 맡았을 때는 많은 기자들이 그 사건을 보도했고 학교에서 성폭력이 확산되는 것에 대해 류를 인터뷰하기도 했다. 여자 아이들을 대상으로 한 성범죄를 류가 처음 담당한 것도 아니었는데, 이때까지는 정부도 그녀의 일이 때로 지방 관료들의 부패를 규명하는 데에 도움이 된다고 보았다. 그러나 2013년 사건에 언론의 관심이 쏟아지자 정저우의 정부 관료가 류를 찾아와 더 이상 성폭력 스캔들에 관여하지 말라고 경고했다. "지금까지 한 일에 대해서는 용인해주었지만, 앞으로는 조금이라도 이와 관련된 일을 맡을 경우 당과 사회에 반대한다고 간주하겠습니다." 그는 더 이상의 인터뷰도 안 되며, 특히 외국인 기자를 멀리 하라며, 그들이 류를 '도구'로 이용하고 있을 뿐이라고 말했다.

류는 자기 일에 대해서 지나치게 많이 말하지 않으려고 상당히 주의를 기울였으며 인터뷰도 거의 하지 않았지만 그의 노골적인 협박에 격분했고 저항해야겠다고 맹세했다. 그녀는 계속해서 그런 사건에 대해 알리기로 단지 결심한 정도가 아니라, 그렇게 하는 것이 자신의 소명이라고까지 느꼈다. "당신의 일이 별로 주목받지 않더라도 정부는 상관하지 않는다"고 류는 말한다. "그러나 당신이 언론에 말하기 시작하고 여론의 이목을 끄는 중대한 사건을 맡게 되면, 그러니까 사회의 소외된 그룹들이 결속하여 문제를 제기하면, 당신은 위협적인 존재로 비춰집니다."

류는 이렌핑 활동을 포기하고 여성 변호사 네트워크에 더욱 열성적으로 몸을 던졌다. 그녀는 여성 네트워크의 공동 창립자들과 함께 새 변호사들을 모집하는 한편, 성폭력, 인구

재생산 정의reproductive justice, 고용차별, 가정폭력, 사법개혁 등으로 특화된 소규모 그룹을 만들었다. 그들은 회원들을 보호하기 위해 공식적인 기관으로 등록하지 않기로 결정했지만, 창립한 지 1년 만에 중국 전역의 여성 변호사 150명 정도가 모여들었다.

그 무렵, 페미니스트 변호사인 황위지Huang Yizhi는 챠오주Cao Ju라는 가명을 쓰는 스물세 살의 여성을 대리하여 젠더차별 소송을 제기했다. 그녀는 사설 학원의 행정보조직에서 탈락했는데, 고용담당자에 따르면 그 학원이 남성만을 고용하기 때문이었다. 2013년 12월, 챠오는 3만 위안(약 4천5백 달러)의 합의금을 받았다. 고용차별로 인해 합의금을 얻어낸 최초의 사례로 추정된다.[10]

다른 도시의 페미니스트 활동가들도 법적인 승리의 추세를 이어가려 했다. 2014년 항저우에서는 지나Gina라고 지칭하는 당시 스물셋이었던 페미니스트 활동가가 남성 행정보조원을 구한다고 광고하는 뉴오리엔탈쿠킹스쿨New Oriental Cooking School에 지원했다. 지나가 고용담당자에게 남성만을 채용하는 이유를 묻자 담당자가 노골적으로 말하기를, 남자 임원 출장 시 캐리어를 운반할 남자를 구한다는 것이었다. 지나는 이를 증거로 변호사에게 성차별 소송을 의뢰하고, 2014년 11월 항저우 서호 지방 법원은 쿠킹스쿨이 지원자의 평등고용권리를 침해했다고 판결했다. 이 결과는 고용에서의 젠더 차별과 관련한 중국 법원의 중요한 판결로서 또 다른 법적 선례를 남겼다. 그러나 법원은 원고의 '정신적 고통'의 대가로 2천 위안 (300달러를 약간 넘는다)밖에 안 되는 인색한 보상금을 지급하게 했다.

〈글로벌 타임스Global Times〉와 같은 관영 언론들이 이번 판결을 여성 인권의 승리로 보도했음에도 지나는 적은 배상액이 마음에 걸렸다.[11] "보상금이 너무 적어서 대학을 졸업한 대부분의 여성들이 젠더 차별에 대해 소송할 가치가 없다고 여길 것이다." 그녀는 쿠킹스쿨에 더 많은 보상금과 정식 사과를 요구하며 항소했으나, 2015년 3월 페미니스트 파이브가 구속되자 그녀도 항저우를 떠나 두 달가량 숨어 있어야 했다.(5장 참조) 지나가 항저우로 돌아왔을 때는 법정 상고의 공소시효가 이미 지나 있었다.

한편, 세간의 이목을 끌었던 허난 사건 이후 경찰과 공안은 변호사 류웨이를 더 공격적으로 감시하기 시작했다. 그들이 정기적으로 류의 아파트 근처를 순찰하자, 그녀는 그들이 다섯 살배기 아들과 남편을 위협할까 봐 걱정했다. 주말이 되면 류는 교외로 "관광하러 가자"고 고집을 피웠는데, 아파트를 떠나서 사람이 많은 공공장소에 있는 편이 안전하다고 생각해서였다.

2014년 5월, 류의 예전 직장동료인 이롄핑의 변호사 장보양Chang Boyang이 체포되었다. 장이 베이징 천안문 학살의 25주기 기념회에 참석했던 사람을 변호했기 때문인데, 그는 심지어 자의에 의해 참석한 사람도 아니었다. 이후에 경찰은 이렌펑의 정저우 지부 사무실을 급습하고, 은행계좌도 동결시켰다. (이렌펑의 베이징 사무실은 다른 사업으로 등록되어 있어서 여전히 운영되었다.) 여성 변호인 네트워크의 핵심 멤버들과 류는 7월 중 홍콩에서 만나 악화되어 가는 정치적인 환경을 어떻게 헤쳐나갈지 논의하기로 했다. 홍콩은 그들이 대화하기에 더 안전한 환경이었고, 7월은 학교들이 방학을 하는 때였다. 류는 아들과 많은 시간을 보내지 못하는 것에 대해 죄책감을 갖고 있었기에, 회의가 끝나면 같이 휴가를 보낼 생각으로 아들을 데려갔다.

류의 비행기가 홍콩에 착륙하자마자 그녀는 경찰로부터 이렌펑의 '불법 운영' 사건에 대한 용의자로 심문을 받아야 한다는 메시지를 받았다. 류는 완전히 망연자실했다. 그녀는 정저우에서 몇 달 동안 자신의 뒤를 밟는 공안들이 두려웠지만, 공식적으로 범죄용의자가 되리라고는 상상한 적이 없었다. 홍콩에서 만난 몇몇 여성 변호사들은 류의 정서적 상태가 심각한 것을 보고서 류에게 대처방안을 계획하는 대로 심리치료사의 도움을 받으라고 조언했으며, 가능한 한 중국 본토 밖에 머물러 있으라고 권했다.

류는 7일짜리 비자를 갖고 있었지만, 심리치료사가 건강상 비자 연장이 필요하다고 홍콩 정부 측에 보낸 요청이 수락되었다. 류는 뉴욕에 있는 공익법률글로벌네트워크Global Network for Public Interest Law: PILnet에 연구원으로 지원하고 1년 일찍 업무를 시작할 수 있는지 알아보았다. 그들은 재빨리 승낙 의

사를 표현한 후, 다음 달부터 류가 일할 수 있도록 홍콩에서 바로 출발할 수 있는 입국 서류를 서둘러 보내주었다. 류는 홍콩과 뉴욕의 출입국 관리소를 통과하면서 갑자기 경찰이 나타나 자신을 체포할까봐 두려워 했으나 8월 8일(중국에서 8은 행운의 숫자로 여겨진다) 류와 그녀의 아들은 뉴욕에 무사히 도착했다. 정말 내가 여기 미국에 있다고? 류는 생각했다.

미국에 도착한 후 처음 몇 달간 류는 정신을 차리기가 힘들었다. 그녀는 아들을 데리고 오후와 저녁의 법 수업을 들었으며 저녁 시간에는 여성 변호인 네트워크 회원들과 열광적으로 대화를 나누었다. 내가 류웨이를 처음 만난 것은 2016년 4월 뉴욕의 한 카페에서였다. 나는 컬럼비아대학의 방문 교수였고 그녀는 뉴욕대학의 미국-아시아 법률 연구소에 방문 학자로 와 있었다. 류는 여덟 살인 아들과 함께 왔고 그는 계속해서 류의 셔츠를 잡아당겼다. "엄마, 내가 그린 것 좀 봐!" 매번 류는 대화를 멈추고 그에게 미소 지으며 말했다. "그래, 대단하네!" 그리고 류는 다시 여성의 인권과 중국에서의 인권 변호사들에 대한 탄압에 대해 열심히 얘기했다.

류는 2014년 7월 인생을 변화시킨 사건들을 떠올릴 때마다 홍콩에서 그녀가 경찰에 소환되던 당시 아들과 함께 있을 수 있었던 행운에 대해 감사의 눈물을 흘렸다. "지금 아들이 옆에 없으면 제가 어떤 상태였을지 저도 모르겠네요." 2016년 8월, '고백' 영상 속의 왕유가 변호사직을 포기한다고 말하는 것을 본 류는 왕유를 전적으로 이해한다고 말했다. 아이가 있는 사람이면 누구라도 그렇게 했을 것이라며, 왕은 분명히 청소년인 아들을 위해서 '고백'했다고 류는 덧붙였다.

2017년 포드햄대학에서 국제법과 정의학으로 석사 학위(LLM)를 받은 류는 중국 인권법에서 페미니즘적 의식이 핵심적인 요소가 되어야 하며, 오직 여성이 페미니스트적인 관점으로 변호인 네트워크를 이끌어야만 여성의 법적 권리를 더 잘 보호하기 위해 필요한 개혁을 효율적으로 추진할 수 있다는 확신을 갖게 되었다. 일부 회원들은 네트워크에 여성 인권을 지지하는 남성 변호사를 영입해야 한다고 생각했지만, 류는 남성들이 대체로 성차별과 여성혐오에 대한 인식이 부족하다는 점을 고려하여 동의하지 않았다. 류는 "남성은 포함시키지 않는 편이 최선이라고 생각한다"고 밝혔다.

2015년 다른 인권 변호사들이 체포된 다음, 열두 명의 여성 변호사들이 네트워크에서 이탈했으나 왕유는 남은 회원들을 계속 만나서 전략을 세웠다. 페미니스트 활동가들도 트레이닝 과정에서 네트워크의 일부 변호사들과 제휴했는데, 이들은 철저하게 감시당하고 있는 전화 통화나 위챗으로는 절대 계획을 논의하지 않고 암호화된 방식을 사용하여 소통했다. (남성 멤버에게도 개방된 새로운 변호사 그룹도 만들어졌다.)

"정부가 가장 먼저 왕유를 추적한 것은 그녀가 중국의 모든 인권 변호사 가운데 가장 용기 있고 거침없는 사람이었기 때문이다"라고 류는 말한다. 그녀는 인권 변호사에 대한 중국 정부의 탄압이, 사회 정의를 위한 서로 다른 움직임들이 서로 결합하며 성장해가는, 근본적이며 거스를 수 없는 추세를 늦출 수는 있을지라도 멈출 수는 없다고 믿었다.

2016년과 2017년에는 수감된 남성 인권 변호사의 아내들이 작지만 강력한 운동을 만들었다. 〈뉴욕 타임스〉에 의하면, 그들은 페미니스트들에게서 영감을 얻어 밝은 빨간색의 슬로건이 적힌, 마치 연극 무대에서 입을 법한 의상을 입고 감옥과 법정 주변을 붉은 바구니를 끌고 다니는 퍼포먼스를 진행하며 남편에 대한 접근 권한을 요구했다.[12]

"몇 가지 중대한 사건에서, 비정부 조직들과 연계한 인권 변호사들이 무대 밖에서 우리를 지켜보며 응원하던 평범한 시민들을 안으로 끌어들이는 추세가 분명하게 감지되었다." 이어서 류는 말했다. "공산당이 가장 두려워하는 것은, 서로 다른 사회 세력들이 연대하며 그들을 막을 수 없게 되는 것이다."

여권 변호사들의 운동과 별개로, 거스를 수 없는 잠재력을 가진 또 다른 세력이 존재한다. 〈중국노공통신〉에 따르면 노동자들의 시위와 파업이 2015년에는 2,700건, 2016년에는 2,650건이라는 기록적인 수치로 상승하여 2014년(공식적으로는 1,379건이다)의 두 배에 달했다. 〈노공통신〉은 대중에게 보도된 파업 기사는 '빙산의 일각'이라고 지적했다.[13] 중국에서는 독립된 노동조합이 금지되며 공식적으로 허용된 유일한 조합인 중화전국총공회ACFTU: All-China Federation of Trade Unions는 주로 노동자들을 통제하기 위해 존재한다. (중화전국여성연합회의 본래 임무가 '여성의 권익을 대변하고 옹호'하는 것임에도 불구하고 주로 여성의 통제를 목적으로 하는 것과 유사하다.[14])

황원하이Huang Wenhai와 쩡진옌Zeng Jinyan의 다큐멘터리 영화 〈우리, 노동자We, the Workers〉에는 노동자들의 집단행동이 날로 강렬해지는 모습이 생생하게 그려져 있다. 노동자들의 불만이 상승한 까닭에는 소셜 미디어를 통한 노동자들 간의 소통과 네트워킹 증가로 젊은 노동자들의 요구 수준이 높아졌고, 노동력이 값싼 나라로 공장이 이전하거나 자동화되는 등 여러 요인이 있다.[15]

〈중국노공통신〉의 설립자이자 노동조합 전문가인 한둥팡Han Dongfang은 "요즘 노동자들은 자신들의 권리에 대해 잘 알고 있으며, 당국을 두려워하지 않는다"고 말했다. 1990년대와 2000년대 초기의 노동자들이 중대한 인권 침해와 수개월 간의 임금 미지급, 공장 업무의 잔인할 정도로 긴 교대 근무 시간을 묵묵히 견디던 것과 달리, 오늘날의 노동자들은 보다 저항적이다.

1989년 천안문 민주화 운동이 한창이던 때에, 스물여섯의 철도 노동자였던 한은 독립 노동조합의 카리스마 넘치는 리더로 알려지기 시작했다. 6월 4일의 천안문 대학살 이후 정부는 한을 1급 수배 노동 운동가로 분류했고 그는 재판도 받지 못한 채 거의 2년을 투옥되어 있었다. 약제내성 결핵이 발병한 그는 미국에서 치료받을 수 있게 되었고, 한쪽 폐의 거의 전부를 절제하게 되었다. 1994년 한은 홍콩으로 이주하여 〈중국노공통신〉을 설립했다. 그를 처음 만난 1997년, 나는 홍콩에서 그때 막 만다린어 방송을 시작한 〈라디오프리아시아Radio Free Asia〉(나중에는 광둥어 방송도 추가된다)의 기자로 일하고 있었다. 곧이어 한이 라디오프리아시아의 전화인터뷰 코너인 '노공통신Labour Bulletin'을 시작하여 중국 노동자들과 매일의 투쟁과 노동 쟁의에 대해 이야기를 나눴다. 한은 이후로도 라디오 방송을 계속 했고, 〈중국노공통신〉은 많은 노동 운동 활동가들 및 변호사들과 협력하고 있다.

천안문 시위 세대 가운데 중국을 떠나 망명하고 있는 인권 운동가들 여럿을 만나왔지만, 한은 내가 긴밀히 연락을 유지하고 있는 몇 안 되는 평범한 중국 시민의 한 사람이다. 그것은 아마도 독재체제의 민주화와 같은 추상적인 목표보다는, 그가 '현실적인, 실제-삶'이라고 말하던 그의 관심사 때문일 것이다. 한은 중국의 젊은 페미니스트들이 광둥성 노동자 파업에 보여준 연대와 고용주로부터의 일상화된 성차별에 항의하는 모습에 감화되었다. 여성은 남성보다 저임금 산업과 서비스업에서 일하는 경향이 있어서, 여성 노동자들은 중국 노동자들의 불만이 높아지는 중에서도 최전선에 놓일 수밖에 없었다.

2016년 9월 홍콩에서 만난 그는 "특히 외국인 투자 기업들이 여성 근로자를 더 많이 고용하기 때문에 당연히 노동 조건에 대한 항의에 많은 여성들이 참여하고 있다"고 말했다. "그러나 지금까지 경영진과 단체 협상을 해온 사람들은 거의 대부분 남자들이다." 그는 남성만이 아닌 모든 사람의 노동 조건을 개선하기 위해 노동 쟁의의 결의안에 젠더적 관점을 포함시키고자 했다. 몇 년 전 〈중국노공통신〉은 경영진과의 단체협상에서 지도적인 역할을 할 수 있도록 협상 기술을 연마하는 프로그램에 여성 공장노동자를 모집했다.

"만약 우리가 단체 협상을 이끌 수 있는 여성 세 명을 갖게 된다면, 파업에 삼백 명의 여성이 참여했지만 협상 테이블에는 한 사람의 여성도 없는 것보다 더 영향력이 있으리라고 생각한다"고 한은 말했다. "물론 삼백 명의 여성 노동자가 저항하는 것은 매우 중요하다. 그러나 경영진과의 단체협상에서 협상에 적합한 기술이 연마된 여성이 있다면, 그들은 더 많은 여성 노동자들이 파업에 나서서 그들의 요구를 표현하도록 동기를 부여하게 될 것이다."

대부분의 노동자와 자본가 간의 협상이 남성에 의해 주도되어 임금이나 연금에만 초점이 맞춰질 때에 여성의 권리는 너무 자주 무시된다. 아직도 여성은 생리와 출산휴가가 거부되고, 직장 내의 성폭력과 성희롱의 대상이 되며, 임신으로 인해 부당하게 해고되는 등 직장 내의 젠더 차별적 형식들에 매우 취약하다.

전형적인 사례의 하나로 2017년 6월, 중국 서쪽 도시인 시안에 사는 임신한 여성이 상사에게 임신 사실을 알린 후 부당하게 해고되었다며 자신을 해고한 시안자이언트바이오젠과의 중재를 요청했다. 〈중국노공통신〉에 따르면 상사는 그녀를 일곱 차례나 불러서 그녀가 하던 행정 업무 대신에 육체적으로 고된 생산직으로 옮기라고 압력을 가했고 거부할 경우 해고하겠다고 협박했다.[16] 2017년 12월에는 임신 후 해고당한 세 명의 여성이 베이징의 중국철도물류그룹을 상대로 중국 최초의 임신 차별에 대한 공동 소송을 제기했다. 베이징 법정은 한 여성에게 10,000위안(한 달분의 급여)을 지급하라고 회사에 명령했고, 나머지 두 여성의 소송은 이 책이 인쇄되는 지금*까지도 진행 중에 있다.[17]

*2018년

여성들이 노동자로서의 권리를 지켜야 한다는 것을 점차 인지해가고 있기는 하지만, "일반적인 인권에 대해 인식하는 것과 경영진과의 협상을 주도하기 위해 필요한 기술을 습득하는 것 사이에는 매우 큰 차이가 있다"고 한은 말한다. 한이 생각하는 〈중국노공통신〉의 역할 중 하나는, 분노한 노동자들이 주요한 노동 쟁의를 단체협상으로 전환시킬 수 있게 도우며, 여성들이 나서서 협상할 수 있도록 고무시켜서, 그들에게 협상의 기술을 알려주고, 남성 노동자들이 여성을 동등하게 인식할 수 있도록 교육하는 것이다.

"우리는 모두에게 말한다. 공장 노동자의 80퍼센트가 여성인데 단체협상의 리더들은 90퍼센트가 남자이니, 여성 리더들이 보다 많아지면 노동자들을 동원하기에 더 수월할 것 같지 않습니까? 라고." 한이 말을 이었다. "그러면 그들이 '그래, 여자 대표자가 더 많아지면 협상하는 데 도움이 될거야'

하고 수긍한다."

2012년부터 2014년까지 〈중국노공통신〉은 한이 직접 훈련을 지도하는 단체교섭 실무교육을 정기적으로 열었다. 홍콩에서 열린 이 교육에는 한 회차에 오십에서 팔십 명의 노동자 대표들이 모였다. 〈중국노공통신〉은 또한 광둥성의 노동 인권그룹인 판유노동자센터Panyu Workers' Center를 지원한다. 판유의 노동자 가운데 카리스마가 넘치는 여성인 주샤오메이Zhu Xiaomei는 2014년 노동자들을 조직하고 노동조합을 홍보했다는 이유로 광저우의 히타치메탈 공장에서 해고당했다. 소송을 제기한 그녀는 히타치로부터 대규모의 법정 밖 합의금 230,000위안(약 36,500달러)을 얻어냈다.[18]

주는 2014년 8월 광저우 대학가에서 일어난 수백 명의 청소 노동자들의 파업을 포함하여 수천 명의 노동자들이 연루된 노동 쟁의를 다루는 판유의 조직원으로 일했다. 고용주인 광디엔부동산회사는 노동자들에게 그들의 집을 떠나 회사와 함께 이동해야 한다며 그렇지 않으면 회사를 그만두라고 말했다. 노동자들은 공정한 퇴직금과 새로 계약할 회사가 그들 모두를 고용할 수 있도록 약속해줄 것을 요구했다.

노동자들의 단체행동을 담은 한 비디오에서, 주는 파업 중인 노동자들 앞에서 말하고 있었다.[19] 그들 대부분은 여성들이었고 더위에 지쳐 손으로 부채질을 하고 있었다. "처음에 당신들은 조금 두려웠을지도 모릅니다. 그리고 대표자들이 가서 대화하게 하는 것이 나을 거라고 생각했을 겁니다. 그러나 오늘 몇 사람이 이미 그랬듯이 당신이 집에 가버리면, 회사가 당신에게 아무것도 해주지 않는다는 것을 알게 될 겁니다. 그게 올바른 일입니까? 여러분, 두렵습니까?"

"아니요!" 그들이 소리쳤다.

"바로 그것입니다!" 주는 열정적으로 말을 이었다. "들어가서 경영진들과 대화하는 것을 두려워하지 마세요! 우리는 언제나 두려워하지만, 사실 무서운 것은 아무것도 없습니다. 우리가 언제나 그랬듯이, 걱정 말고 가서 그들과 대화하라고 말하면 당신들은 '안 돼요, 안 돼요, 안 돼요, 난 못 해요'라고 말합니다. 오늘 협상을 보신 분들은 '이렇게 진행되는 거구나'라는 느낌을 받으셨을 겁니다. 나가서 주변 사람들에게 그 느낌에 대해 얘기해주었으면 좋겠습니다. 이 투쟁에서 우리 모두는 피해자이지만, 우리는 또한 승리할 것입니다, 그렇지 않습니까?"

〈중국노공통신〉에 따르면, 몇 주간의 파업과 협상 이후, 광디엔부동산회사는 1년 근무 시마다 3천 위안(약 450달러)의 사회보장연금과 주택수당을 지급하기로 했으며, 노동자들은 청소 계약을 넘겨받은 새로운 회사에게서도 계약서를 받았다.[20] 그러나 2015년 12월, 경찰이 광둥성의 노동조합원 열여덟 명을 체포했다. 2016년 9월, 광저우 법원은 체포된 활동가 중 세 사람에게 '집회를 열어 사회질서에 혼란을 야기'했다는 혐의로 집행유예를 선고했다. 그중에는 쥬샤오메이도 있었는데, 체포되던 당시에 그녀는 아기를 간호하고 있었다. 나머지 두 남성은 판유 노동자 센터의 소장인 쩡페이양Zeng Feiyang과 탕젠Tang Jian이었다. 다른 한 사람, 멍한Meng Han은 21개월을 복역한 뒤 2017년 4월 석방되었다.

중국 정부는 노동자들이 폴란드 독립노조처럼 연대노조(Solidarność)를 결성하는 것을 두려워한다고 한둥팡은 말한다. 폴란드 연대노조는 1980년에 결성되어 폴란드 공산당 정부로부터 탄압받았지만, 1989년 부분적인 자유선거에서 공산당을 패배시킬 때까지 지속되었다. 그 승리는 동유럽과 소비에트 연방에서 공산주의 체제의 붕괴를 가리키는 이정표와 같은 사건이었다.

2017년 국제 노동절을 맞아 한이 〈중국노공통신〉에 발표한 에세이에서 그는 글로벌 기업들에게 그들의 공급 체인에 속한 중국 내 공장들의 노동 조건에 대해 책임지라고 요구했다.

1989년 이래로 중국 정부는 결사의 자유를 위해 투쟁하는 노동 운동의 리더들을 계속해서 재판으로 소환했다. 법정의 판결은 정치적인 협박 도구였을 뿐이다. 2016년 판유 노동자 서비스 센터의 네 조직원들에게 내려진 선고에서, 중국 정부는 노동자들을 도와 그들이 경영진과 협의하여 단체협약의 성공적인 사례를 일궈내도록 노력한 이들에게 처음으로 경영자를 대신하여 보복적인 판결을 내렸다 …

단도직입적으로 말해서, 글로벌 브랜드가 가장 큰 몫의 이익을 차지하고 나서 중국에는 무엇을 남기는가? 중국 노동자들에게는 가난만이, 중국의 노사관계에는 끝없는 분쟁만이, 중국 사회 전반에는 노동자와 노동 관련 NGO에 대한 경찰의 탄압만이 남겨질 뿐이다. 글로벌 브랜드들은 이렇게 심각한 침탈에 대해서 그들의 책임을 인정할 때이다.[21]

2017년 5월 중국 당국은 남부와 동부의 신발 공장의 노동 조건에 대해 조사하던 노동 운동가 세 사람을 구속했다. 그 공장들은 화젠인터내셔널에서 운영하고 있었는데, 미국 대통령 도널드 트럼프의 딸 이방카 트럼프가 운영하는 브랜드의 신발을 만드는 곳이었다. 세 노동 운동가는 장시성 간저우 지역의 구치소에서 6월이 끝날 무렵까지 갇혀 있다가 재판을 앞두고 보석으로 풀려났다. 간저우 공장의 몇몇 노동자는 자정을 넘길 만큼 긴 노동시간과 낮은 임금, 언어폭력에 대해 털어놓았다. 한 노동자는 화가 난 매니저에게 하이힐로 머리를 가격당해 피를 흘린 적도 있다고 연합통신이 전했다.[22] 이방카 트럼프와 그녀의 회사는 이에 대한 언급을 피하고 있다.

극도로 억압적인 상황에서도 노동계의 시위와 파업이 계속되었다. 여성들은 그 와중에도 점점 더 최전선에 서게 되었다. 2018년 3월 광저우에 있는 명품 핸드백 회사 시몬느의 노동자 약 천 명—이들의 70퍼센트는 여성이었다—이 사회보

장기금의 반환을 요구하며 파업에 돌입했다. 한국의 시몬느액세서리는 마이클코어스와 마크제이콥스, 코치와 같은 글로벌 디자이너 브랜드의 가장 큰 제조업체의 하나로 중국과 캄보디아, 베트남 등의 국가에 위치한다.[23] 2017년 시몬느액세서리가 광저우에 있는 사업체를 더 저렴한 지역으로 옮기기 시작하자 광저우 노동자들은 오래 연기된 사회보험과 주택기금 혜택을 받지 못할까 봐 걱정했다. 대부분의 여성들이 파업에 참여하여 9일간의 단체교섭이 마무리되자 그들의 요구는 경영진과의 합의에 도달했다.

페미니스트 파이브의 정추란은 광저우에 위치한 명문 중산대학 재학시절부터 페미니즘 운동과 노동 인권 및 노동 계급 여성에 대한 깊은 관심을 연결시켜왔다. 2014년 8월 그녀는 파업 중인 대학가의 청소노동자들에게 매일같이 들러서 사진을 찍었으며 그들의 요구가 인쇄된 스티커를 나눠주었다. 정추란은 그들의 파업이 언론의 주목을 받기는 했으나 청소노동자의 80퍼센트가 여성인데 기자들은 오직 남성 노동자들의 사진만을 찍는다고 말했다. "왜 여성 노동자들은 보이지 않는 존재인가? 나는 그 여성들의 사진을 직접 찍기로 마음먹었다. 그리고 우리는 그 여성 노동자들의 요구를 스티커에 담아서 그들이 얼굴과 옷에 붙일 수 있게 나눠주었다. 모두 다 아주 잘 보였다." 정은 온라인에 '강하고 힘센, 이들은 여성이다' 라는 제목의 사진 에세이를 게재했다.[24]

정의 사진 하나에서 카메라를 보며 웃고 있는 한 여성 노동자가 보인다. 그녀의 이마를 가로질러 붙어 있는 스티커에는 '광디엔부동산은 악행을 멈추라'고 쓰여 있다. 다른 사진에서 한 여성 노동자는 뺨에 스티커를 붙인 채 주먹을 높이 들고 있다. 뺨에 쓰인 문구는 '내 노동의 대가를 나에게!'이다. 또 다른 사진에는 유니폼을 입은 여섯 명의 여성 노동자들이 옹기종기 모여 앉아 있다. 손을 모아 구호를 외치는 그들의 웃는 얼굴은 스티커로 뒤덮여 이렇게 말하고 있다. "그녀는 9년 동안 피땀을 흘렸네/그녀를 이용하고는 버리는 당신." 한 남성 노동자가 옆에서 여성들을 응원하고 있다.

"너무나 많은 언론 매체들이 젠더 의식을 결여하고 있어서 우리의 사회 운동에서 여성들을 간과하고 지워버린다"고 정은 말한다. "우리는 그렇게 내버려 둘 수 없었다." 파업 중인 청소노동자들도 많은 학생들의 지지를 받아서 중산대학의 900명 이상의 학생들이 노동자들과 연대한다는 성명서에 서명했다.

페미니스트 파이브가 체포되었을 때, 소셜 미디어에 연대를 표현한 지지자들의 일부는 정으로부터 개인적으로 도움을 받은 적이 있는 노동자들이었다. 웨이보에 게재된 사진 중에 가장 눈에 띄는 사진의 하나는 탈의한 상반신을 드러낸 한 남성 노동자가 등에 붉고 큰 글씨로 쓴 메시지를 보여준 것이다. '거대 토끼야, 언제나 네가 자랑스러워! 프롤레타리아는 너를 지지해!'(거대 토끼Giant Rabbit는 정의 별명이다.)

구금에서 풀려난 이후에도 정은 급속히 늘어나고 있는 중산층 페미니스트들과 노동 계급 여성 사이의 연대를 구축할 수 있는 전략에 대해 계속 고민했다. "우리에게 지지가 쏟아진 것은 굉장한 일이었다. 그런데 이와 같은 정치적 환경에서, 받아들이기에 가장 용이한 형태의 페미니즘은 소비주의와 엘리트 여성을 중심으로 돌아간다"고 그녀는 말한다. "그것은 정치적으로 안전하고 우리가 체포당하지도 않는다. 그렇지만 이런 추세를 이용하여 우리는 매우 어려운 문제에 당면한 교육을 덜 받은 여성 노동자들을 위해 무언가 할 수 있는 방법을 찾아내야 한다."

노동 인권 운동 내부에 주샤오메이와 같은 여성들이 소수 존재하기는 하지만 지금까지는 그들의 단체행동을 페미니스트적인 대의와 분명하게 연결시킨 사람은 거의 없었다. 중산층 페미니스트와 노동 계급 여성들 사이의 대규모 계급 교차적인 제휴는 공산당에게는 여전히 또 다른 위협으로 보일 수 있었다. 1949년 공산주의 혁명이 성공한 까닭은 엘리트 공산주의 지식인들이 십억의 농민, 노동자 세력과 함께했기 때문이다. 1930년대와 1940년대의 공산당보다 여성 노동자와 농촌 여성들을 더 잘 이끌어낸 경우는 없었다. 이런 식의 풀뿌리화된 대중 동원은 오늘날 중국의 억압적인 환경에서는 사실상 불가능하다.

정은 페미니즘이 대학 교육을 받은 여성들을 겨냥할 때에는 보다 쉽게 빠른 결과를 낸다며, 중국 전역의 도시에 거

* 페이스북의
최고운영책임자
셰릴
샌드버그Sheryl
Sandberg의
책 제목이자
동명의 웹사이트
이름이다. 린인은
기회가 왔을
때에 습관적으로
물러서지(Lean
Back) 말고
적극적으로
달려들라(Lean
In)고 여성들에게
당부하는 말이다.

주하는 전문직 여성들 사이에서 페미니즘 '린인Lean In'* 그룹이 확산된 것은 단지 엘리트들의 '신자유주의' 페미니즘의 급성장을 보여주는 한 예일 뿐이라고 지적했다. "그러나 여성 공장 노동자에게 페미니스트로서의 의식을 성장시키는 데 자원을 투자한다면, 그 결과는 믿어지지 않을 정도일 것이다."

그렇지만 여전히 정은 성차별과 여성혐오에 맞서며 중국 주류 사회를 변화시키기 시작한 수십만 명의 젊은 여성들에게 고무되고 있다. 젊은 중국 여성들은 특히 그들의 삶에 직접적인 영향을 끼치는 취업에서의 만연한 젠더 차별을 우려한다. "우리는 소셜 미디어에서 이 여성들의 각성 과정을 볼 수 있다. 고용에서의 젠더 차별과 관련된 것이라면 무엇이든지 분노한 논평들을 어마어마하게 끌어낸다. 처음에 여성들은 성차별을 문제로 인식하지 못하거나, 또는 문제라고는 생각하더라도 그것을 변화시키기 위해서 자신이 할 수 있는 것이 아무것도 없다고 생각한다"고 정이 말했다. "그러다 그들은 우리 같은 활동가들이 문제를 부각시키기 위해 무언가 흥미로운 일을 하는 것을 보고서, 그들도 자기 의견을 공개적으로 표현해도 된다는 것을 깨닫고, 그들이 목격한 성차별에 목소리를 높인다."

최근 도시 여성들 사이에서 페미니즘과 젠더 불평등 대한 관심이 급증했음에도 불구하고, 정을 포함한 페미니스트 활동가들이 여전히 공식적인 '범죄용의자'인 까닭에 중국 내의 재정적 지원으로부터 배제되고 각종 행사에도 초대되지 못하고 있다. 중국인 교수들은 캠퍼스에 정을 초대하고 싶지만 정이 강연하는 것을 학교가 허락하지 않을 것이라고 분명하게 말했다. 대부분의 여성학 분야도 정부의 제재를 받는 중화전국여성연합회의 허가를 받지 못해 페미니스트 파이브를 초청할 수 없었다. 캠퍼스 내의 '적대적인 외국의 영향'에 대한 조사가 더욱 강화되고 있었기 때문이다. 일부 국제적인 조직들도 중국 정부의 눈 밖에 날 것을 우려하여 행사에 페미니스트 파이브를 초청하여 강연을 듣는 일조차 독자적으로 결정하지 못할 만큼 자기검열을 하고 있다.

정은 2017년 12월의 미국 방문이 허가된 이후에도 공안으로부터 지속적인 경고를 받았다. 정이 BBC에서 선정한 '2016 영감을 주는 영향력 있는 여성' 100인에 이름을 올린 지 일주일이 지나자 공안은 정에게 전화를 걸어 왜 그녀의 이름이 그 리스트에 있는지 물었다. "공안국 지도부는 그 명단에서 당신의 이름을 발견하고 매우 불쾌해 하고 있습니다." 이어서 그는 물었다. "BBC는 그 명단을 어떻게 선정했습니까? 그쪽에서 돈을 주던가요? BBC가 초청을 했습니까?" 정은 BBC에 대해 아는 바가 전혀 없으나, 아마도 새로 기획한 '성공하는 직장 여성을 위한 지원' 사업 때문인 것 같다고 둘러댔다. 그 답변은 공안 요원을 만족시켰는지, 그는 직접 만나서 얘기하자고 고집하지는 않았다. "'린인' 같은 것까지 정치적으로 민감한 문제가 된다면, 그때는 중국에 진짜 혁명이 도래하겠지요." 정이 농담을 던졌다.

정은 광저우 공안 요원들의 감시가 2015년에 그녀를 체포하고 심문하던 때와 달라졌다고 덧붙였다. "왜인지는 모르겠는데, 그 사람들이 안 보여요. 아마 전부 다 죽었나 봐요!" 그런 이야기를 하면서 정은 깔깔거리며 웃었다. "내가 너무 나쁘죠!" 여전히 웃으면서 그런 말을 하는 그녀는 복수에 대한 상상으로 상처를 치료하는 것이 분명했다. "우리는 지금 자유롭지 않고, 안전하지도 않습니다. 그래도 우리는 모여서 밥 먹고 술도 마시고 실컷 웃어요. 같이 모여서 즐거운 시간을 갖는 것은 중요합니다. 상황이 더 악화되어도 우리 페미니스트들은 버틸 거니까요. 우리는 사라질 수 없죠."

7. 중국의 가부장적 권위주의

China's Patriarchal Authoritarianism

이렌핑의 공동 설립자 중 한 사람인 루쥔Lu Jun을 처음 만난 곳
은 맨해튼 도심의 한 카페였다. 그는 '이것이 페미니즘의 얼굴
이다'라는 문구가 중국어로 선명히 새겨진 검은 티셔츠를 입
고 나타났다. 중국 페미니즘 운동의 유니폼이나 다름없게 된
그 티셔츠는 페미니스트 활동가 샤오메이리가 미국 여성 인권
의 아이콘 글로리아 스타이넘Gloria Steinem의 유명한 응수, '이것
이 마흔의 얼굴이다'에서 영감받아 디자인한 것이다. 그는 몇
년 전부터 미국으로 망명하여 '중국 사회 운동가들 가운데 제
일로 손꼽히는 수배자'로 불린다.[1]

  루쥔은 2006년 이렌핑을 설립한 후 2009년 동료인 장
보양, 양장칭Yang Zhanqing과 함께 허난성 정저우에 이렌핑의 지
부를 열었다. 처음에 이들은 많은 분야에서 일자리가 금지된
B형 간염 환자(루쥔 자신을 포함하여)에 대한 차별에 초점을 맞
추었다. 그들은 또한 소비자 권리와 후천성면역결핍증후군
HIV/AIDS 문제도 다루었는데, 불법적인 혈액 거래로 허난 지역
에 후천성면역결핍증후군이 확산되어 있었고 이를 지방 정부
가 은폐하고 있었기 때문이다. 중국 내에서는 시민의 권리를
위해 일하는 NGO에 돈을 대겠다고 나서는 재단이 없기 때
문에, 이렌핑이 운용하는 자금의 대부분은 매년 미국 의회의
지원을 받는 국립민주주의기금NED: National Endowment for Democracy
에서 나온다.

  우룽룽이 대학을 막 졸업한 신입으로 들어온 2007
년, 이렌핑은 베이징에서 여성 인권에까지 분야를 확장했다.

2009년 5월 우룽룽은 덩유자오 사건을 조명하는 이렌핑의 첫 번째 대규모 여성 인권 캠페인을 주도했다. 덩유자오는 스물한 살의 여성으로 중국인 고위 공무원이 자신을 성폭행하려 하자 정당방위로 그를 살해했다(1장 참조). 7월 말, 두 공무원이 경찰을 대동하여 이렌핑 사무실로 찾아와 분명하지도 않은 '불법적인' 서류를 찾겠다고 했다. "공무원 한 사람의 신분증이 이미 만료된 것이었기에 우리는 사무실 수색을 거부하고 그것이 불법이라고 대응했다"고 루쿼이 말했다. 그는 또한 인권 변호사인 쉬즈융Xu Zhiyong(그는 2008년 수만 명의 아기들을 아프게 한 오염된 분유 사건을 담당했었다)이 체포되었다는 소식을 들었다.[2]

루쿼과 그의 동료는 겁내지 않았다. "우리는 그들과 언쟁하는 내내 자리에 앉아 있었고 심지어 경찰서에 전화를 걸어 불법 수색을 신고했어요." 오후 6시가 되자 공무원들은 수색을 그만두고 떠나며, 차별반대 소식지 수십 개를 '공부'하겠다며 가져갔다. 나중에 경찰이 돌아와 정부 관계자에게 사과하라고 했지만 루쿼은 거절했다.

처음에 정부는 루쿼이 유럽연합 인권회의에 참석하기 위해 국외로 나가는 것을 불허했으나, 2009년 12월, 홍콩대학과 예일대학 로스쿨을 몇 달간 방문하는 것을 허가했다. 루쿼이 중국으로 돌아와 장애 인권 프로그램을 시작한 2010년, 경찰은 몇 개월마다 차나 식사를 하며 '대화'하자는 것을 제외하고는 더 이상 그를 괴롭히지 않았다. 2014년 5월 장보양이 천안문 대학살의 25주기 철야시위에 참석한 의뢰인을 변호한 까닭으로 체포되기 전까지 이렌핑은 거의 독자적으로 사업을 추진해왔다. 지방 정부가 이렌핑의 정저우 지부를 폐쇄한 이후에도 베이징 사무실은 정상적으로 운영되었다.

최근 중앙정부 관계자는 이전에는 '위험하다'고 여기지 않던 이렌핑을 갑자기 영향력 있는 인권단체로 인식하기 시작했다. 그러나 이미 미국으로 건너간 루쥔은 뉴욕대학 로스쿨에 있는 미국-아시아 법률 연구소의 방문 학자로서 연구원 생활을 시작한 후였다. "중앙정부는 외국에서 자금을 지원받고 있는 NGO들에 주의를 기울이기 시작했습니다. 이렌핑도 외국의 지원을 받았기에 NGO 탄압의 중요한 타깃이 되었지요." 루쥔은 이어서 말했다. "그들은 우리의 모든 프로그램들을 살펴보기 시작했지만 정치적으로 문제가 있는 부분을 찾아내기 어려웠나 봅니다." 정부에게는 여성 인권 운동이 잠재적으로 큰 위험을 내포한 것이었다. 여성 인권 운동은 중국 전역의 각 도시에서 가두시위를 벌였고 그것으로 여성과, 여성들에게 공감하는 일부 남성까지도 성공적으로 조직하고 있었다. 그래서 당국은 "여성 인권 문제를 그들의 진입지점으로 결정했다"고 루쥔이 설명했다.

2015년 3월 당국이 페미니스트 파이브를 체포한 이후 공안 요원들이 이렌핑 베이징 사무실을 급습하여 컴퓨터와 자료들을 압수하고 센터 직원 한 사람을 구속했다. 3월 25일 중국 외무부의 브리핑에서 외국인 기자가 구금된 페미니스트들에 대해 질문하자 정부 대변인은 이렇게 답변했다. "중국이 관련자들을 석방할 것인지 물어볼 권리는 누구에게도 없으므로, 관련자들은 그런 식으로 중국의 사법적 자주권에 개입하지 않기를 바랍니다."

루췬은 페미니스트 파이브가 수많은 지지자들을 끌어모은 2012년에야 당국이 그들을 주목하기 시작했다고 지적한다. "페미니스트 운동은 몇 년 전에 비해 크게 도약하여 이제는 진정한 사회 운동의 모습을 하고 있습니다 … 나는 중국 사람들이 흩어진 모래와 같다고 생각합니다. 만약 그 모래를 뭉칠 수 있다면 흩어져 있을 때보다 더 강해질 것입니다." 이어서 그는 말했다. "현재 페미니스트들의 목소리가 들리는 것은 그들이 조직적으로 잘 뭉쳐 있기 때문입니다. 그들이 흩어진다면 그들의 목소리도 희미해질 것입니다."

루췬은 2012년 9월부터 중국 역사에 남을 통치자로 자리매김하고 있는 시진핑이 페미니즘과 여성 인권에 부정적이라는 사실은 의심할 바가 없다고 생각한다. "중국 페미니스트에게는 시진핑이라는 새로운 적이 있다. 그리고 그 적은 매우 강력하다."

2018년 3월 중국 입법부는 공식적으로 국가주석의 임기 제한을 철폐하고 시진핑을 강력한 종신 통치자로 세움으로써 어마어마한 권력을 부여했다.[3] 공산당이 중국을 통치한 기간은 거의 70년으로 공산당이 소비에트 연방을 통치한 기간에 맞먹는다. 1989년 천안문 사건 이후 많은 언론인들이 당의 실각을 예견했지만 공산당은 그런 예상을 뒤집고 지배력을 더 강화시켰다.

중국의 권위주의를 연구하는 이들 대부분이 젠더 문제를 부차적인 것으로 여기지만 나는 여성을 예속시키는 것이 공산당 독재와 '체제 안정성'을 위한 근본적인 요소라고 생각한다. 시진핑도 세계의 다른 철권통치자들과 마찬가지로, 가부장적 권위주의를 공산당 생존에 필수적인 것으로 본다. 시진핑이 정권을 잡기 전부터 성차별과 여성혐오는 오래도록 중국의 권위주의와 인구통제를 뒷받침해왔다.[4] (당이 오래도록 집권할 수 없었던 것은 정치적 반대 세력을 무자비하게 탄압하는 동안, 급격한 경제 성상을 이뤄내고 사회 변화에 적응히는 데에 성공했기 때문이기도 하다.)

오늘날, 1949년 인민공화국이 수립된 이후 최초로, 공산당에 독립적으로 조직된 페미니스트 활동가들은 중국 여성들 사이의 널리 퍼진 불만들에 귀를 기울였고 지금까지 중국의 어떤 사회 운동도 가지지 못한 '여론'에 대한 영향력을 갖게 되었다. 많은 여성들이, 특히 고학력의 도시 여성들이 이성애적 결혼과 아이의 양육으로 그들을 몰아넣으려는 국가의 끈질긴 노력에 반발하고 있다. 그래서 중국의 모든 남성 지도자들이 '국가 건설과 무관하게 여성들을 한 개인으로서 해방시켜야 한다'고 주장하는 페미니스트들로부터 위기감을 느끼는 것은 당연한 일일 것이다.

페미니즘에 대한 중국 정부의 반발은 해방된 여성들이 일어나 공산당의 정치적 정당성에 도전할 것이라는 전망에 겁먹은 허약한 남성성이 국가적 수준의 형식으로 드러난 것이다. 페미니스트로부터의 위협은 대단히 심각한 것으로 여겨져 2017년 5월 당의 공식적 대변지인 인민일보 온라인 사이트에 중화전국여성연합회 부위원장이 성명을 실었다. '적대적인 서구 세력'이 '서구적 페미니즘'을 이용하고 있으며 '페미니즘이 모든 것에 우선한다'는 생각이 여성에 대한 중국의 마르크스주의적 관점과 '젠더 평등에 관한 국가의 기본 정책'을 공격한다는 것이다. 쏭슈양Song Xiuyan은 "일부 어떤 이들은 '권리 수호'와 '빈곤 완화', '관용' 등의 문구를 이용해 중국의 여성 정책 한가운데로 진입하여 여성 문제라는 분야에서 약점을 찾아내고 균열을 만들려 한다"라고 경고했다.[5] 그녀는 여성 정책에 관련된 간부들이 시진핑의 현명한 지도에 따라야 하며 중국에 개입하려는 서구의 노력을 경계해야 한다고 덧붙였다.

시진핑은 공산당 총서기로 선출된 직후인 2012년 11월 소비에트 연방의 붕괴에 대해 설명하는 핵심적인 연설을 했다. "소비에트 연방을 지키려던 몇몇 사람들은 고르바초프를 붙잡았지만 며칠 만에 돌아서고 말았습니다. 권력을 행사할 수단을 갖지 못했기 때문입니다. 옐친은 탱크 위에서 연설했으나 군인들은 소위 '중립'을 유지하며 아무런 반응을 하지 않았습니다. 결국 고르바초프는 태평스러운 선언문을 통해 소비에트 공산당의 해산을 선언했습니다." 시진핑은 이어서 말했다. "그렇게 거대한 당이 사라졌습니다. 우리에 비해 소비에트 공산당은 더 많은 당원을 가졌습니다만 누구 하나 일어서서 저항하지 않았습니다."

독립적으로 활동하는 언론인인 가오위Gao Yu(1989년 천안문 항쟁에 참여한 일과 기타 정부를 비판한 일로 여러 차례 투옥된 바 있다)는 빠르게 응답했다. "그 누구도 충분히 '남자답지' 못했다"라고 그녀는 썼다. "소비에트 공산당의 몰락과 소련의 붕괴에 대한 시진핑의 불안이 얼마나 생생하게 포착되었는가!"[6]

시진핑이 당의 리더로서 첫 번째로 한 연설은 그가 대담하게 경제와 정치 개혁을 진행하리라는 예측과는 반대로, 그가 자신의 기본적인 역할을 광범위한 사회 불안을 야기하고 당의 붕괴를 초래할 수 있는 체제 혼란 세력을 근절시키는 것으로 여긴다는 점을 보여주었다. 시 주석은 고르바초프와 달리 자신은 '충분히 남성적'으로 공산당을 위해 일어설 것이라고 선언했다. 그는 공산당의 원칙을 약화시키려는 것으로부터 중국을 방어하기 위한 남성적인 특성을 갖고 있었다.

2013년 4월 당 내부에는 서구로부터의 위험한 관점의 침투를 경계하라는 내용의 '9호 문서'라고 이름 붙여진 메모가 돌았다.[7] 메모는 일곱 개의 '서구적' 개념으로 보편적인 가치, 서구적 헌법 민주주의, 시민 사회, 서구적 언론의 자유, 공산당의 역사적 오류를 지목하며, '입에 담지도 못할 일곱 개'라 불렸다. 메모가 돌고 난 직후 정부는 시민 사회에 대한 지속적이고 가혹한 탄압을 시작했다.

시진핑은 집권 초기 몇 년간(2016년 초까지) 관영 매체에서 문자 그대로 '나의 아버지Big Daddy'라는 의미인 '시 다다Xi Dada'로 불렸다. 1966~67년의 문화 대혁명 시기에 마오쩌둥이 노래와 춤, 선전 포스터, 뉴스 보도 등에서 중국의 유일한 구세주로 찬양된 이후로는 볼 수 없었던 개인숭배가 시진핑을 중심으로 다시 고개 든 것이다. 이 숭배의 언어는 시진핑의 남성다움을 찬양하며, 가부장적 가족을 강하고 안정된 국가의 토대로 놓는다.

오웰의 빅브라더와 같이 중국의 '빅 대디' 역시 언제나 당신을 지켜본다. 선전 이미지에서 시진핑은 '하늘 아래 가족 국가'에서 중국의 아버지로 그려진다.[8] 시진핑이 획득한 기세 등등한 직위들을 조금만 열거하자면, 그는 공식적으로 공산당 총서기이자 중화인민공화국 주석이며, 중앙군사위원회 의장, 중앙국가안보위원회 의장, 또한 신설된 통합군민개발중앙위원회 의장이기도 하다.

2016년 10월, 공산당은 시진핑에게 '핵심 지도자'라는 새로운 칭호를 수여했다. 그 이름은 마오쩌둥과 덩샤오핑, 장쩌민에게만 주어졌던 이름이다. (시진핑의 전임자인 후진타오는 단 한 번도 '핵심 지도자'로 불리지 않았다.) 그리고 2017년 10월, 공산당은 이론상으로는 인민공화국의 수립자인 마오쩌둥과 같은 지위로 시진핑을 승격시켰다. 제19회 당대회의 결론으로 시진핑의 사상은 '중국적 특수성을 지닌 사회주의의 새 시

대를 위한 시진핑의 사상'이라는 거창한 이름으로 당의 헌법
에 새겨졌다.

당 지도자의 임기를 10년으로 제한하는 원칙에 의하면
시진핑은 후임자를 지명하고 2022년 임기를 마칠 예정이었다.
하지만 2018년 임기 제한을 갑작스럽게 폐지함으로써 공산당
은 지난 수십 년 간 합의에 기초했던 지도자의 선출에 관한 관
행으로부터 급격히 이탈하게 되었다.

시진핑이 주석의 자리에 올랐을 때, 그를 아버지뿐 아
니라 이상적인 남편으로 이상화하는 가요와 힙합 곡들이 발
표되었다. '시 다다 같은 남자가 되세요', '시 다다는 펑 마마
(중국의 퍼스트레이디 펑리위안^{Peng Liyuan}을 가리킨다)를 사랑해'와
같은 제목의 노래들이었다. 그중 가장 유명한 노래의 하나는
'결혼하고 싶다면, 시 다다 같은 사람과'였다. 그 노래의 뮤직
비디오는 군국주의적이고 마초적인 이미지로 가득했다. 천안
문 광장을 행진하는 인민해방군^{P.L.A.: People's Liberation Army}에게 시
진핑이 경례를 하는 동안 강렬한 디스코 비트를 배경으로 소
프라노의 목소리가 울려 퍼진다. "결혼하고 싶다면 시 다다같
은 사람, 굽힐 줄 모르는 정신을 가진 영웅적인 남자와 결혼
하세요."

시진핑을 극단적인 남성성으로 인격화한 추종은 일부
당 관계자들이 지나치다고 느낄 정도로 극단화되어서 2016년
초에는 관영 매체에 '시 다다'라는 표현을 삭제해달라고 촉구
할 정도였다. 그럼에도 불구하고 중국 관영 매체들은 계속해

서 국가를 남성이 지배하는 대규모 가족으로 표현하고 있으며, 그 가족은 시진핑과 같은 가부장적인 가장의 강하고 남성적인 리더십을 필요로 하는 것으로 그려진다.

실제로 시진핑은 얼마나 강한 것인가? 남성적인 칭호들과 마초적인 선전 비디오 이면에서 그가 잡고 있는 권력은 드러난 것보다는 훨씬 유약하다. 중국이 고령화와 노동력 감소에서 오는 인구통계학적 위기에 직면하기 시작한 만큼 중국 경제는 장기적인 성장 둔화에 놓여 있다. 수십 년간 두 자리 수의 경제성장률이 지속되던 중국의 '경제 기적'은 이제 막을 내렸다고 평가된다.[9] 2018년, 경제 냉각이 예상되자 정부는 예상 GDP 성장률을 6.5퍼센트로 발표했다.[10] 정부의 과도한 투자로 인해 계속 증가하는 공공 부채와 자본 유출로 금융 시스템이 신음하는 가운데 중국의 노동 생산성 성장률 또한 눈에 띄게 둔화되었다. 2017년 5월 투자기관인 무디스는 중국의 부채 등급을 하향 조정했는데, 이는 천안문 사건 몇 달 후인 1989년 11월 이후 처음 있는 일이었다.[11]

오늘날 중국 정부는 그들이 약속했던 지속적인 생활 수준의 향상을 이행해나가기 위하여 분투하고 있지만, 수많은 분야에서 국민들의 불만이 증가하고 있다. 이에 정부는 도처에서 이념적 통제를 강화하는 방식으로 대응하고 있다. 법학 교수 칼 민즈너Carl Minzner가 논증한 대로, 중국은 지난 수십 년간 이념적 개방성으로 나아가던 전진의 방향을 역전시키고 있으며, "중국의 일당체제one-party system는 스스로를 좀먹고 있다."[12]

공산당이 자기 정당성을 강화하기 위해 빠른 경제 성장에 의존할 수 없게 되면서, 시진핑 시대의 국가적 선전은 특히 전통적인 의미의 가족(도덕적이고 순종적인 여성과 남성의 결혼을 기초로 하는)이 안정적인 정부의 토대라는 관념을 강화하려고 애쓰며 유교의 성차별적 요소를 부활시켰다.

『전근대의 중국과 한국, 일본에서의 여성과 유교문화The collection Women and Confucian Cultures in Premodern China, Korea and Japan illuminates』는 전근대의 지도자들이 권력을 공고히 하려는 방편으로서, 어떻게 유교적 담론을 여성의 행동을 제약하는 수단으로 치밀하게 사용했는지를 잘 보여주고 있다. 이 책의 편집자는 "우리는 중앙집권체제를 꾀하는 실용주의 관료와 사회의 근대화에 경도된 이상주의 학자들에 의해 국가가 뒷받침되고 있음을 알게 되었다. 국가는 남녀 관계의 상을 정립하는 데 있어서 유난히 적극적이다. 국가는 교리적이며 교훈적인 글은 물론이고 법령을 전파할 때에도 '여성'을 구분지어 명명하는 것과 여성다움의 뜻을 정의하는 데 있어 핵심적인 역할을 했다"고 말한다.[13]

그중 한 권의 에세이인 '원나라 말기의 여성적 미덕에 대한 상반되는 견해들'에서 팡칭두Fangqin Du와 수잔만Susan Mann 은, 원나라 시기(약 1279~1368년)의 통치 집단은 가족과 여성성에 대한 새로운 유교모델을 제국의 공식적인 이념으로서 명료하게 제시했다고 서술한다. 이는 제국의 경영에 필수적인 것이었다. 원의 통치자는 '한 나라를 다스리려면 우선 가정을 먼

저 다스릴 수 있어야 한다'는 옛 고전『대학』의 고사를 따르
려 했다. 원 왕정은 일종의 통치술로서, 여성의 순결과 부녀자
의 희생을 도덕규범으로 적극 권장했다. "원의 통치자는, 남편
에 헌신하는 부녀자와 지배자에 절대적으로 충성하는 신하를
완전히 나란하게 둔다. '나라를 위해 죽은 남자와 남편을 위해
죽은 여자. 이것이 **의**義이다'."[14]

　　송 왕조(약 960~1279년) 시기부터 청 왕조(1644~1911년)
의 중반까지 효孝는 여성성의 주된 덕목이었다. 두와 만에 따
르면, 유교적 가르침을 전하는 문헌들에서 여성에게 요구하는
것은 무엇보다도 가정 내에서 '부인으로서 충실하고 정조를
지키라'고 강조하는 '순결 의식'이었다. 청나라의 한 여성에 대
한『전형적인 여성의 전기』가 전하듯, 남녀의 결혼으로 이루어
진 '조화로운' 가족이 있어야, 나라의 통치도 안정을 얻을 수
있다는 것이었다.

> 딸은 부모에게 순종하고, 며느리는 마음을 다해 시부모
> 님을 모시고, 부인은 남편에게 내조하고, 어머니는 아들
> 과 딸을 돌보고, 자매와 시누이는 그들의 [의무]를 다한
> 다. 모든 구성원들이 이 같은 방식으로 행한다면, 가족은
> 조화로움을 얻게 될 것이다. 모든 가정이 조화로우면 국
> 가는 훌륭하게 다스려진다.[15]

공산당이 최근 역설하고 있는 '가족의 가치'가, 왕조시

대로부터 이어져오던 여성스러움에 관한 유교적 교리를 떠올리게 만드는 것은 놀라운 일이다.

중국의 관영언론인 〈신화통신〉은 2017년 3월 29일, '18차 당대회를 기점으로 시진핑이 가족의 가치에 대해 이렇게 말했다'는 제목으로 장문의 기사를 냈다.(2012년 18차 당대회에서 시진핑은 최고지도자로 임명되었다.)[16] 기사는 시진핑이 전통적인 가풍을 왜 그렇게 강조했는가를 설명한다. "오늘 우리는 가풍과 국풍 사이의 관계를 이해함으로써 시진핑이 권고하는 훌륭한 가풍에 대해 여러분들과 함께 알아보기 위하여 이 기사를 준비했다."

* 家
** 國家

〈신화통신〉은 중국어로 '가족', jia*는 '국가', guojia** 라는 합성어를 이루는 한 부분이라고 지적했다. "가족은 최소 단위의 국가로서, 천만의 가족이 모여 국가를 이룬다. 가풍에서의 '가족'은 단지 작은 가족에 머물지 않고 곧 우리의 국가이기도 하다. 18차 당대회를 시작으로 시진핑은 가족의 가치에 대해 힘주어 강조하기 시작했다. 그가 '작은 가족'을 이야기할 때 그는 '커다란 가족[국가]'을 염두에 두고 있는 것이다."

이 기사는 시진핑이 노모의 손을 잡고 정원을 산책하는 효심 어린 아들로 보이는 사진과 함께 가족구성원들을 바르게 지켜내라는 시진핑의 엄중한 경고를 전했다. "모든 당의 간부들은 가족의 가치를 중하게 여기며 언제나 정직하고 청렴하라. 자신의 인격을 함양하고, 가족을 잘 다스려라. 그리고 스스로 절제하는 것만이 아니라 배우자와 자녀 그리고 친

한 동료들까지도 함께 엄격해지도록 이끌어라."〈신화통신〉
은 또한 가족이 '사회의 기본 세포'를 이루며 '화목한 결혼은
화목한 사회의 근간'이라는 공산당의 익숙한 격언을 재차 언
급했다.

 2017년 3월, 웨이보가 한 달이 넘도록 〈페미니스트 보
이스〉의 계정을 활동 정지시키고, 위챗에 올려진 페미니스트
들의 글을 지우던 무렵 〈신화통신〉은 '5년째 이어진 시 주석
의 여성계와의 만남에 대한 논평'이라는 제목의 기사(전국의 언
론으로부터 선정된)를 올렸다. 여성 대표들이 시진핑을 존경 어
린 시선으로 바라보며 미소 띤 얼굴로 박수를 치고 있는 사
진과 함께 '시 주석은 기조연설의 상당 부분을 국가의 발전과
가족의 형성 사이의 변증법적 관계를 말하는 데 할애했으며,
공산당 중앙위원회가 여성과 가족의 역할에 대해 지대한 관심
을 가지고 있음을 밝혔다'고 〈신화통신〉은 전했다. 이어서 시
의 연설내용 일부를 인용해 '여성은 전통적인 가족의 가치를
지켜내는 중요한 역할을 하고 있다 … 이 같은 덕목들은 가족
의 화합과 사회의 안정 그리고 자라나는 다음 세대의 삶의 질
을 향상시키는 부분에 있어 귀중한 문화유산과 같은 것'이라
고 덧붙였다.

 기사 중 어느 문장에도 장기적인 경제성장의 과정에
서 여성 노동자들이 얼마나 지극히 중대한 역할을 했는가에
대한 언급은 없었다. 그 대신 아동과 노인의 돌봄과 같은 가
족 내에서의 여성의 역할을 시 주석이 얼마나 많이 강조했는

가에 초점을 맞추었다. 〈신화통신〉에 의하면 시는 '여성은 어린 세대들의 교육을 책임져야 하고, 전승되어 내려오는 중국의 선량한 미덕의 증진에 힘써야 하며 또한 사회의 윤리를 세우는데 기여해야 한다'고 말한다. '그는 중국의 전통적 가치와 가족화합, 가족애라는 미덕은 반드시 지켜져야 하며, 그래야 젊은이들은 건강하게 자라날 수 있고, 노년층은 잘 보살핌 받을 수 있다고 말했다.' 시가 리더십을 갖기 이전에도 정부가 적극적으로 전통적인 성역할에 대한 인식을 확산시키기는 했었다. 그러나 〈신화통신〉은 중국이 당면하고 있는 가장 심각한 사회 문제들을 해결하기 위해, 시진핑 주석이 제시한 해결책이 바로 전통적인 아내와 어머니의 미덕이라는 메시지를 전하고 있다.

2018년 3월, 장쑤성 전장시에 위치한 중화전국부녀연합회는 젊은 여성들의 '자질 향상'을 기대할 수 있는 '새 시대의 여성'(시진핑의 '새 시대')에 대한 연속강좌를 시작했다. 이 강좌에서는 '전통문화'에 따라 여성답게 다리 꼬는 법, 앉는 법, 무릎 꿇는 법, 메이크업하는 법, 집 꾸미는 법을 알려준다.[17] 정부의 지원을 받는 이 학교들은 최근 몇 년간 생겨난 '도덕 학교'들과 혼동될 만큼 비슷하다. 남편에게 복종하라고 가르치는 이런 학교들 중에서 푸순전통문화학교의 한 선생이 "맞아도 맞서 싸우지 말라. 혼나도 말대꾸하지 말라, 무슨 일이 있어도 이혼하지 말라"고 말하는 영상이 2017년 11월 온라인으

로 유출되었다.[18]

　　한편 70년에 가까운 공산당의 역사에서 중앙정치국 상무위원회에는 여성이 단 한 명도 없었다. 왜일까? 중국의 모든 남성 지도자들은 제도적인 여성의 예속이 공산당의 생존을 유지시키는 데 핵심적이라는 것에 합의했다고 나는 생각한다. 이미 심각한 상태인 여성 대표자의 숫자적 열세는 2017년 당 지도부를 새로 임명하면서 더욱 악화되었다. 현재 스물다섯 명으로 구성된 중앙정치국 상무위원회에서 여성은 단 한 사람뿐이다. 총원 204명으로 구성되는 최상위의 당조직인 중앙위원회의 경우, 여성대표자의 비율이 2007년 17차 중앙위원회에서 고작 6.4퍼센트를 기록했는데, 요즘엔 더 내려가 4.9퍼센트가 되었다. 브루킹스연구소에 따르면 중국 본토의 31개 지방 행정부를 이끄는 '여성'은 한 명도 없다. 이와 대조적으로 '중화권'에 포함되는 홍콩과 대만은 여성이 이끌고 있다.[19]

　　중국 정부는 여성이 국가적인 생식의 도구로서 가정에 순종하는 아내와 어머니가 되어 정치적인 안정성을 유지하게 하고 아기를 낳아 미래의 노동력을 길러내기를 바란다. 1979년에 중국이 시장 경제를 도입하는 개혁을 단행할 때에 중국 여성의 생식권을 심각하게 침해하는 '한 자녀 낳기 정책'도 함께 실시되었다. 대규모의 강압적인 낙태와 피임수술, 강압적인 자궁 내 기구삽입(IUDs)을 포함한 폭력적인 산아 제한 정책이 35년 이상 시행되면서 중국 여성이 겪어온 지독한 학대는 메이퐁Mei Fong과 같은 작가의 『한 자녀: 중국의 가장 급진적인 실험에 관한 이야기』에 광범위하게 기록되었다.[20]

한 자녀 정책이 처음으로 소개된 1979년에 여성 한 명당 2.8명이었던 중국 여성의 평균 출산율은 2015년에 이르러 1.6명으로 떨어졌다. 세계은행에 따르면 이는 인구 대체율인 2.1명에 한참 미달한다.[21] 서서히 다가오는 인구통계학적인 재앙에 대한 학계와 활동가들의 경고를 무시하던 중국 정부는 2015년 갑자기 요란한 팡파르를 울리며, 삼십 년간 시행해온 한 자녀 정책을 완화하여 결혼한 부부가 두 자녀를 가질 수 있도록 공식적으로 허용한다고 발표했다. 그러나 많은 연구자들은 장기적인 인구감소 추세를 역전시키기에 한 자녀 정책의 폐지가 너무 늦었다고 평가한다. 일부는 이러한 변화를 생식의 자유를 향한 움직임으로 예고하기도 했으나, 정부는 단지 또 다른 대규모의 인구 공학적 실험에 착수했을 뿐이다. 이번에는 여성에게 중국을 위한 인구 재생산을 재촉한다. 단지 방향이 맞아떨어졌을 뿐이다.[22]

출산율의 급락과 더불어 중국은 급격한 인구 고령화와 노동력 감소를 두고 고민해야 하는데, 이 모든 것은 중국의 경제성장 둔화와 노동생산성 성장, 그리고 근본적으로 공산당의 정치적 정당성과 밀접한 관련이 있다.

국가통계국의 인구 개발계획은 2030년에 이르면 중국 인구의 4분의 1이상이 60세 이상일 것이라고 예상한다.[23] 〈신화통신〉은 2017년 상하이 거주자의 3분의 1이 이미 60대 이상이라고 전했다.[24] CSI차이나파워프로젝트는 어린이(출생에서 14세까지)와 노년층(60대 이상)의 인구 대비 노동 인구(15세 이상 64세 이하)의 비율을 보여주는 의존율이 2015년 36.6퍼센트에서 2050년 69.7퍼센트까지 증가할 것이라고 내다봤다.[25] 중국은 또한 세계에서 가장 심각한 성비 불균형 문제를 안고 있어서, 여성보다 남성이 약 3,400만 명 이상 많으며 2015년의 경우 100명의 여아가 태어날 때 113명의 남아가 태어났다고 〈신화통신〉이 전했다.[26] (나는 『잉여 여성』에서 중국 정부가 성비 불균형을 사회 안정성에 대한 위협으로 인식하는 것에 대해 고찰했다.[27])

〈신화통신〉은 처음에 두 자녀 정책의 엄청난 성공을 선언하며 2017년 3월, 한 헤드라인에서 '중국의 두 자녀 정책의 결과 2000년 이후 가장 많은 수의 신생아가 탄생했다'고 자랑했다.[28] 당초 정부 관계자들은 이 두 자녀 정책으로 인해 2020년까지 매년 약 300만 명의 추가 출산이 발생해 2050년에는 중국 노동력에 3,000만 명 이상의 인구가 추가되리라고 예상했다.

그러나 베이비붐은 일어나지 않았다. 2018년 1월에 발표된 통계를 보면 2017년 중국의 출산율은 이전 해보다 3.5퍼센트 감소했다. 2016년의 출생아 수는 2015년에 비해 130만 명 증가하는 데 그쳤는데, 이는 예상치의 절반에도 못 미친 것일 뿐 아니라 정부의 데이터에 따른 기대치에도 크게 못 미치는 것이다(전체 출생아는 1,725만 명이다).[29] 공식 통계에 따르면

2017년 이미 한 명의 자녀가 있는 가정의 출생아 수는 증가했지만, 첫 번째 아이를 출산하는 경우의 수는 감소했다.

출산율이 예상보다 낮은 것에 대하여 2017년 2월 국가위생·계획생육위원회의 차관 왕 페이안Wang Peian은 이미 한 자녀가 있는 부부가 아기 한 명을 더 낳으면, 정부가 '출산 보상과 보조금'을 주는 것을 고려하고 있다고 발표했다.[30] 한편 2017년 전국인민대표대회의 연례 회의에서 황시화Huang Xihua 의원은 '국가가 늙어감에 따라 더 많은 출산을 독려하기 위하여' 여성 20세, 남성 22세인 법정 결혼연령을 두 성별 모두 18세로 낮추자고 제안했다.[31]

정부는 여성들이 두 번째 아이를 가질 수 있도록 1980년대에서 2000년대까지 수백만 명의 여성에게 강압적으로 삽입한 자궁 내 피임기구를 제거하겠다고 제안하여 중국 여성들의 맹렬한 비난을 받았다. 한하오웨Han Haoyue는 〈뉴욕 타임스〉의 수-리위Sui-Lee Wee를 인용하여 강제적인 자궁 내 피임기구의 삽입은 '원치 않는 강압적 신체손상'이라고 표현했다. 이 글은 웨이보에서 수천 번 공유되었다.[32] "이제 와서 그들은 수천만 명의 여성들에게 무료 제거 서비스를 제공하겠다며 국가가 제공하는 혜택인 양 국영 방송을 통해 반복적으로 광고한다. 그들은 둘째가라면 서러울 만큼 염치가 없다."

2018년 5월 일부 언론에서 정부가 출산 제한을 폐지할 수도 있다는 보도가 흘러나왔다. 그러나 이 책의 인쇄를 시작할 무렵에는 여성들이 자기 몸에 대한 실질적인 통제권을 갖게 될 징조는 보이지 않았다. 인구통계학적 프로그램이 어떤 것이든 간에 공산당은 여성을 그들의 개발 계획을 위한 인구 재생산의 생식도구로만 보고 있다. 뤼핀과 같은 페미니스트들은 새로운 출산정책으로 인하여 여성들이 아기를 가져야 한다는 강도 높은 압력을 받게 되리라고 말한다.

정부가 한 자녀 정책의 종료를 발표한 직후 뤼핀은 문제를 제기하는 에세이를 온라인에 게재했다.

> 정부가 생식의 권리를 정말로 돌려준다면, 결국에 누가 그 권리들을 실제로 통제하게 될 것인가? 이것은 여성의 행복을 위한 중대한 문제이다. 남편, 시어머니, 부모인가? 또는 여성 자신인가? 생식의 결정권이 가부장제 국가에서 가부장제 가족으로 이동하는 것은 가능한가? 그 여성은 아이를 갖지 못한 억압된 존재에서, 아이를 가진 억압된 존재가 되는 것인가?[33]

아동과 노인에 대한 돌봄 복지를 확충할 새로운 계획이 없다면, 두 자녀 정책은 (또는 어떤 새로운 정책이든) 여성에게 가정과 일터 모두에서 이중의 짐을 지우는 것이나 다름없다. 중국에서 고용에서의 젠더 차별이 불법이기는 하지만, 회사는 여성을 고용함으로써 얻을 수 있는 우대 혜택이 거의 없으며 여성의 출산휴가를 위한 비용을 부담하고 싶어 하지 않는다. 가사노동의 젠더 구분이 명확하기에 가족들을 보살피는 대부분의 무보수 노동은 여성에게 지워져 있다. 국가는 아이를 길러내는 그 무겁고 공적인 부담과 사회 안전망의 역할을 가족의 문제로 전가하고 있는 것이다. "경제발전의 중국적인 모델은 여성의 착취에 의존한다"고 뤼펀은 말한다.

중국의 두 자녀 정책은 특히 도시에 사는 고학력의 여성들에게서 급락하고 있는 출산율을 빠르게 끌어올리기 위한 새로운 선전 캠페인과 동반되었다. 우생학적 사고방식에 따른 인구 계획에서 이들 여성들은 '고급'으로 여겨졌기 때문이다. 중국 정부의 '잉여' 여성에 대한 대중매체 캠페인에 대해서 쓰기 시작한 2007년 무렵의 나는 이런 선전들이 결국에는 잠잠해지리라고 생각했었다. 그러나 중국 관영 매체들은 한 자녀 정책이 폐지된 이후 이십 대의 고학력 도시 여성들에게 결혼과 출산을 더욱 공격적으로 강요하기 시작했다. 삼십 년 이상 여성들에게 낙태를 강요하던 중국 관영 언론들은 갑자기 180도 방향을 바꾸어 두 자녀를 갖는 영광에 대한 이미지와 기사, 슬로건들을 순식간에 대량으로 찍어내기 시작했다.

'임신의 전성기를 놓치지 마세요!' 관영 언론의 어떤 헤드라인이 경고한다. 정부에 의하면, 아마도 스물네 살에서 스물아홉 살까지가 전성기에 해당한다. 그 기간을 넘기면 선천적 장애가 우려된다고 말한다.[34] 중국공산주의청년단Communist Youth League에서 공식적으로 발행하는 〈베이징유스데일리〉에 2015년 12월의 어느 날 실린 원본 기사에는 마거릿 애트우드

Margaret Atwood의 디스토피아 소설 「시녀 이야기The Handmaid's Tale」 에 실렸을 법한 일러스트가 그려져 있었다. 그 소설은 출산율 이 급락한 어떤 나라에서 한 여성이 강제로 성관계를 갖고 아 이를 낳는다는 내용이다. 기사에 실린 이미지에 검은 실루엣 으로 드러나는 한 여성은 대학 졸업 가운을 두르고, 사각모 를 쓴 채, 아기(채색되어 있는)를 안고 있다.[35] 그 기사는 여대생 이 졸업 전에 직장을 구하려 할 때면 고용주가 예외 없이 "언 제 아기를 가질 계획이냐?"라고 묻는다면서, 도처에서 (그리고 불법적으로) 벌어지는 젠더 차별을 비판하는 대신, 고용주가 성 가시게 여길만한 출산문제를 이미 해결한 여성이 채용될 가능 성이 높으므로 서둘러 아기를 가지라고 촉구한다. 이로써 "구 직할 때 '이미 결혼했으며 이미 아이가 있음'란에 표기하는 여 성들이 구직에 성공할 가능성이 훨씬 높다는 것을 많은 여대 생들이 알게 되었다."

이 기사는 중국 전역의 여러 언론에서 다양한 헤드라 인을 달고 광범위하게 퍼져나갔다. 온라인 〈인민일보〉에서는 '베이징의 대학에는 열 명 이상의 학생 어머니가 있다: 밝은 직 업 전망'이었고, 또 다른 언론의 헤드라인은 다음과 같았다. "구직 시에 유리한 '이미 아이가 있음'—보다 많은 여대생들이 임신을 준비"(sohu.com)[36]

다른 언론들도 대학원을 다니거나 심지어 학부를 다니 면서 아기를 갖는 것이 얼마나 행복한 일인지를 과시하는 아 름다운 '대학생 어머니들'을 보여준다. 웹사이트 sohu.com의

2017년 3월의 어떤 기사는 '여대생의 행복한 사랑: 1학년—함께 살기, 2학년—임신, 3학년—아기 출생'이라는 헤드라인을 달고 있었다.[37] 기사에는 전형적인 미인의 얼굴을 한 젊은 여성이 졸업 가운과 사각모를 쓴 채 활짝 웃고 있다. 그녀의 한 손은 부른 배 위에 올려져 있고, 한 손은 걸음마를 시작한 아이의 손을 잡고 있다.

중국 정부는 결혼과 가족을 사회 안정의 한 축으로 보는 까닭에 싱글 여성이 아기를 갖는 것에는 반대하며, 대규모 중매 정책을 확장시키고 있다. 2017년 5월 중국공산주의청년단은 대규모 소개팅과 같은 행사를 준비하여 '결혼하지 않은 젊은 사람들이 짝을 찾도록 도우며', '젊은 사람들이 사랑과 결혼을 위한 올바른 가치를 확립하도록 교육'시키겠다고 널리 홍보했다.[38]

웨이보의 많은 사용자들은 독신인 젊은 사람들에게 공원이나 대형경기장에서 열리는 소개팅에 참여하라고 압력을 행사하는 국영기업들에 대한 불만을 토로했다. 기업들은 소개팅을 거부할 경우를 '결근'으로 처리하여 원성을 샀다고, 〈환구시보 The Global Times〉가 보도했다.[39] 그 기사는 인구 계획 분야의 전문가인 난카이대학의 위안신 Yuan Xin의 말을 인용했다. 위안은 "독신인 사람들의 비율이 높아지면 사회 안정성에 영향을 미칠 것"이라면서, "독신남성의 비율이 높아지면 성폭력이나 여성과 아동의 인신매매와 같은 여러 사회문제를 야기할 수 있고, 그들이 나이 들어서 가져가게 될 연금에 대한 사회적 부담에 대해서는 말할 것도 없을 것"이라고 말했다. 기사는 〈차이나유스데일리〉의 통계를 가져와 2015년 중국의 '독신 인구'가 2억 명에 이르렀다며 정부에게 '우려'가 될 수치라고 설명했다.

같은 달 검열은 500만 명의 회원이 등록되어 있는 중국의 대표적인 레즈비언 앱 렐라Rela를 갑자기 폐쇄했다. 동시에 웨이보에서는 레즈비언 소셜 미디어 계정이 아무런 이유도 설명되지 않은 채 일제히 삭제되었다. 2017년 5월 24일 대만 최고법원이 동성결혼 합법화를 인정하는 역사적 판결을 내린 지 불과 며칠 만에 렐라 앱과 홈페이지 전체가 사라진 것이다. 한 회원은 상하이 인민공원의 유명한 중매 행사에 성소수자 자녀를 둔 어머니들의 참여를 후원했다는 이유로 렐라가 금지 당했다고 추측했다. 서로를 자유롭게 사랑하는 레즈비언들이 많아지면 당연히 이성애적 결혼으로 편입되는 여성의 수가 줄어들어 중국의 인구 계획 목표에 해가 된다. 검열이 게이 남성들의 앱 역시 탄압하기는 했지만 중국 정부는 일반적으로 게이 남성 활동가들에 대해서는 보다 관용적인 모습을 보여왔다. 〈신화통신〉에 따르면 아마도 중국의 남성 인구가 여성보다 3,300만 명 이상 많기 때문이다. 게다가 중국 게이 남성의 80퍼센트 이상이 이미 여성과 결혼했거나 결혼하려고 한다고 칭다오 의과대학에서 은퇴한 장베이촨Zhang Beichuan 교수는 연구를 통해 밝히고 있다.[40]

그러나 중국의 여성혐오적이고 싱글에게 수치심을 주며 종종 동성애혐오를 드러내기도 하는 선전은 점차 무시되었다. 어느 정도는 소셜 미디어의 담론에 페미니스트들의 영향력이 적지 않았던 덕분이었다. 중국의 박해받는 페미니스트의 거의 대부분은 정부가 결혼과 산아 증가 정책의 타깃으로 삼는 인구통계학적 대상에 정확히 들어맞았다. 그들 대부분이 중산층 가정 출신의 대학 교육을 받은 이십 대에서 삼십 대 초반의 여성들이었기 때문이다.

중국 페미니스트 활동가들은 정치적으로 지나치게 저항적인 세력으로 보이지 않으려 했으나 그들의 근본적인 메시지는 대단히 급진적이다. 페미니스트들은 결혼과 양육의 의무를 지우는 가부장적인 제도로부터 여성들을 탈출시킴으로서 여성을 아기 양육자와 사회 안전망의 지지대로 남아 있게 하려는 정부의 근본적인 목적을 방해하고자 한다.

1960년대에서 1970년대에 있었던 '제2의 물결' 운동의 페미니스트 가운데 한 사람인 미국인 슐라미스 파이어스톤Shulamith Firestone은 여성에 대한 남성의 폭압이 혁명으로 뿌리 뽑혀야 하는 생물학적 가족 구조를 근본적인 도구로 삼는다고 주장하며 그것이 파괴된 사회의 비전을 제시한다. 1970년에 발간된 그녀의 책 『성의 변증법: 페미니즘 혁명을 위한 사건』에서 가져온 아래 구절들은 공산당의 인구 계획을 정확히 조준하고 있다. 특히 그녀의 마르크스주의적 혁명의 언어와 '인구 생물학'은 공산당에게 매우 친숙한 것이기 때문이다.

경제적 계급을 철폐하기 위해서는 하위계급(프롤레타리아)에 의한 혁명과 함께 일정 기간 강제적인 방식으로 생산수단을 멈춰 세우는 것이 불가피하다. 마찬가지로 성적계급을 철폐하기 위해서는 하위계급(여성)의 혁명과 더불어 인구재생산에 대한 통제권의 무력화가 필요하다. 이는 단지 여성이 자신의 몸에 대한 통제권을 돌려받는 것만이 아니다. 출산과 양육과 관련된 시설을 멈춰 세우는 것을 포함해서 오늘날 새로운 인구생물학적 차원에서 벌어지고 있는 인간생식에 대한 통제를 끊어내야 한다는 것을 의미한다.[41]

생물학적 가족 구조를 전복하고 '가능한 모든 수단을 통해 생식에 대한 억압으로부터 여성의 해방'을 이루라는 파이어스톤의 주장은 미국의 주류 페미니스트들에게 너무 급진적인 것으로 보였다. 그러나 어떤 면에서는 여성이 집단적으로 '인간의 출산에 대한 통제권을 갖게 되는' 것으로 보일 수 있는 일이 중국에서 목격되기 시작했다.

중국에서 급증하고 있는 중산층 가운데 수백만의 젊은 여성들이 자신의 권리에 눈을 뜨기 시작했다. 이것은 중국의 미래에 심오한 변화가 생긴다는 것을 의미하는 것이다. 한 명의 개인일 때는 공산당의 통치에 이의를 제기하기 곤란할 수도 있다. 그러나 생식에 대한 자기 결정권을 가진 여성들이 집단적으로 결혼과 출산을 거부하고 나선다면 정부의 매우 시급한 인구 계획의 목표가 위태로워질 수 있다. 2017년 5월, 중국 최대의 구직사이트 자오핀Zhaopin에서 4만여 명의 직장 여성을 대상으로 실시한 조사에 따르면, 아이가 없는 직장 여성의 40퍼센트 이상이 아이를 가질 생각이 전혀 없는 것으로 나타났다.[42] 또 자녀 한 명을 두고 있는 직장 여성 가운데 약 3분의 2 정도가 둘째 아이를 가질 생각이 없는 것으로 조사되었다. 응답한 여성들은 아이를 원하지 않는 주요 요인으로 '시간과 체력의 부족', '경력단절에 대한 우려', 그리고 '보육에 드는 큰 비용'을 꼽았다. 직장 여성 응답자 가운데 절반 이상은 출산과 관련하여 가장 큰 걱정이 '출산 이후 직장으로 복귀하기 힘든 것'이라고 말했다. 절반보다 조금 적은 응답자는 '다른 사람이 자신의 자리를 대체하는 것'이 가장 우려된다고 말했다.

사회의 '더 훌륭한 미덕'을 위하여, 가족과 정부로부터 개인적 욕망의 희생을 강요받는 수많은 여성들은 결국 한 명 또는 두 명의 아이를 갖게 될 수도 있다. 그럼에도 불구하고 급속히 늘고 있는 중산층의 규모가 실로 어마어마하다는 것을 감안한다면, 아이가 없는 약 절반의 직장 여성들이 앞으로 절대 아이를 갖지 않겠다는 것이 함축하는 의미는 매우 놀라운 것이다. 2016년, 〈이코노미스트Economist〉의 인텔리전스유닛 Intelligence Unit이 추산한 바에 따르면, 소득 수준이 중상위층 또는 상위층에 속하는 사람들이 2015년 기준으로 1억 3천2백만 명 (인구의 10퍼센트)에 달하고, 2030년이 되면 4억 8천만 명(인구의 35퍼센트)에 이를 것이라고 분석했다.[43]

중국 국무원의 민정부Ministry of Civil Affairs에서 내놓은 통계에 의하면, 혼인율은 여러 해 동안의 오름세를 멈추고 마침내 떨어지기 시작했다. 이혼율은 2008년부터 적어도 8년째 상승하고 있는 반면, 2016년 중국의 혼인신고 건수는 3년 연속으로 감소 중(전년보다는 7퍼센트 하락)에 있다.[44] 이렇게 여성이 결혼을 거부하는 경향은 일본이나 한국 그리고 싱가포르과 같은 동아시아 국가들에서는 이미 오래된 현상이다. 그런데 중국에서는 이런 여성들이 이제 막 출현하기 시작한 것이다. 어쩌면 혼인율이 계속 감소할지에 대해 언급하는 것이 다소 이른 것일지도 모르겠지만, 나는 지난 몇 년간 남자와 그의 가족들에 붙들리는 것을 원치 않아서 결혼에 대해 매우 강경하게 반대하는 여성들을 무수히 만났다.[45]

한편, 아이를 원하는 미혼 여성이 아이를 낳는 경우는 처벌 대상이 된다. 만일 중국 정부가 단지 출산율을 전체적으로 높이는 데에만 관심이 있다면, 미혼모들에 대한 규제를 없애는 것은 확실히 도움이 될 것이다. 결혼하지 않은 채로 아이를 낳는 것을 금기시하는 분위기는 세계 여러 나라에서 점차 사라지고 있다. 그러나 중국에서는 정부로부터 적절한 '생식 허가'를 받지 않고 미혼모가 되는 경우에는 그 아기들의 출생 증명을 거부하는 일이 빈번히 벌어지고 있다. 출생 증명이 없으면, 이 아기들은 공식적인 호적 등록을 못 하게 되고, 그러면 학교 입학을 허가받거나 저렴한 의료서비스를 이용하는데 어려움을 겪게 될 것이다. 더욱이 여성이 출산은 했으나 결혼 증명서를 작성할 수 없는 경우, 정부는 인구계획정책을 위반한 것에 따른 책임을 물어 이 여성에게 '사회유지비용'을 여러 번 부과할 수 있게 만들었다.

실제로 두 자녀 정책은 이성애 부부로 결혼한 사람들 중에 큰 도심에 거주하는 사람들에게만 적용되고 있다(지방의 부부들은 둘 또는 그 이상의 아이를 갖는 것이 일반적이므로). 베이징이나 상하이 같은 도시에 사는 20~30대 여성들 가운데 일부는 결혼을 할 생각이 없지만, 만약 한다 해도 그것은 오직 아이를 갖고 싶기 때문이라고 말한다. 미혼모를 법적으로 승인하면 혼인율이 더 떨어지게 되는데, 그렇게 된다면 이성애 부부를 사회 안정의 토대로 보는 공산당의 비전은 위협받을 수밖에 없을 것이다.

중국 정부는 미혼의 가임 여성들이 결혼을 단념할 수도 있는 자유가 주어지는 것을 억제하려고 미혼 여성들이 출산보조 기술을 사용하는 것을 금지했다. 이에 맞서, 일부 부유한 여성들은 난자를 냉동 보관하기 위해 미국으로 떠난다. 2015년 7월, 중국의 유명 영화배우 쉬징레이[Xu Jinglei]는 당시 41세의 나이였을 때 난자를 냉동시키려고 미국에 다녀왔다는 이야기를 한 잡지에 털어놓았다.[46] 쉬가 전한 놀라운 소식은 웨이보에서 뜨거운 화두가 되었다. 자신의 바람기와 성적 능력을 뿜내는 것으로 악명 높은 남성 블로거 한한Han Han마저도 쉬의 선택을 지지하고 나섰다. '남자와 결혼하지 않고 아이를 갖게 되면 무슨 문제라도 되는 건가요?'라고 묻는 그의 글에는 수만 개의 댓글이 달렸다.

중국의 인구계획정책에 담긴 우생학적 함의는 자명하다. 관료들은 대학교육을 받은 여성들과 한족 여성들에게 결혼하고 임신하라고 권하는 동시에 그들이 소위 '저급'이라고 여기는 소수민족 여성들, 특히 신장 지역 북부의 위구르 여성들이 아기를 더 많이 출산하려고 하는 것을 저지한다. 한족이 지배해온 중국은 변방의 소수민족이 셋 또는 그 이상의 자녀를 둘 수 있도록 수십 년 동안 허용해 왔다. 그러나 정부는 이제 위구르 여성들에게 엄격한 인구제한 조치를 적용하고 있다. 〈글로벌 타임스〉에 따르면, 2015년 1월에 신장 지역의 공산당 고위 간부인 호우한민Hou Hanmin은 정부가 신장 남부지역의 '우려스러울 정도로 높은 출산율'에 대처할 필요가 있다며, '아동과 여성의 몸과 정신의 건강뿐 아니라 이 지역 인구의 질적 수준에 영향을 미쳐 사회 안정을 저해할 위험 요소가 되고 있다고 말했다.[47]

〈이코노미스트〉는 2015년 11월, 신장 지역 남부에서는 허용된 수보다 적은 자녀를 갖겠다고 약속한 위구르의 부부에게 기존 보조금의 두 배인 6,000위안(약 950달러)을 지급한다며 신장 공산당 서기의 말을 인용해 전했다. 그는 정부가 출산율을 낮추고 "테러에 대응하는 노력의 일환으로 '모든 민족

에게 일괄 적용'하는 가족계획정책"이라고 소개했다.[48] 2014
년 신장 지역의 관리는 소수민족에 속한 사람과 한족 사람이
만나 이민족 간의 결혼을 성사시키는 경우에는 주거, 교육 지
원, 기타 편의 제공뿐 아니라 현금을 보너스로 주겠다고 제안
하기도 했다. 이것은 분명히 위구르족을 희석하려는 시도였
다.[49]

2017년 4월 공산당은 신장 지역에서 신고되지 않은
출산을 단속하며, 아기들에게 지어줄 수 없는 이름의 목록을
발표했는데, 이슬람이나 쿠란 등의 무슬림식 이름을 금지하
는 것이었다.[50] 또한 '극단주의'에 대한 투쟁이라는 명목으로
위구르 여성이 얼굴을 가리는 베일을 사용하는 것이나 젊은
님자들이 덕수염을 기르는 깃을 금지했다. 신징은 오랜 세
월 한족의 통치에 맞서 위구르의 무슬림들이 저항해오던 지
역이었다. 2017년 7월, 신장 지방정부는 위구르와 다른 소수
민족에게 수십 년간 주류 한족보다 한 명 더 낳을 수 있도록
유지해오던 정책을 끝내겠다고 발표하며 '민족 평등'을 거론
했다. 이러한 정책의 변경에 관하여 국영 매체인 〈글로벌 타
임스〉의 한 기사는 국가위생·계획생육위원회의 왕페이안의
발언을 인용하며 신장 지역이 '빈곤, 급격한 인구 증가 그리
고 극심한 공공의료의 부족'으로 인해 큰 위기에 처해 있다
고 전했다.[51]

주류인 한족 인구 가운데, 결혼과 출산을 거부하는 여
성의 수가 늘어나고 있는 것은 공산당의 핵심적인 안보 수단

이 도전받게 된다는 것을 의미한다. 그것은 그동안 트러블메이커들의 배우자, 부모 그리고 자녀들까지 협박하고 친척까지 감시하도록 만들어 문제적인 시민들을 일률적으로 다스리는 방식이었다. 예를 들어, 루쥔은 우룽룽이 남편과 아이가 있었기에 다른 페미니스트 파이브의 멤버들보다 더 혹독하게 공안들로부터 고통을 당했다고 생각했다. "정부가 그녀를 협박하기 위해 가족을 이용하는 것은 너무 쉬운 일이었다. 다른 멤버들은 결혼하지 않았고, 아이도 없었다. 그래서 공안들이 이들을 협박하는데 애를 먹었다"고 루쥔은 말한다.

　　결혼하지 않은 멤버들을 추궁할 때, 공안들은 그녀를 압박하기 위해 부모들을 이용하곤 했다. 공안들은 자식된 도리 같은 감정을 이용하면서, 자신의 죄를 '자백'하지 않아 부모에게 큰 고통을 주고 있는 '못된 딸'로 만들어버리고 죄를 씌우려고 했다. 이런 전략은 정추란과 같은 활동가에게 특히 효과적이었다. 그녀는 부모님과 매우 사이가 좋았기 때문에 자신의 페미니스트 활동이 부모님에게 너무 큰 짐을 안겨줬다는 막대한 죄책감에 시달렸다. 그러나 아버지에게 학대를 당했던 리마이지처럼 전통적인 효 의식에 갇혀 있지 않은 활동가들의 경우에는 "불효막심한 딸"이라고 비난하는 공안들에 맞서는 것이 어렵지 않았다. 리는 부모가 원하지 않는다는 이유로 그녀의 일을 포기해야 한다는 생각을 비웃었다.

더 많은 여성이 누군가에 예속되지 않고, 자유롭고 독립적이게 될수록, 가부장적인 권력자의 명령을 무력화할 수 있다. 페미니스트 파이브를 석방시키면서, 공안은 멤버 중 미혼인 네 명을 부모가 사는 집으로 데려다 놓았다. 이들은 모두 독립해서 여러 해를 따로 살아왔음에도 불구하고 말이다. 그리고 딸을 관리하는 것은 당신의 책임이라며 부모에게 엄포를 놓았다. 우롱롱이 남편과 아이가 있던 집으로 돌아올 때, 항저우 공안은 특별히 남편에게 경고하며 "부인이 향후 페미니스트 활동에 연루되지 않는지 당신을 지켜보겠다"고 말했다. 〈페미니스트 보이스〉의 설립자 뤼핀은 권위주의자들의 '안정성 유지'를 골자로 하는 핵심 전략이 페미니스트 파이브에 대한 박해에서 잘 드러났다고 지석한다. 이 전략이란 '트러블메이커'가 가족에 대해 느끼는 애정을 악용하여 가족 전체를 관리명단에 올리고, 반항적인 자에 대해 가족들이 통제하도록 책임을 씌우는 것을 말한다.

공안들은 다른 활동가들에게도 마찬가지 방식으로 협박을 했다. 한 예로, 활동가 량샤오웬이 영국 영사관에서 변호사들을 대상으로 여성 인권과 인구 계획에 관한 세미나를 조직했다는 이유로 광저우에서 공안의 표적이 되었을 당시에 그녀는 불과 스물두 살이었다. 2015년 2월 어느 날의 늦은 밤, 한 무리의 공안들이 량의 아버지가 다니는 목재무역상의 대표에게 접근했다. 그리고는 이 대표를 앞세워 밤 12시에 량의 아버지 집으로 들이닥쳤다. 공안 요원들은 그에게 지시하여, 량에게 영국 영사관에서 열리는 모임에 참석해선 안 된다고 말하도록 만들었다.

량은 부모님과 같이 살고 있지 않았지만 대학을 꼭 졸업해야 하는 그녀를 협박하기 위해선 부모에게 압력을 가하는 것이 가장 효과적인 방법이라고 공안은 확신했을 것이다. 량의 아버지는 자정이 넘은 시간에 량에게 전화를 걸었고, 공안, 경찰 그리고 직장 상사까지 열 명이 넘는 사람이 집에 와 있다고 말했다. "지금, 여기에 경찰 아저씨들 여럿이 와 있어. 이 사람들 말로는 네가 영국 영사관에서 무슨 행사를 조직했다고 그러는구나." 량의 아버지는 말했다. "그게 뭐든 간에 그걸 취소해야 해."

량은 모임에 나가지 않는 것에 동의했다. 일주일이 지난 후, 그녀는 광저우의 공안, 경찰관, 그녀의 부모 그리고 아버지의 직장 상사까지 참석하는 격식 있는 저녁식사 자리에 초대되었다. 광저우의 공안 책임자가 저녁만찬을 주재하면서 자신은 량샤오웬이 '세례 받은 딸'이라는 것을 잘 알고 있었다며 말했다. "내가 너의 대부가 될 거야, 너에게 어떤 어려움이 생기거든 언제든 나에게 찾아오려무나. 이제 우리는 하나의 가족이나 다름이 없어!" 한 달이 지나고 페미니스트 파이브가 잡혀갔을 때 량은 잠적했다. 2016년, 그녀는 뉴욕에 위치한 포드햄대학에서 법학 석사과정을 밟기 시작했다.

공안의 시점에 보면 대학생들은 보통 훈육하기에 용이하다. 각 대학의 공산당 서기들이 그들에게 벌점을 주거나 쫓아내겠다고 위협할 수 있기 때문이다. 이런 이유로 2015년 세계 여성의 날 전야에 최소 열 명의 페미니스트를 검거한 공안들이 24시간 만에 테레사 쉬와 같은 대학생들을 학교로 돌려보내어 더 무거운 학사징계 절차를 밟도록 만들었다. 2018년 4월 베이징대학에서도 4학년이었던 위에신[Yue Xin]의 #미투 운동을 억누르기 위해 그녀의 어머니를 압박하는 일이 있었다.

　　2016년 12월, 시 주석은 대학 총장과 공산당 간부들에게 중요한 훈시를 내렸다. 캠퍼스 내에서 사상 관리를 엄격히 하고, 대학을 '당 지도력의 요새'로 변화시키라는 내용이었다. 2017년 3월, 한 공산당 규율검사관이 광저우의 산터우대학에 특별히 엄중한 경고를 내렸다. 이 대학에는 명성 높은 저널리즘 스쿨과 더불어 활발한 여성 학술프로그램 및 페미니즘 공동체가 있었기 때문이다. 검사관 대표인 양한준[Yang Hanjun]은 산터우대학의 당위원회가 "허술하고", "중앙과 지방의 당지도력이 제때에 이르게 하지 못했다"고 말했다. 그는 강의나 소셜 미디어 등에서 교수와 학생의 발언을 더욱 밀착 관리할 것을 대학에 주문했다고 〈사우스 차이나 모닝 포스트〉가 전했다.[52]

　　여러 대학에서 수업을 해온 평위안은 성에 관련한 모든 학습프로그램에 대하여 사상의 관리가 엄격하게 이뤄지고 있어서 프로그램을 진행할 자료도 매우 부족하고, 또 모든 프로그램은 중화전국여성연합으로부터 승인을 받아야만 하는 상황이라고 전했다. 그녀는 페미니즘에 대해 최근 중국 정부가 보여주고 있는 태도는 '모순으로 가득 찬' 것이라고 평가했다. 공산당은 그들이 공식적으로 젠더 평등을 지향하고 있으며 젠더 차별을 심각한 문제로 여긴다는 것을 세계에 보여주려 한다. 결국 2016년에 반-가정폭력법을 제정한 것은 중국 정부가 주요 강대국으로부터 인정받고 싶은 바람을 보여주는 것이기도 했다. 그러나 펑의 조직인 웨이핑Wei Ping(평등)이 진행한 연구에 따르면, 법이 통과된 후 2년이 지났음에도 피고의 접근금지명령과 같은 가장 핵심적인 몇몇 조항들이 적절하게 이행되지 않고 있다.[53] 접근금지명령을 요청하는 여성은 판에 박힌 것처럼, 남편에게 돌아가서 가족의 '화합'과 사회 안정을 지키라는 식의 말을 듣고 있다. 비정부기구들에 대한 제재까지 더 강해지면서, 가정폭력의 피해자들은 도움의 손길을 구하는 데에 어려움을 겪고 있다. 펑은 이렇게 말한다. "우리는 '여성과 남성의 평등' 같은 구호에만 의존할 수 없습니다. 젠더 불평등을 척결하는 실질적인 정책이 입안되어야만 합니다."

2012년, 내가 처음 펑위안을 인터뷰했을때, "중국에는 기본적으로 독립적인 여성 운동을 일으킬 수 있는 여유 공간이 없다"라고 그녀는 말했다. 공산당의 집권기간이 길어질수록 그녀의 말은 사실로 굳어지는 것처럼 보였다. 가부장적인 공안국가로서의 중국은 대규모의 독립적인 여성 운동을 포용하기 어려울 것이다. 그러나 젊은 페미니스트들은 이미 모바일화된 공동체를 구축하는 데 성공을 거두었고, 정말 믿기 힘들 정도로 많은 여성과 소녀들을 고무시키고 있다. 중국의 견고하게 자리 잡은 젠더 불평등의 현실과 여전히 진행 중인 정부의 페미니즘 운동에 대한 탄압에도 불구하고, 펑은 대중의 인권 의식이 점차 성장하고 있기에 여성 인권을 옹호하는 일에도 '훨씬 여유로운 환경'이 창출되고 있다고 믿었다. "많은 사람들은, 공산주의 혁명으로 남녀 간의 평등이 확고히 선포되었기에 페미니즘은 필요 없는 것이라고 생각해왔어요. 그런데 요즘은 보다 많은 사람들이 여성의 인권을 개선하기 위해 해야 할 일이 아직 많다는 것을 알아가고 있어요."

최근 중국 정부는 반-가정폭력법을 통과시킴으로써 보다 책임 있는 강대국으로 보이게 되었다. 나는 공산당이 이 법을 마땅하게 집행할 것이라고 생각하지 않는다. 왜냐하면 여성의 삶이 위험에 처할 때조차 가부장적 가족 구조를 완고하게 유지하는 것이 정치적 안정과 공산당의 유지를 위해 매우 중요한 것이기 때문이다. 조금 더 들여다보면, 여성에 대한 폭력은 중국의 가부장적 권위주의의 본질적인 속성을 이룬다고 말할 수 있다. 국가로부터 무자비하게 탄압당하는 남성일지라도 그는 언제나 집이든 어디에서든 아무런 처벌도 받지 않고 여성에게 자신의 분노를 전가할 수 있다. 사회에서 아무리 낮은 신분에 놓여있는 남성일지라도 그 남성에 부수적으로 딸려있는 여성은(부인이든 애인이든) 그보다 더 비천한 상황에 놓인다. 집에서나 대중교통에서 또는 직장에서, 남성이 여성을 학대하는 것을 정부가 사실상 묵인하고 있다면, 남성은 일당에 의한 독재를 더 찬성할 가능성이 높다.

중국 정부에 따르면, 여성은 사회의 안정을 위해 남성과 반드시 결혼해야 하고 또 남성들의 폭력적 충동의 배출구가 되어주며 무보수의 가사노동을 떠맡아야 한다. 또 여성은 인구의 고령화와 노동력의 부족을 해소하기 위해서 아이를 낳아야 한다(앞에서 언급했듯이, 한족의 우생학적 우수성에 입각해, 교육받은 한족 여성들만 아이를 더 가질 권리가 있겠지만). 여성의 교육은 어머니로서의 역할을 해내는 데 필요한 한에서만 의미를 가지는 것이며, 여성들은 중국의 장래를 위해 높은 수준의 숙련된 노동력을 익혀가게 될 것이다. 최종적으로 여성들이 노인들을 돌봄으로써 정부는 포괄적인 복지에 있어 비용을 부담하지 않게 된다. 그리고 여성은 이 권위주의 국가에서 가장 중요한 '조화로운 가족'을 가꿔야 한다.

페미니스트 활동가들이 가부장제와 권위주의적 질서를 와해시키려 할수록, 정부는 이들을 억압할 새로운 방법을 찾으려 할 것이다. 그러나 현재는 점점 더 많은 중국 여성들이 자신이 품위 있게 대접받을 자격이 있다는 것을 깨닫고, 젠더 차별과 성폭력 그리고 여성혐오를 물리치고 있다. 그녀들은 생식에 대한 자기결정권을 획득함으로써, 소비에트 연방보다 더 오래, 70년 이상을 장기집권하고 있는 중국 공산당의 핵심전략인 인구 계획 목표를 위협할 것이다. 비록 중국

내의 모든 페미니스트 활동가들이 체포되거나 침묵을 강요 당하고 있지만, 그들이 촉발한 저항의 물결은 결코 쉽게 멈추 지 않을 것이다.

맺으며 : 모든 여성을 위한 노래

Conclusion: A Song for All Women

2015년 12월, 페미니스트 파이브가 석방된 지 여덟 달가량 지났을 무렵 나는 베이징 왕징 근처의 세련된 카페에서 리마이지와 테레사 쉬를 만나 저녁을 먹기로 했다. 그들은 밤공기에 짙게 깔린 미세먼지를 차단하기 위해 공업용 등급의 마스크를 끼고 한 대의 스쿠터를 함께 타고 나타났다. 리는 왼쪽 손톱에는 밝은 아쿠아블루, 오른쪽 손톱에는 밝은 핑크색의 매니큐어를 바른 채였고 테레사는 짙은 빨간색 립스틱을 바르고 있었다. 2015년 7월, 미국 대법원이 동성결혼을 합법화하는 역사적인 판결을 내린 지 며칠이 지나지 않았을 때였다. 리와 테레사는 베이징에서 결혼식을 올렸는데, 두 사람의 결혼을 축하하면서 동시에 동성결혼을 금지하는 중국에 항의하는 의미였다. 그들은 스무 명가량의 친구들과 친구들만큼이나 많은 기자들을 초대하여 '모든 여성의 노래'를 불렀으며, 베이징의 한 레스토랑의 방을 빌려 무지개 깃발로 꾸미고는 키스하는 사진을 찍었다(둘은 2017년 결별했다).

　　리는 나를 만날 때 그녀와 웨이팅팅, 샤오메이리가 2012년 가정폭력에 항의하는 '블러디 브라이드' 캠페인에서 입었던 붉게 얼룩진 웨딩드레스를 가져오려 했다. 리는 내가 〈페미니스트 보이스〉의 뤼핀과 홍콩에서 개최할 중국 페미니즘 운동에 대한 전시를 논의하고 있다는 것을 알았기 때문이다. "당신이 이 드레스를 가져가는 게 제일 좋은 방법일 것 같아요. 드레스를 중국에서 내보낼 방법이 없거든요." 이어서 리는 물었다.

"전시회가 끝나도 이 웨딩드레스를 잘 보관해줄 수 있을까요? 페미니스트 박물관에 기증할 수 있다면요."

중국에서 이 웨딩드레스를 사용할 일이 정말로 없겠느냐고 내가 물었다. 리는 평소답지 않게 낙담한 얼굴이었다.

"아무데서도 이 드레스로 시위를 할 수가 없어요."

나는 다시 외국에서 공부할 생각을 하느냐고 물었다.

"그렇긴 하지만 고민이 돼요. 내가 가버린다면 중국에서 내가 하던 일은 어떻게 될까요?"

자기를 억압하는 모국이 걱정되어 떠나지 못하는 것은 유명한 반체제 인사들에게서 공통적으로 발견된다. 수감 생활 중에 노벨 평화상을 수상했으나 간암으로 2017년 결국 감옥에서 세상을 떠난 류사오보가 그러했으며, 소비에트 연방의 인권 유린에 저항하여 '양심의 목소리'로 불렸던 러시아의 유명한 노벨상 수상자인 안드레이 사하로프Andrei Sakharov도 그러했다. 중국 정부가 공식적으로 젠더 평등을 지지하는데도, 이십 대의 페미니스트들이 '체제 전복'이라는 혐의를 입고, 앞선 반체제 인사들과 동일하게 고통스러운 실존적 질문에 직면하고 있다는 것은 이상한 일이다.

나는 결국 그 드레스를 가져오지 않았다. 그런데 새해가 오기 직전, 리마이지는 테레사와 다른 여성들이 두들겨 맞은 듯 멍든 분장을 하고 가짜 피로 얼룩진 그 웨딩드레스를 입고 있는 사진을 웨이보와 위챗에 올렸다. 그들은 검은 멍이 그려진 인형도 하나씩 들고 있었다. 인형은 중국의 이혼 사례에서 폭력적이었던 전남편이 전아내에게서 아이를 납치하는 사건이 꾸준히 일어나는 것을 부각시키기 위한 것이었다. 전남편에 의해 유괴된 아이의 대부분은 가계를 승계하는 데에 보다 중요하게 여겨지는 남자아이였다.

그 사진에서 테레사와 젊은 페미니스트들은 베이징의 거리에서 두 개의 커다란 팻말을 들고 있었다. '결혼은 끝나도 가정폭력은 끝나지 않는다', '아이를 납치하는 것은 범죄입니다' 사진 속에 리마이지는 없었지만 리는 그 사진 아래에 중국에서 새로 제정된 가정폭력방지법이 이혼한 여성과 그들의 아이를 전남편의 폭력으로부터 지켜주는 데에는 실패했다고 썼다. 어쨌든 리는 웨딩드레스를 사용할 방법을 발견해낸 것이다. 리는 다른 페미니스트들에게 그녀가 들고 있던 횃불을 건네주었고, 페미니즘 운동의 불꽃은 여전히 살아 있다.

페미니스트 파이브 전부는 정신적인 고통을 겪었고, 일부는 구치소에서 신체적인 학대를 당하기도 했다. 그런 시련을 겪었음에도 이 여성들은 페미니즘 운동에 더 헌신적으로 임했다. 심지어 그들은 외상 후 스트레스 장애에 시달리고 있으며, 석방된 이후 몇 달간 정부의 박해를 받으면서도 다른 페미니스트들에게 영감을 준다는 점에서 스스로의 중요성을 인식하고 있었다.

정부가 그들을 석방한 지 불과 몇 주가 지났을 무렵 샤오메이리는 웨이보를 통해 장난스러운 대회를 열었다. 여성들에게 제모하지 않은 겨드랑이 사진을 게재해달라고 요청하여 여성성의 고정관념에 도전하고 새로운 아름다움을 예찬하기 위해서였다. 2015년 6월, 샤오는 콘테스트의 우승자를 발표했다. 1위는 항저우에 사는 대학원생으로 페미니스트 활동 때문에 공안에 심문을 받았던 바로 그 주시시였다. 우승한 사진에서 주는 댄서처럼 아라베스크 자세를 하고 목을 뒤로 젖힌 채 눈을 감고 행복에 겨워 웃고 있다. 민소매 원피스를 입은 주는 두 팔을 들어 올려 면도하지 않은 겨드랑이의 긴 털을 드러냈다. 상품으로 그녀는 백 개의 콘돔을 받았다. 그녀는 기자에게 "겨드랑이 털이 더 자랑스러워졌네요"라고 대답했다.

대회가 끝나기도 전에 이 사진들은 웨이보에서 백만 건 이상의 조회수를 기록했다. 이 대회는 위험하지 않고 비정치적으로 보였지만, 중국의 엄격한 검열을 넘어서 웨이보의 대단히 많은 사용자들에게 '범죄 용의자'인 페미니스트 파이브의 이미지를 널리 퍼뜨리는 기발한 수단이 되었다. 이 대회를 통해서 페미니스트 파이브는 불손한 유머감각을 가졌으며 자신의 몸을 사랑하는, 반짝반짝 빛나는 매력적인 롤모델로 부각되었다.

2위에 오른 (상품은 바이브레이터였다) 사람은 리마이지였다. 밝은 빨간색 립스틱을 바른 그녀는 상반신 나체로 도발적으로 팔을 들어 올려 숱이 적은 겨드랑이 털을 드러냈다. 그녀는 드러낸 가슴을 가로질러 검은색으로 중국어 문장을 써 놓았다. '겨드랑이 털은 사랑 / 가정폭력은 범죄'

3위는 페미니스트 파이브의 웨이팅팅이었다. 사진 속에서 브래지어만 입은 그녀는 의기양양하게 웃으며 단단히 쥔 주먹을 들어 올리고 있다. 세계 어디에서나 억압에 대한 저항을 나타내는 그 자세다.

2016년 12월 우롱롱이 내게 말한 바와 같이, 중국 정부가 활동가들을 방해하고 그들의 입을 막으려고 시도하는데도 중국의 페미니즘 운동은 국경을 넘어 확장되기 시작했다. 우롱롱과 정추란을 만났을 때 그들은 홍콩을 방문하고 있었다. 우롱롱이 석방된 후 처음으로 그녀를 만난 자리였는데 나는 우의 모습이 대단히 밝아져서 깜짝 놀랐다. 얼굴은 부기가 빠졌고 누런빛이 사라졌으며 건강한 에너지가 뿜어져 나왔다. 우리가 광둥식 만찬을 하며 대화를 나누는 동안 그녀의 다섯 살 난 아들이 식탁 아래에서 놀고 있었다.

우는 공안의 지속적인 감시의 대상이라는 사실에 체념하고 있었지만, 요즘은 그녀를 감시하는 항저우 경찰이 약간은 그녀를 존중해주는 것처럼 보여서 안도하고 있었다. 우는 감시당하는 이야기에서까지 유머 감각을 자랑했다. 2016년 9월 항저우에서 G20회의가 열리기 직전에 우는 공안으로부터 한 통의 전화를 받았다.

"우롱롱 씨, G20회의 때 뭐할 겁니까?"

"계획 없어요. 어디로 관광이나 다녀올 것 같네요."

"좋습니다. 어디로 휴가를 갈 거예요? 우리가 데려다주겠습니다."

"아들이 상하이 디즈니랜드에 가고 싶다네요."

"언제 가십니까? 8월 말이나 9월 첫째 주가 좋겠는데
요." 그는 마치 고객을 응대하는 여행사 직원처럼 말했다.

우는 디즈니랜드에서 공안이 아들과 자신을 따라다니
는 것이 싫었지만 감시에 대해 불평할 경우 그들이 날카롭게
반응할 것 같았다. 그래서 우는 전략을 바꿨다. 아첨이다.

"우리 아들이 손이 좀 많이 가는데, 여기까지 와서 아
들을 돌봐주어서 정말로 감사해요!" 그녀가 호들갑스럽게 고
마움을 표하자 공안 요원들은 곧바로 두 사람만 남겨두고 사
라져서 여행 내내 나타나지 않았다.

한편 내가 홍콩을 떠나 뉴욕으로 돌아가려 할 때 정추
란이 그녀의 가까운 친구인 량샤오웬에게 무언가를 전해줄 수
있느냐고 물었다. 광저우를 떠난 량샤오웬은 뉴욕의 포드햄대
학에서 법학 석사 과정에 다니고 있었기 때문이다. 정은 페미
니스트 자매에 대한 그리움의 표시로 머리카락 한 올을 뽑아
주었다. "머리카락 한 가닥에 그 사람의 유전자 정보가 다 들
어있다면서요. 그러니까 이 머리카락은 우리가 떨어져 있더라
도 내가 언제나 샤오멘[량의 별명이다]이랑 같이 있을 거라는
의미가 될 거예요."

내가 뉴욕에서 량샤오웬을 만나 정의 우정의 증표를
전해줄 무렵, 량은 뤼핀이 설립한 미국 기반의 조직 중국페미
니스트공동체에 깊숙이 개입되어 있었다. 2017년 1월 21일,

량을 포함하여 미국에 사는 중국인 페미니스트 수십 명이 워싱턴 D.C.에 모여들어 여성 행진에 동참했다. 이 시위에는 트럼프의 취임에 반대하는 수만 명의 미국인들이 모여들어서, 하루 동안의 시위 중에서는 미국 역사상 가장 많은 인파를 기록한 시위가 되었다.[1] 량과 함께 참석한 페미니스트들은 중국에 있는 페미니스트 자매들에게 영감이 되기를 바라며 사진과 영상을 위챗에 올렸다.

량은 미국에 기반을 둔 페미니스트인 류신퉁Liu Xintong과 디왕Di Wang 그리고 리마이지(세계를 돌며 강연을 하던 차에 뉴욕을 지나고 있었다)와 함께 뉴욕에서 중국 여성들을 위한 페미니즘 운동 워크숍을 이끌었다. 이어서 두 페미니스트와 량과 리는 여성혐오와 성희롱에 항의하는 이중어 시위에 참석하기 위해 트럼프타워로 향했다.

량은 2017년 8월 버나드대학에서 열린 중국여성리더십회의에서 자신은 '중국의 페미니스트 운동에서 성장'했다며 중국 여성들은 미국에서 공부하고 일하는 특권을 중국 정부에게 유린당하는 여성 인권에 대한 경각심을 일깨우는 데에 사용해야 한다고 말했다. "누구나 공개적으로 페미니즘에 대해 목소리를 높여야 합니다." 그녀는 대부분 여성이었던 청중들에게 각 대학의 캠퍼스에서 중국 여성 페미니스트 그룹을 조직하고 고국의 친구들에게 정보를 전하라고 촉구했다.

2017년 2월 웨이보가 〈페미니스트 보이스〉의 계정을 금지한다고 알렸을 때, 량과 류신퉁 그리고 다른 페미니스트들은 표면적으로는 세계 여성의 날을 맞아 진행되는 세계적인 여성 파업을 알리는 기사를 포스팅했지만 실제로는 웨이보가 그들의 입을 막은 것에 대한 분노를 표현하는 영상을 올렸다. 그들은 타임스퀘어에서 붕대로 입을 막고 테이프로 몸을 칭칭 감아서 웨이보의 금지 조치에 항의했다. 2017년의 〈페미니스트 보이스〉에 대한 금지는 한 달에 지나지 않았지만, 2018년 여성의 날, 이 책『빅브라더에 맞서는 중국 여성들』이 인쇄에 들어갈 무렵, 웨이보가 새롭게 부과한 금지 조치는 영구적인 것처럼 보였다. 이번에는 중국 내·외(뉴욕 센트럴파크를 포함하여)의 페미니스트 활동가들이 러시아의 푸시 라이엇을 연상시키는 마스크와 축제 분위기의 다채로운 의상을 입고서 '장례/부활의 의식'을 하며 춤추는 모습을 사진에 담아 올렸다. 그들이 흔드는 깃발에는 이렇게 쓰여 있었다. '페미니즘은 죽지 않는다!', '페미니즘은 불멸한다!'[2]

"여성으로서 나는 국가가 없습니다. 여성으로서 나는 국가를 원하지 않습니다. 여성으로서 나의 국가는 이 세계입니다." 뤼핀이 버지니아 울프의 말을 인용하며 말했다. 그녀는 중국 페미니스트들이 중국이나 미국, 또는 다른 어느 곳에 있든지 국경을 넘어 연합해야 한다고 생각했다. 그렇지 않으면 페미니스트 운동은 그들 앞에 놓인 불확실성과 위험을 헤치며 수년 이상 살아남기 어려울 것이라고 그녀는 생각했다. 중국 당국이 점점 공격적으로 페미니스트 소셜 미디어 계정을 폐쇄하고 있으며 활동가 개인에 대한 박해도 날로 강화되고 있기에 뤼펀은 페미니즘 운동이 국경을 넘어서 '동시에 여러 전장에서 싸우는 것'이 매우 중요하다고 보았다.

중국 페미니스트들은 미국뿐 아니라 영국, 홍콩, 대만, 캐나다 등지에도 이주 공간을 마련하고 있다. 우룽룽은 2017년 봄 홍콩대학의 법학 석사과정에 합격했으나 처음에 중국 당국은 그녀의 이주를 금지했다. 우의 고향인 산시성의 공안국은 홍콩 이주 신청을 거절하며 '아직 진행 중인 불법적인 사건'에 연루되어 있으므로 10년간 출국을 금지한다고 말했다. 우가 산시 경찰국에 가서 여행이 금지당한 사실의 부당함을 호소했지만 경찰은 이렇게 말할 뿐이었다. "학교에 가려고 애쓰지 마세요. 문제가 뭡니까? 집에 가서 살던 대로 잘 사세요."[3]

우는 변호사를 선임하여 산시성 공안국의 지부 두 곳에 대해 소송을 걸고, 이들과의 언쟁에 대해 사진과 설명을 달아 웨이보에 게재했다. 결국 2017년 9월 홍콩대학의 학기가 시작할 때에, 당국은 금지를 철회하고 학생으로 등록할 수 있게끔 이주를 허가했다.

왕만은 홍콩대학에서 사회복지학 석사를 이어가고 있고 샤오메이리와 다른 페미니스트 활동가들도 해외 유학 프로그램에 지원할 계획이다. 한편 베이징대학은 2018년 4월 #미투 캠페인을 벌인 한 학생을 위협했으나, 이 대학 학생들과 다른 대학의 학생들이 합세하여 성폭력에 항의하는 발언을 막으려는 대학 측에 반발하고 나섰다.

중국의 반페미니즘적인 탄압으로 인해 일부 페미니스트들이 공부나 일을 하러 해외로 나갔지만, 내가 인터뷰했던 박해받은 페미니스트들 중에 활동을 포기하려는 사람은 없었다. 2017년 바이페이는 상하이에서 베이징으로 이주하여 그곳에 페미니즘 서점/도서관을 준비하고 있다. 상하이에는 유명한 페미니스트 서점/도서관인 누슈공잔Nüshu Kongjian이 있었는데 잉쥬Ying Zhu가 세우고 글로리아 왕Gloria Wang이 관리하던 그곳은 경찰의 감시와 압박으로 2016년 문을 닫았다.

광저우는 페미니스트의 진원지로 부상했다. 웨이팅팅은 새로 설립된 NGO 광저우젠더&섹슈얼리티교육센터에서 일하기 위해 베이징에서 광저우로 이주했다. 2017년 9월, 웨이는 그녀가 감독한 다큐멘터리 〈바이 차이나Bi China〉를 공개하여 중국의 양성애자들의 삶을 보여주었다.[4] '지나'도 2016년 항저우에서 광저우로 이주하여 여전히 페미니스트 운동에 깊이 관여하고 있다.

페미니스트 파이브 멤버 가운데 대중적으로 가장 널리 알려진 리마이지는 2017년 10월부터 에식스대학에서 인권의 이론과 실천 분야로 석사과정을 시작했다. 리는 세계 각지를 여행하며 강연을 했는데, 석방 이후 열심히 공부했던 영어로도 종종 강의했다. 2017년 4월 뉴욕에서 리와 아침을 먹었을 때 그녀는 몇 달 만에 베이징으로 돌아가려던 참이었다. 나는 리에게 다시 체포될까 봐 두렵지 않느냐고 물었다. 그녀가 특히 정부에 대한 강도 높은 비판의 목소리를 내고 있었기 때문이다. 그녀는 영국 대학에서 석사학위를 시작하려고 하는 동안에는 당국이 자신을 체포하지 않을 거라고 말했다. 왜냐하면 중국 정부가 고등교육 분야에서 세계의 리더로서 이미지를 기획하고 있기 때문이라고 했다.

"게다가 걱정해봤자 소용이 없으니까, 스스로를 검열하지 않으려고요." 리가 말했다.

강연 여행을 통해서 리는 중국 여성들에 대한 염려를 다른 나라의 여성들에 대한 염려와 연결시켜야 한다는 것을 깨달았다. "중국의 정치적 상황이 악화되어가는 것은 세계적인 추세와 이어져 있습니다. 푸틴이 권력 장악을 강화하기 위해 민족주의적인 대중 선동을 강화해가는 것과 마찬가지로 전 세계적으로 민주주의가 퇴보하고 있어요. 이집트와 인도, 트럼프가 집권한 미국도 마찬가지입니다."

언론으로부터 대단히 주목받은 리마이지는 중국 페미니즘을 세계에 알리고 국제적인 페미니스트 연대가 결속되도록 지원하는 것을 자기의 역할이라고 생각했다. "세계의 페미니스트 자매들이 온라인과 오프라인에서 여러 캠페인을 기획하고 있습니다. 그 캠페인들이 과거에 우리를 도왔었지요. 우리가 국제적인 연대를 구축하고 유지해나간다면 미래에 우리는 서로를 도울 수 있을 겁니다. 전 세계의 여성들이 당면한 문제는 너무나 비슷해요."

리는 중국 정부가 젊은 사람들 사이에 극단적으로 민족주의적인 정서와 외국인혐오·이슬람혐오의 정서를 촉발시키기 위해 더욱 효과적으로 소셜 미디어를 활용한 선전을 증가시키고 있다고 경고했다. 그러한 선전에 설득당한 사람의 일부는 중국을 수치로부터 지켜내기 위해 무슨 일이든 할 것이다. 2017년 메리랜드대학에서 졸업 연설을 하면서 미국의 깨끗한 공기와 민주주의를 예찬했던 중국 여성 양슈핑Yang Shuping에 대해 적대적인 반응이 일괄적으로 쏟아졌던 것을 보자.[5] "공항 밖으로 나와 숨을 들이 마시고 내쉬는 순간, 나는 자유롭다고 느낍니다 … 민주주의와 자유는 깨끗한 공기가 그렇듯, 싸워서 얻을 만한 가치가 있습니다." 양은 군중을 향해 이렇게 말했다.

양의 연설은 온라인에 게재되어 수백만 명이 보았고 일부는 즉각적으로 인터넷상에서 그녀에 대한 증오를 퍼부었다. 〈인민일보〉는 '메리랜드대학의 중국 학생이 졸업 연설에서 편향된 비난을 드러내다'라는 제목으로 그녀 개인에 대해 극렬하게 민족주의적인 분노를 조장했다.[6] 그 기사는 그녀가 '중국에 대한 왜곡된 고정관념을 드러냈다'고 비난하며, 영상을 본 중국인들의 분노의 표현을 인용하기도 했다. "…거짓된 내용(거짓말)의 연설로 많은 이들의 감정을 상하게 했으며 국가 이미지를 손상시켰다."

〈인민일보〉는 웨이보 사용자들이 성차별적이고 폭력적인 글을 남길 수 있도록 수문을 열어버린 셈이었다. 가령 이런 글이었다. "발바닥을 핥는 데 탁월한 능력이 있네. 모국으로 돌아올 생각은 하지 마. 조국에 너 같은 건 필요없으니까."

양은 이러한 적대적인 반응으로 '심각하게 불안하다'고 호소하며 웨이보에 사과문을 게재했다. "대단히 죄송합니다. 이번일을 통해 제가 미래를 위한 교훈을 얻었다는 것을 이해해주시기를 바랍니다."

리마이지는 정부가 온라인상의 극단적인 민족주의를 조장하며 종종 여성혐오적인 폭력의 형식을 취하고 중국 페미니스트들을 '반중국'적인 반역자로 몰아세운다고 지적했다. "사람들이 우리에게 등 돌리게 하기 위하여 페미니스트들에게 '외세'라는 오명을 뒤집어씌우고 비난을 받게 만듭니다. 이런식의 민족주의는 장래에 더 악화될 것이므로 우리는 위태로운 상황에 직면해 있습니다." 정부가 '페미니스트'라는 단어를 정치적으로 민감하고 불쾌한 단어로 만들었기에, 자신을 페미니스트라고 선언하는 여성 누구라도 잔인하고 성차별적인 욕설에 쉽게 노출될 수 있다.

아이러니하게도 때마침 정부가 페미니스트의 활동에 대한 탄압을 강화하던 시기에, 대기업들은 페미니스트 소비자들의 상업적인 영향력을 인식하기 시작했다. 따라서 비록 비정치적인 맥락이지만, 여성 소비자의 영향력이 중요한 브랜드를 운영하고 있는 거대 기업들이 거대한 잠재력을 가진 중국시장으로 다가가기 시작했다.

예를 들어 2016년 일본의 화장품 회사 SK-Ⅱ가 '잉여' 여성들이 결혼에 대한 압력에 저항하는 내용을 담은, 감성적인 광고를 내보내어 며칠 만에 수백만의 조회 수를 기록할 만큼 화제를 모았다. '결혼시장이 넘어갔다'는 이 광고는 의무적인 결혼 규범의 대안으로 독신인 자신의 삶을 예찬하는 여성의 모습을 담았다. (솔직히 말하자면 나는 이 영상을 만든 광고대행사 포스만앤보덴포스Forsman & Bodenfors의 자문이었는데, SK-Ⅱ의 광고라는 사실은 알지 못했다.) 온라인에서 활동하는 파피장Papi Jiang도 중국 사회의 성차별적 이중 잣대를 우스꽝스럽게 풍자하는 '1인 미디어self-media'로 2천5백만 명 이상의 웨이보 팔로워와 수백만 달러의 수입을 올리는 대중문화계의 페미니스트가 되었다.

　　엔터테인먼트 산업도 전통적인 젠더 규범에 도전하는 음악과 영화에 대한 젊은 중국 여성들의 막대한 수요에서 이익이 창출될 수 있다는 점을 직시하게 되었다. 〈가디언〉에 따르면, 중국에서 가장 유명한 대중문화 스타인 리위춘Li Yuchun(크리스리Chris Lee로도 불린다)은 아주 짧은 머리와 헐렁한 바지 그리고 '관습에 저항하기'를 좋아한다는 발언으로 중성적인 이미지를 구축했다. 2016년에 발표된 그녀의 앨범 〈야생Growing Wild〉은 발매 16일 만에 비욘세의 〈레모네이드Lemonade〉가 1년 동안 판매된 것보다 더 많이 팔렸다. 그녀는 2017년 로레알 및 구찌와 계약했으며, 디젤의 홍보대사가 되었다.[7]

　　리위춘의 뒤를 이어 젠더-유동적인genderfluid 성향의 밴드인 아크러쉬Acrush가 등장했다. 이들은 다섯 명의 젊은 여성들로 구성되어 있으나 스스로를 '보이밴드boyband'라 말한다. 이들은 2017년 4월 첫 번째 싱글 앨범을 발매하기도 전에 웨이보에서 75만의 팬들을 끌어 모았는데, 그중 대다수는 여성이었다. 이 밴드의 데뷔에 관한 기사에 따르면, 아크러쉬는 그리스의 신 아도니스를 의미하며, 대중음악 회사 저장화티컬처미디어Zhejiang Huati Culture Media에서 중국의 주류 미디어가 강요하는 여성성에 거부감을 느끼는 젊은 도시 여성들의 관심을 끌기 위한 의도로 만들어졌다. 저장화티는 밴드의 이미지에 어울리는 젠더-유동적이고 도발적인 인재를 전국적으로 물색했다. 최고경영자 왕톈허Wang Tianhai는 '이들은 단지 남성적인 외양과 편안한 옷차림을 즐기고 남자처럼 노래하기를 원한다'며 어떤 정치적인 것과도 무관하다고 강조했다.[8]

힙합과 랩으로 구성된 이들의 데뷔곡 제목은 무려 '활동가activist'다(나중에 영어로 번역될 때는 'action'이라고 했다). 뮤직비디오에는 다섯 명의 여성이 바짝 자른 머리에 바지와 가죽 재킷을 입고 한 명은 야구 모자를 뒤집어쓴 채 바지의 가랑이 부분을 쥐고 춤을 추는 모습이 담겨 있다. 이 노래는 사회와 국가에 의해 부여된 장벽을 무너뜨리는 내용을 담고 있다는 것 외에도 여러 방면에서 중국 페미니스트 활동가들의 언어로부터 영향받았다는 점이 분명하게 드러난다.

> 이제는 보잘것없는 존재이기를 거부하겠어 …
> 어떻게 이 꼬리표들로부터 벗어날까?
> 내 삶을 내가 온전하게 가질 수 있을까? …

이 지겨운 나약함을 이제 견딜 수 없어

활동가로 돌아와! …

밴드의 멤버 중 하나인 스물한 살의 루케란Lu Keran은 소
년처럼 보이는 외모로 여자 화장실에서 쫓겨나곤 했다. 루케
란은 가디언과의 인터뷰에서 다음과 같이 말했다. "팬들에게
전하고 싶은 중요한 메시지는 진짜 자기 자신이 되는 것이 중
요하다는 거예요." 멤버들이 공식석상에 나타나면 환호하며
기쁨의 눈물을 흘리던 팬들은, 열여덟 살에서 스물네 살 사이
의 이 다섯 명의 멤버들을 '잘생긴 청년들'이라는 애정 어린 호
칭으로 불러주었다.

그러나 극도로 억압적인 중국의 정치 환경을 고려해본
다면, 다섯 명의 여성들이 자신의 성적 지향을 공개적으로 발
설한다는 것은 통상 금기시되는 일이었을 것이다. 중국 페미
니스트 연구자 디왕Di Wang은 중국에서의 미투 캠페인에 수천
명이 참여한 것은 일반 대중들 사이에서 점차 성희롱에 대한
고발이 늘고 있음을 보여주고 있지만, '생존자들이 자신의 성
적 성향이나 성정체성 또는 성적 표현까지 안심하고 밝힐 수
있는 우호적인 공간이 생겨났다고 말하기는 아직 이른 상황'
이라고 지적했다.9

한편, 2012년 기준으로 중국은 세계에서 두 번째로 큰
영화시장을 가지고 있기에 중국 정부의 규제가 아니었더라면
여성들의 저력을 다룬 영화가 최고의 흥행수익 기록을 갈아치

울 수도 있었을 것이다. 2017년 5월, 중국에서 개봉된 발리우드 영화 〈당갈Dangal〉은 두 명의 어린 인도 여성이 아버지와의 훈련을 거쳐 레슬링 챔피언이 된다는 실화를 바탕으로 제작되었다.[10] 지타Geeta는 자신을 소녀라고 괴롭히던 소년들을 보기 좋게 날려버리는 주인공 두 딸 중 한 명이다. 그녀는 성장하여 영연방 레슬링 경기에서 최초로 금메달을 딴 인도의 첫 번째 여성선수가 되었다. 이 영화는 상업적으로 센세이션을 일으켰고, 10월까지 약 2억 달러를 벌어들이며 중국 영화시장 역사상 최고의 수익을 올린 영화로 올라섰다. 니테시 티와리Nitesh Tiwari 감독이 연출한 이 작품은 인도를 배경으로 성역할에 대한 고정관념에 도전하는 여성 레슬링 선수를 그렸는데, 그 고정관념은 성차별적인 이중 잣대와 결혼에 대한 이른 압박처럼 중국 여성을 억눌러온 편견과 동일한 것이었다.

2017년 6월에 개봉한 워너 브라더스/DC의 슈퍼히어로 영화 〈원더우먼〉이 중국 전역에서 개봉된 이후, 10월까지 9천만 달러 이상의 흥행수익을 기록했다. 이는 세계 박스오피스 수입의 4분의 1을 차지하는 규모였다. 이로써 중국은 미국을 제외한 시장 중에서 가장 큰 시장으로 발돋움하게 되었다. 여성 슈퍼히어로가 나오는 할리우드의 첫 번째 블록버스터이자 여성 감독 패티 젠킨스Patty Jenkins에 의해 연출된 영화 〈원더우먼〉은, 〈가디언즈 오브 갤러시〉와 〈맨 오브 스틸〉과 같은 다른 남성 슈퍼히어로 영화가 개봉 첫 주에 중국에서 거둔 실적을 능가했다. 〈중국일보China Daily〉에 의하면, 중국의 영화제

작사인 텐센트픽처스와 완다픽처스 역시 이 영화에 투자했다.[11]

정추란은 2017년 6월, 〈페미니스트 보이스〉에 영화 〈원더우먼〉을 보고 난 후의 감상에 대해 흥미로운 글을 기고했다.[12] 그녀는 여러 측면에서 이 영화가 페미니스트로서의 기대에 못 미치는 점들이 있다는 비평을 했다. 그녀는 원더우먼 다이애나의 캐릭터가 지나치게 성적 매력을 강조하고 있고, 남성이 로맨틱한 관계를 리드한다고 지적했다. 그러나 내가 매료된 것은 글의 두 번째 부분이었는데, 이것은 페미니스트 선언문라고 부를 만한 것이다. 영화를 보고 나서 찾아냈던 중요한 흠들에 관한 이야기가 글의 얼개였지만, 정은 반인반신인 다이애나와 자신을 동일시하기 시작했다. 그녀는 다이애나가 끝을 모르는 인간의 잔인성에 맞서 싸웠을 때처럼 눈물을 흘렸고 파멸로부터 인류를 구한다는 다이애나의 순수한 희망이 부서져버린 것처럼 그녀도 똑같이 쓰라린 좌절을 경험했다. '나, 역시, 열렬한 이상적 페미니스트였다. 나는 여성의 해방을 원한다, 나는 젠더 평등을 바라고, 또 나는 모든 이들이 압제와 학대로부터 자유롭게 되길 바란다'고 정은 썼다.

그녀는 다이애나가 자아를 발견하는 싸움과, 그리고 중국에서 박해받았던 페미니스트 활동가로서의 자신의 경험이 나란히 놓여 있는 것을 보았다. 그리고 그녀가 처음에 가졌던 생각보다 사회가 훨씬 더 야만적이라는 사실이 공포스럽게 느껴졌으며 추악하고 여성혐오적인 폭력을 과연 세상에서 사라지게 할 수 있을지 회의하게 되었다.

> 지난 몇 년간 많은 사람들이 나에게 물어보았다. 정확히 어떻게 우리가 이상적인 목표를 현실로 만들 수 있느냐고. 공산주의? 자본주의, 자유민주주의? 페미니스트의 유토피아? 다이애나는 반인반신이다. 그러나 잔혹한 전쟁을 종결하는 방법을 찾아야 할 때, 그녀 역시 여러 번의 실수를 피할 수는 없었다. 하물며 우리[페미니스트 활동가들]는 인간에 지나지 않는데, 어떻게 우리 가운데 누가, 우리의 느리고 갈 길이 먼 운동을 위해 단 하나의 올바른 전략을 제시할 수 있다고 기대하겠는가?

정은 이 글에서 모든 여성들은 페미니스트적 각성을 겪는 자신만의 고유한 방식을 가진다고 말한다. 그것은 매우 느릴 수도 있고, 마침내 파국을 맞을 수도 있다. 아마도 우리는 새로운 젠더 정체성 또는 성적 지향을 통해서 영감을 얻게 될 것이다. 우리는 트라우마를 남긴 성폭력의 희생자일 수도 있다. "우리의 각성은 깨달음의 섬광과 더불어 깊은 곳으로부터 통증과 흥분, 또는 두려움을 동반한다. 진실은 야만적인 힘으로 터져 나온다."

정은 구금되었다가 풀려난 뒤, 다른 여러 나라의 여성 인권 운동에 관한 책을 읽었다. 2017년 8월 남부 러시아에서는, 흑해 인근에 모여 캠프를 차리고 페미니즘에 대해 토론하던 다섯 명의 여성들이 경찰에 의해 억류되어, 조사받는 일이 있었다.[13] 러시아 경찰은 그녀들이 극단주의자 활동에 연루되지 않도록 주의하겠다는 진술서에 서명을 하고 나서야 그들을 풀어주었다. 멕시코에서는 수십 명의 페미니스트 활동가들이 변호 활동에 대한 보복으로 잔인하게 살해된 일도 있었다.[14] 아르헨티나에서 일어난 악랄한 연쇄 여성 살해 사건은 2015년 대규모 시위의 기폭제가 되었고, 여성 운동이 다시 힘을 얻는 계기가 되었다.[15] 브라질에서는 아르헨티나에서보다 훨씬 더 잔혹한 여성 살해 사건이 일어났다. 2018년 3월 리우데자네이루에서 벌어진 흑인 레즈비언 페미니스트 시의원 마리엘 프랑코의 암살을 주목하자.[16] 그리고 물론 미합중국 대통령으로 도널드 트럼프가 선출되었다는 사실도 빼놓을 수 없다.

2017년 12월, 정추란이 뉴욕을 처음 찾았을 때 나는 그녀와 활동가 량샤오웬과 함께 트럼프타워 앞에서 열린 성폭력 생존자들을 위한 #미투 시위에 참석했다. 우리는 또 몇몇 다른 중국 페미니스트들 그리고 『히잡과 처녀막: 왜 중동에서 성혁명이 필요한가Headscarves and Hymens: Why the Middle East Needs a Sexual Revolution』의 저자인 이집트계 미국인 페미니스트 모나 엘타하위와 함께 저녁식사를 했다.[17] 2011년에 일어난 이집트 혁명 기간에 모나는 이집트의 무장 경호대에게 구금되어 구타와 성폭행을 당했고 이때 왼팔과 오른손에 골절상을 입었다. 이후 모나는 '살아 돌아온 것을 기념'하는 의미로 양쪽 팔에 문신을 새겨 넣었다. 그녀는 응징과 성^{sex}을 의미하는 이집트의 여신 세크메트Sekhmet가 그려진 문신을 정에게 보여주며 말했다. "제가 원하는 두 가지예요." 폭력과 치유를 겪어온 모나의 이야기를 들은 후 정은 그녀를 오랫동안 안아주었다. 눈물이 정의 뺨 위로 흘러내렸다.

"전 세계의 페미니스트는 모두 각자의 전투를 치르고 있습니다. 그러나 위기가 닥치면 우리는 연대하고, 서로를 지지할 수 있어요." 또 다른 대화에서 정은 말했다. "권위주의와 정실 자본주의crony capitalism의 힘은 국제적으로 연결되어 되어 있고 또 점점 강해지고 있어요. 우리 페미니스트들도 뭉쳐야만 합니다. 그렇지 않으면 우리는 저들에 의해 뿔뿔이 흩어지고 말 겁니다."

정은 가끔 공산당을 풍자하는 농담을 건넸지만, 그녀나 내가 아는 페미니스트 활동가들 중 어느 누구도 정권의 타도를 요구하지는 않는다. "사람들은 종종 공산당이 몰락하면 어떤 일이 벌어질지에 대해 종종 이야기하지만, 설령 무너진다 하더라도 우리는 맹신적 애국주의자인 남성지도자와 가부장제를 여전히 마주해야 할 거예요." 정은 말했다. "우리는 오랫동안 우리의 힘을 보존하고 지속시켜야 합니다."

정을 포함하여 자본주의가 본질적으로 여성 착취적이라고 생각하는 일군의 중국인 페미니스트들은, 여성 억압에 맞선 투쟁의 근본적인 메시지가 소비자 페미니즘이라는 비정치적인 형태로 변형되어 기업들에 의해 채택되고 있는 현실을 개탄한다. 그러나 뤼펀은 중국에서의 페미니즘에 기업들이 관심을 갖는 것은, 역설적이게도 페미니즘이 정치적 운동으로 살아 있도록 도와준다고 말한다. "기업들이 중국의 페미니즘을 큰 시장으로 삼아 돈을 벌어들이고자 하는 것이 꼭 나쁘다고만 할 수는 없습니다. 그들이 우리를 이용하듯이 우리도 마찬가지로 그들을 이용할 수 있습니다." 이어서 그녀는 "정부가 우리를 침묵하게 만들 때, [기업의 페미니즘]은 우리의 메시지를 퍼뜨리고 여성의 권리를 논할 공간을 넓히는 데 도움이 될 수 있다"고 말했다. 그녀는 '연못이 너무 깨끗하면 물고기가 살지 못한다'는 중국의 속담을 인용했다. 이념적으로 지나치게 순결한 것을 추구하면, 어떤 운동도 살아남지 못할 거라는 말이다. "어떤 조직도 100퍼센트 페미니스트가 될 수는 없습니다. 그리고 다른 사람을 비판할 줄만 아는 지식인은 혁명을 이끌어내지 못합니다. 그들은 타협점을 찾거나 다른 사람들과 협력할 줄을 모르기 때문입니다." 그녀가 말했다. "활동가로서 우리는 현실 안에서 활동하고 또 현실의 문제를 해결해야만 합니다."

뤼펀은 당국의 반페미니스트 단속을 '외유내강'으로 표현했다. 중국 정부가 자기들이 여성에게 억압적인 것만은 아니라는 인상을 세계에 심어주려 한다는 것이다. 그렇지만 그들의 목표가 페미니즘 운동을 완전히 일소하는 것임에는 변함이 없다. 그녀는 앞으로 매우 어려운 전투가 있을 것으로 내다보았다. 어쩌면 공산당과 분리된 모든 페미니즘 활동가들은 완전히 땅속으로 파묻힐지도 모른다.

뤼핀은 말했다. "우리는 반드시 적들로부터 살아남아야 합니다."

내가 이 책의 집필을 끝내던 2018년 4월경에는, 중국의 신생 페미니즘 운동이 과연 살아남을 수 있는지에 대해 예측하는 것이 불가능했다. 그러나 멀리 내다보면 페미니즘은 결국 승리할 것이며 보다 열린 사회를 이끌어낼 것이다. 시간이 흐르면 페미니스트 파이브의 구금사건은 가부장제와 공산당에 의한 권위주의적 지배에 맞서는 운동의 역사에서 결정적인 전환점으로 평가될 것이다.

중국의 남성통치자들은 젠더 억압이 독재 권력의 미래를 위해 불가결하다고 보고 있다. 그러나 페미니즘은 여성이 몸과 생식에 대한 자기결정권을 가진다고 주장하기에, 우생학과 출산장려정책 그리고 정부의 인구 계획 목표와 정면으로 충돌을 일으킬 수밖에 없다. 중국에서 벌어지고 있는 이런 인구통계학적 도전은 날로 첨예해지고 있으며, 공산당이 권력 유지를 위해 벌이는 전투는 향후 더 많은 문제를 일으키게 될 것이다. 그리고 페미니즘에 대한 단속 역시 강도를 높여갈 것이다.

실제로 페미니즘에 대한 반발은 중국에서만이 아니라 세계 곳곳에서 점차 늘고 있다. 미국의 인권단체 프리덤하우스에 따르면, 세계패권국으로서의 역할이 미국을 떠나 떠오르는 중국으로 넘어간 이후, 민주주의는 지난 2017년, 수십 년 만에 가장 심각한 위기에 직면했다.[18] 그 사이 여성의 권리를 밀어내는데 골몰하는 여성혐오적인 독재자들은 러시아에서 헝가리, 터키에 이르는 나라들에서 더 대담해졌다.

이런 위기의 시기에, 중국 그리고 미국을 포함한 세계 도처에서 발흥하는 권위주의에 맞서 우리는 어떻게 대응할 수 있을까? 가부장제에 맞서 싸워야 한다. 페미니스트 활동가들을 지지하고 여성의 권리를 증진시키는 것이야말로, 국제적 관점에서 민주주의적 권리인 자유에 입각해, 점증하는 여성혐오 폭력을 끝낼 수 있는 가장 효과적인 방법이다.

이 책의 첫머리에 소개한 곡, '모든 여성을 위한 노래'의 영상 속에서, 샌들을 손에 쥔 정추란은 남중국 해변가에서 맨발로 서 있다.[19] 파도가 부서져 하얀 거품을 남기고 그녀는 학대로부터 자유로워지길 염원하는 노래를 부른다. 억압에 맞서 일어서는 여성들의 노래와 함께, 영상은 다섯 명의 페미니스트를 따라 베이징, 항저우 그리고 광저우를 돌아다닌다.

우리는 세상이 평등하다고 생각해요.
자유와 존엄의 이 노래
나와 함께
우리의 권리를 위해 계속 싸우지 않을래요?
나는 두려워하지 않고 나아가고 싶어요.

나는 거칠 것 없이 아름답고 싶어요.

공안국가의 집요한 감시 아래에서도, 페미니스트 파이브는 여성을 착취하는 남성들에게 그녀들의 결백을 노래한다.

일어나요! 그를 막아요.
나는 죄를 짓지 않았어요.

베이징의 어느 무성한 대나무 숲을 배경으로 촬영한 웨이팅팅과 왕만은 성차별주의자들이 페미니스트를 추하고 지루하게 점잔 빼는 사람으로 희화화하는 것을 거부한다.

나는 나를 위해 노래해요.
당신의 평가는 필요 없어요.

우롱롱은 항저우의 푸른 정원에서 노래한다.

나는 찬란한 꿈과
간절한 바람이 있어요.

나란히 앉아 미소 짓고 있는 리마이지와 정추란은 정신의 해방을 축하하며 노래를 마친다.

의심과 조롱을 받아
고난으로 나는 더 강해졌어요.

활기찬 멜로디를 배경으로 한 익명의 진행자가 그녀들에게 구금 이후의 삶에 대해 물었다. 그녀들은 서로 놀리기도 하고, 자신을 괴롭혔던 공안들을 비웃기도 했다.

"이제 직장이 잃었으니 매일 집에서 지루하게 앉아 있어야겠죠." 웨이가 말했다.

리는 여권을 압수당하고 직장을 잃은 것으로 농담을 했다. "이미 기소는 취하됐는데! 대체 내 여권은 언제 돌려주는 거죠?"

정은 익살스럽게 표정을 굳히면서, "내가 하던 인권단체가 문을 닫아서, 직업을 바꿨어요. 이제는 망한 사업가가 됐어요."

마지막으로 이 영상은 다섯 명의 여성들이 웃는 모습, 서로 연대하며 기뻐하는 모습, 억압에 굴하지 않는 모습들을 느린 몽타주 기법으로 보여주면서 끝을 맺는다.

화면이 어두워지기 전 이들은 이두박근을 자랑하는 체하더니 승리의 브이를 내보였다. 리는 순수한 자신감으로 가득 찬 눈빛으로 카메라를 뚫어지게 바라보며 말했다. "난 중국의 페미니즘 운동이 점점 더 강해지고 또 강해질 거라고 확신합니다."

리마이지, 정추란, 웨이팅팅, 우롱롱 그리고 왕만은 가부장제에 맞서는 존재로 나타나 전국의 여성들에게 **"일어나요!"**라고 노래한다. 이 노래를 통해서 그들은 변신한다. 그들은 더 이상 일상에 침입한 공안에게 짓밟히는 평범한 인간이 아니라, 억압에 저항하자고 여성들을 불러 모으는 복수의 화신으로 변모한다. 그들은 세계에서 가장 강력한 권위주의 체제에 맞서서 버티고 있으며, 적어도 아직까지는 우세에 있다. 정부가 그들의 입을 막으려 했음에도, 페미니스트 파이브는 하나의 길이 빛날 신화가 되었다. 그들은 전설의 새, 징웨이처럼 날아올라서 아무리 오랜 세월이 걸릴지라도 바다를 메우기로 결심했다.

감사의 말

자기 이야기를 들려준 사람들에게 내가 결례를 범하지 않았기를, 그리고 이처럼 복잡한 중국의 역사적 순간을 이해하려는 시도가 실패하지 않았기를 바란다. 나는 특히 뤼핀과 정추란, 리마이지, 우룽룽, 웨이팅팅, 왕만, 테레사 쉬, 루쿤, 샤오메이리, 장레이레이, 주시시, "지나", 류웨이, 리위안, 펑위안, 량샤오웬, 한둥팡에게 신세를 졌다. 이 책에서 언급된 이들은 중국 페미니즘 운동의 극히 일부분일 뿐이기에 앞으로 더 많은 사람들이 이 운동에 대해 쓸 것이라 기대한다.

이 책을 높이 평가하여 더 나은 책이 될 수 있도록 창의적인 방법들을 제안해준 성실한 편집자 오드레아 림Audrea Lim에게 감사드린다. Verso 출판사의 관계자들, 특히 교열을 맡아준 사라 그레이Sarah Grey와 제작의 던컨 랜슬렘Duncan Ranslem, 홍보의 에밀리 제너카이럼Emily Janakiram, 미국 마케팅 책임자 앤 럼버거Anne Rumberger에게 감사한다.

초고와 최종 원고를 모두 검토해준 아일린 초Eileen Chow의 귀중한 의견을 들을 수 있어서 다행이었다. 이 책의 몇 개 장에 대해 통찰력 있는 의견을 보태준 리사 에스트리히Lisa Estreich에게도 매우 고맙다는 말을 전한다.

한편, 컬럼비아 대학에 2016 멜론 교환교수로 나를 추천해준 도로시 코 덕분에 이 책의 아이디어를 진전시킬 수 있었다. 2016년 3월 '시진핑 시대의 젠더와 사회통제'를 주제로 강연할 수 있도록 초청해준 컬럼비아 대학의 웨더헤드 동아시아 연구소에도 감사하다. 이 강연을 통해 중국의 가부장적 권위주의에 대한 초기 아이디어를 구상할 수 있었다.

나를 신뢰해준 에이전트 멜리샤 저스자키비츠Marysia Juszczakiewicz, 이 책을 열렬히 응원하며 두려움을 떨칠 수 있는 방법을 제시해준 모나 엘타하위, 눈부신 지성과 끝없는 지지를 보여준 레베카 칼에게도 감사드린다.

이 책의 일부는 내가 써온 논평들에서 여러 형태로 표현되었다. 2018년 〈워싱턴 포스트〉에 발표한 논설, 「성차별로 추동된 시진핑 권위주의의 부상」의 편집자 캐런 아티야와 2018년 〈뉴욕 타임스〉의 논평, 「한 자녀 정책을 포기한 중국. 그럼에도 중국 여성들이 아기를 갖지 않은 이유는 무엇인가?」의 편집자 스테파니 지리Stephanie Giry, 2018년 〈NPR〉에 실린 논설 「#미투에 재갈을 물리려는 중국」의 편집자 해나 블로흐Hannah Bloch와 알렉스 레프Alex Leff에게 감사를 전한다. 2016년 가을 〈디센트 매거진〉에 실린 기사, 「중국의 페미니스트 파이브」를 기고할 수 있게 자리를 마련해준 카비아 아소카Kaavya Asoka와 사라 레너드Sarah Leonard, 2016 〈가디언〉에 발표한 논평, 「어떻게 중국 페미니스트들은 여성들이 트럼프에 맞서도록 고무시키는가」의 편집자 애나 리치Anna Leach, 〈윌리 블랙웰〉의 저널 〈젠더와 성 연구 백과〉에 「페미니즘, 중국」을 기고하게 해준 낸시 네이플스Nancy Naples, 2013년 〈디센트 매거진〉에 기고를 요청한 제프리 바서스트럼Jeffrey Wasserstrom에게도 감사한다.

디디 커스틴 타틀로우는 내 작업의 귀중한 자료가 된 중국 페미니즘 운동에 대한 훌륭한 기사를 썼으며, 소리 높여 가정폭력에 대한 반대를 주장하는 킴리를 소개해주기도 했다. 또한 박사논문을 진행한 칭화대학 사회학과의 모든 교수님들과, WAGIC.com의 공동 창립자이자 편집자 그리고 트위더 아이디 @halfthesky49와 세아 케호에게도 감사하다는 말을 전한다.

이 작업을 포기하려고 생각했을 때에 수많은 사람들이 갖가지 방식으로 내가 계속할 수 있게 도와주었다. 나는 스테파니 클라이네-알브란트Stephanie Kleine-Ahlbrandt, 오스카 알칸타라Oscar Alcantara, 테드 앤서니Ted Anthony, 알렉 아쉬Alec Ash, 바오 푸Bao Pu, 앤지 백커Angie Baecker, 소피 비치Sophie Beach, 세라베스 버먼Sarabeth Berman, 빌 비숍Bill Bishop, 로렐 보먼Laurel Bowman, 타니아 브래니건Tania Branigan, 애덤 브룩스Adam Brookes, 줄리아 브루사드Julia Broussard, 멀린다 부시Melindah Bush, 멀리사 찬Melissa Chan, 위엔 찬Yuen Chan, 일레인 천Elaine Chen, 천야야Chen Yaya, 러네이 치앙Renee Chiang, 퍼레이 치더야Farai Chideya, 마이크 치노이Mike Chinoy, 조애나 치우Joanna Chiu, 레노라 추Lenora Chu, 클리퍼드 쿠난Clifford Coonan, 헤더 크로스Heather Cross, 캐스 커민스Kath Cummins, 모라 커닝햄Maura Cunningham, 데버라 데이비스Deborah Davis, 랭기타 드 실바 드 알비스Rangita de Silva de Alwis, 줄리아 파뮬라로Julia Famularo, 메이퐁, 하워드 프렌치Howard French, 폴 프렌치Paul French, 미셸 가노Michelle Garnaut,

보니 글레이저Bonnie Glaser, 제러미 골드콘Jeremy Goldkorn, 호르헤 과하르도Jorge Guajardo, 폴 해늘Paul Haenle, 엘리자베스 해늘Elizabeth Haenle, 제인 헤이워즈Jane Hayward, 게일 허셰터, 알버트 호 춘-얀Albert Ho Chun-yan, 핸슨 홍 핀처Hanson Hong Fincher, 마라 비슨달Mara Hvistendahl, 데니스 하이랜드Denise Hyland, 수지 제이크Susie Jakes, 사라 존스Sarah Jones, 얀 카일리Jan Kiely, 데버라 크리셔-스틸Deborah Krisher-Steele, 수잰 콰이Suzanne Kuai, 카이저 쿠오Kaiser Kuo, 시아민 콰Shiamin Kwa, 엘리자베스 라쿠튀르Elizabeth LaCouture, 인디라 락쉬마난Indira Lakshmanan, 크리스티나 라슨Christina Larson, 수전 로렌스Susan Lawrence, 칭콴리Ching Kwan Lee, 킴리, 루이자 림Louisa Lim, 리디아 리우, 조너선 만 호-칭Jonathan Man Ho-ching, 루 먀오칭Lu Miaoqing, 크리스티 루 스타우트Kristie Lu Stout, 멀리사 루트케Melissa Ludtke, 엘리자베스 린치Elizabeth Lynch, 달시 매카이Darcy Mackay, 레베카 매키넌, 에반 메데이로스Evan Medeiros, 주디 멜리넥Judy Melinek, 트레이 메나피Trey Menefee, 칼 민즈너Carl Minzner, 티 제이 미첼T. J. Mitchell, 데이비드 모저David Moser, 타마라 노퍼Tamara Nopper, 브렌던 오케인Brendan O'Kane, 에반 오스노스Evan Osnos, 아일린 오티스Eileen Otis, 말린 오드Malin Oud, 제임스 파머James Palmer, 판유에Pan Yue, 브렌다 피츠Brenda Pitts, 비비언 퐁Vivien Pong, 올리버 라트케Oliver Radtke, 멀리사 레이워스Melissa Rayworth, 머게나 레이머스-핀처Maguena Reimers-Fincher, 소피 리차드슨Sophie Richardson, 버니스 로메로Bernice Romero, 로버트 러틀리지Robert Rutledge, 파올라 사다Paola Sada, 사라 샤퍼Sarah Schafer, 데이비드 슐레진저David Schlesinger, 앤드류 쇼Andrew Shaw, 페기 쇼Peggy Shaw,

준시June Shih, 빅터 시Victor Shih, 크리스토프 스타인하트Christoph Steinhardt, 더모트 타틀로우Dermot Tatlow, 노라 테하다Nora Tejada, 케이트 드렐폴Kate Threlfall, 커크 트로이Kirk Troy, 켈리 차이Kellee Tsai, 앤 텀린슨Anne Tumlinson, 커린 비녤Corinne Vigniel, 글로리아 왕, 앨리스 윙Alice Wong, 민키 워든Minky Worden, 왕야주안Wang Yajuan, 옌훙쥔Yan Hongjun, 샬럿 양Charlotte Yang, 쉬시Xu Xi, 찡진옌, 티엔치Tianqi(키키Kiki) 자오Zhao, 잉주에게 특히 감사하다.

〈중국페미니스트공동체〉에 고맙다는 말을 전한다. 페미니스트 파이브의 체포와 관련하여 〈중국의 인권〉에서 작성한 충실한 기록은 내게 귀중한 자료를 제공해주었다. 나의 첫 번째 책 『잉여 여성: 중국의 젠더 불평등의 부활』과 관련하여 강연을 열어준 분들과 참석했던 모든 분들에게도 감사드린다. 소셜 미디어에서 나를 거론했거나 내 작업에 대해 지지를 표현해준 모든 분들에게도 감사하다.

나의 어머니, 페미니스트 선구자라는 정의 그 자체인 베벌리 홍-핀처Beverly Hong-Fincher와 선친 존 핀처John Fincher에게도 감사드린다.

나의 아이들, 내게 너무나 많은 기쁨을 주는 에이든과 리암에게도 고맙다. 너희들이 자라서 더 나은 세상을 만들기 위해 계속 노력하기를 바란다.

마지막으로 남편인 마이크 포사이스Mike Forsythe에게, 당신의 날카로운 교정과 응원, 우정에 대하여, 그리고 오랜 세월 내게 보여준 굳건한 신뢰에 대해 고맙다는 말을 전한다.

주

2018년 3월 8일 세계 여성의 날 밤, 검열은 〈페미니스트 보이스〉의 웨이보 계정을 차단한 데 이어 다음날 위챗 계정도 삭제했다. 내가 언급하는 온라인 글의 상당수는 〈페미니스트 보이스〉와 국영 언론에 게시된 글이었고, 이 글들은 지속적으로 삭제되고 있기에 이 책에서는 내가 참고한 글 가운데 일부에 대해서만 링크를 제공할 수 있게 되었다. 대부분의 자료는 직접 인터뷰를 녹음하여 얻었고 일부의 경우 여기에 링크를 제공하는 2차 자료를 참고했다. 나는 사실 여부를 확인하는 데에 충실하고자 했으며 어떠한 오류도 모두 내 책임임을 밝힌다.

에피그라프

1   Leta Hong Fincher, "Feminism, Chinese," in *The Wiley Blackwell Encyclopedia of Gender and Sexuality Studies*, edited by Nancy Naples, Renee C. Hoogland, Maithree Wickramasinghe and Wai Ching Angela Wong (Hoboken, NJ: John Wiley & Sons, 2016).

서문

1   리타 홍 핀처의 다른 글에서도 거론되었다. Leta Hong Fincher, "How Chinese Feminists Can Inspire Women to Stand Up to Trump," *Guardian*, November 23, 2017, theguardian.com.

2   이들의 노래 *Nüren zhige*를 내가 번역한 것이다. 이 노래는 페미니스트 파이브가 석방되고 6개월 뒤에 "Do You Hear The Women Sing."이라는 제목으로 유튜브에 게시되었다. '맺으며: 모든 여성을

위한 노래'도 참고하라.

3 "Xi hosting a meeting on women's rights at the UN while persecuting feminists? Shameless." @HillaryClinton, tweet, 7:39 a.m., September 27, 2015.

4 이 게시물들의 일부는 웨이리자이에 의해 "Free the Women's Day Five! – Statements from Chinese workers and students," Nao's blog, March 13, 2015, libcom.org에 번역 · 보존되어 있다.

5 Leta Hong Fincher, "Xi Jinping's Authoritarian Rise in China Has Been Powered by Sexism," *Washington Post*, March 1, 2018, washingtonpost.com.

6 Mimi Lau and Mandy Zuo, "#MeToo? Silence, Shame and the Cost of Speaking Out about Sexual Harassment in China," *South China Morning Post*, December 8, 2017, scmp.com; Merriam–Webster, "Word of the Year 2017: 'Feminism' Is Our 2017 Word of the Year," n.d., accessed February 16, 2018, merriam–webster.com.

7 Qiao Long, "Chinese Feminists Forced to Leave City Ahead of Fortune Global Forum," *Radio Free Asia*, December 1, 2017, translated and edited by Luisetta Mudle, rfa.org.

8 Jiayun Feng, "WeChat Censors Victim of Sexual Harassment in Shanghai, Who Is Criticized for 'Overreacting,'" *SupChina*, November 30, 2017, supchina.com.

9 Jiayun Feng, "Chinese Social Media Censors Feminist Voices," *SupChina*, March 9, 2018, supchina.com.

10 이 책의 1949년의 중국과 관련된 구절들은 Leta Hong Fincher, "China's Feminist Five," Dissent, Fall 2016, dissentmagazine.org에서 도 찾아볼 수 있다.

11 다음을 참고하라. Isabelle Attane, "Being a Woman in China Today: A Demography of Gender," *China Perspectives* 4 (2012): 5 – 16. Philip N. Cohen and Wang Feng, "Market and Gender Pay Equity: Have Chinese Reforms Narrowed the Gap?" in *Creating Wealth and*

Poverty in Postsocialist China, edited by Deborah S. Davis and Wang Feng (Palo Alto: Stanford University Press, 2009).

12   Zhang Zhi Ming, Dilip Shahani and Keith Chan, "China's Housing Concerns," HSBC Global Research Report, June 7, 2010, p. 5. 2010년 2월, 중국의 주거용 부동산의 가치는 109조 위안으로, 중국 GDP의 3.27배를 넘었다.

13   2017년 말 중국 GDP의 3.3배인 273조 위안으로 미화 43조 달러에 상당한다.

14   Leta Hong Fincher, *Leftover Women: The Resurgence of Gender Inequality in China* (London: Zed, 2014).

15   Emily Rauhala, "Chinese State Media Attacks Taiwan's President for Being a Single Woman," *Washington Post*, May 25, 2016, washingtonpost.com.

16   Anne Henochowicz, "Minitrue: Delete Op-Ed on Tsai Ing-wen," *China Digital Times*, May 25, 2016, chinadigitaltimes.net.

17   Fincher, *Leftover Women*.

18   Susan Greenhalgh, "Fresh Winds in Beijing: Chinese Feminists Speak Out on the One-Child Policy and Women's Lives," *Signs* 26, no. 3 (2001): 847–86.

1. 중국의 페미니스트 파이브

1   Wei Tingting, "What Happened on March 7," *Yuzhong zhaji*, Prison Notes (3).

2   위챗에 게시되었던 이 글은 삭제되었다. 그녀가 구금에 대해 언급하고 있는 학술적 에세이는 다음과 같다. Tingting Wei, "A Look at the Beijing Conference Through Lesbian Eyes," *Asian Journal of Women's Studies* 21, no. 3 (2015): 316–25.

3   Didi Kirsten Tatlow, "Women in China Face Rising University Entry Barriers," *New York Times*, October 7, 2012, nytimes.com.

4   Xinhua, "Chinese Public Calls for Harsher Sexual Harassment Penalties," *XinhuaNet*, August 22, 2017, xinhuanet.com.

5   Viola Zhou, "How One of China's 'Feminist Five ' is Fighting for Women's Rights, Even After Jail," *Inkstone*, March 8, 2018, inkstonenews.com.

6   Wu Rongrong, "How I Became a Women's Rights Advocate," *China Change*, April 27, 2015, chinachange.org.

7   Ibid.

8   Ibid.

9   아이즈싱은 에이즈의 중국어 명칭인 'ai zi bing' 의 언어유희로 "사랑, 지성, 행동."을 의미한다.

10 Sophie Beach, "Deng Yujiao Tells Her Story; Protesters Express Support," *China Digital Times*, May 25, 2009, chinadigitaltimes.net.

11 Cai Ke, "Waitress Who Killed Official Spared Jail," *China Daily*, June 17, 2009, Document5chinadaily.com.cn.

12 Bob Chen, "China: Netizens Stand with the Waitress Who Killed an Ofiicial," *GlobalVoices*, May 17, 2009, globalvoices.org. 원본 블로그 게시물은 삭제되었다.

13 Raymond Li, "Mixed Opinions on Deng Yujiao Verdict," *South China Morning Post*, June 17, 2009, scmp.com.

14 왕만은 2013년 〈뉴욕타임스〉에 실린 디디 커스틴 타틀로우와의 대담에서 "잉여" 여성이라는 딱지 붙이기에 대해 말했다. "Rejecting the 'Leftover Women' Label." New York Times, April 23, 2013, nytimes. com.

2. 인터넷과 페미니즘의 각성

1   Eric Fish, "Interview: Masked Chinese Activists 'Show Solidarity' with Detained Feminists," Asia Society blog, April 7, 2015, asiasociety.org/blog.

2   Rebecca Mackinnon, *Consent of the Networked: The Worldwide Struggle for Internet Freedom*, New York: Basic Books, 2012.

3   Wei Lizhi, "Free the Women's Day Five!—Statements from Chinese workers and students," Nao's blog, March 13, 2015, libcom.org.

4   Didi Kirsten Tatlow, "Supporters of Detained Feminists in China Petition for Their Release," *New York Times* Sinosphere blog, April 1, 2015, sinosphere.blogs.nytimes.com.

5   Edward Wong, "China Locks Down Restive Region After Deadly Clashes," *New York Times*, July 6, 2009, nytimes.com.

6   Gady Epstein, "Sina Weibo," *Forbes*, March 3, 2011, forbes.com.

7   CIW Team, "Weibo's Monthly Active Users Reached 392 Million in 2017," *China Internet Watch*, March 19, 2018, chinainternetwatch.com.

8   Leta Hong Fincher, "China's 'Leftover' Women," *Ms.* magazine blog, November 12, 2011, msmagazine.com/blog.

9   Helier Cheung, *BBC News*, November 29, 2013, bbc.com.

10 Tania Branigan, "China Blocks Bloomberg for Exposing Financial Affairs of Xi Jinping's Family," *Guardian*, June 29, 2012, theguardian. com; Tania Branigan, "New York Times Blocked by China After Report on Wealth of Wen Jiabao's Family," *Guardian*, October 26, 2012, theguardian.com.

11 Li Ying, "*Wo kan hunyinfa sifa jieshi san*" [My view of the Marriage Law, judicial interpretation (3)], August 8, 2011, lady.163.com.

12 뤼핀이 온라인에 올린 글, "*Xingbie geming buhui shi tanhua yi xian*" [The Gender Revolution Is Not Just a Flash in the Pan]은 lady.163. com에서 볼 수 있다.

13 중산대학 탄원서(웨이리자이가 번역한 것을 내가 약간 다듬었다.) Wei Lizhi, "Free the Women's Day Five!—Statements from Chinese workers and students," Nao's blog, March 13, 2015, libcom.org.

14 Viola Zhou, "Chinese Universities Encourage Professors, Students to Post Online Content That Promotes 'Socialist Values,'" *South China*

Morning Post, September 21, 2017, scmp.com.

15 Seagh Kehoe, "Plateau Redness and the Politics of Beauty in Contemporary Tibet," Kehoe's website, March 24, 2016, seaghkehoe. com.

16 Dilnur Reyhan, " 'Mothers Who Educate ': Uyghur Women's Activities in Digital Space," Women and Gender in China, September 25, 2017, wagic.org.

17 Joanna Chiu, "For Chinese Victims of Sexual Assault, 'Going Viral' Is Best Revenge," *Foreign Policy*, April 15, 2018, foreignpolicy.com.

18 Zhang Liping, "Bank Investigates Allegations of Suggestive Texts to Interns," *Sixth Tone*, May 27, 2017, sixthtone.com.

19 Lu Pin, "Will China Have Its #MeToo Moment?" Amnesty International, November 24, 2017, amnesty.org.

20 Jodi Kantor and Megan Twohey, "Harvey Weinstein Paid Off Sexual Harassment Accusers for Decades," *New York Times*, October 5, 2017, nytimes.com; Ronan Farrow, "From Aggressive Overtures to Sexual Assault: Harvey Weinstein's Accusers Tell Their Stories," *New Yorker*, October 23, 2017, newyorker.com.

21 Leta Hong Fincher, "China Is Attempting To Muzzle #MeToo," NPR, February 1, 2018, npr.org.

22 Lu Pin, "What is the significance of China's #MeToo Movement?" *China File*, March 20, 2018, chinafile.com.

23 Xiao Meili, "Who Are the Young Women Behind the '#MeToo in China' Campaign? An Organizer Explains," *China Change*, March 27, 2018.

24 여성 노동자의 글을 Jiayun Feng이 번역했다. "I am a Woman Worker at Foxconn and I Demand a System that Opposes Sexual Harassment," *SupChina*, January 26, 2018, supchina.com.

25 Maura Elizabeth Cunningham and Jeffrey Wasserstrom, "Want Insight into China's Political Situation? Keep an Eye on New Animal

Memes," *Los Angeles Times*, March 8, 2018, latimes.com.

26 Chris Buckley, "Liu Xiaobo, Chinese Dissident Who Won Nobel While Jailed, Dies at 61," *New York Times*, July 13, 2017, nytimes. com.

27 Li Yuan, "Stranger Than Science Fiction: The Future for Digital Dictatorships," *Wall Street Journal*, March 1, 2018, wsj.com.

28 Samuel Wade, "Translation: Open Letter on PKU #MeToo Case," *China Digital Times*, April 23, 2018, chinadigitaltimes.net.

29 Samuel Wade, Josh Rudolph, Sandra Severdia and Ya Ke Xi, "Translation: Yue Xin 'On the Week Since My Open Letter' (Full Text)," *China Digital Times*, May 1, 2018,chinadigitaltimes.net.

30 Yanan Wang, "Outrage in China Over Pressure on Student to Stop Activism," *Associated Press*, April 25, 2018, ap.org.

31 Peking University installs new surveillance cameras to monitor bulletin boards where anonymous #metoo poster was found two days ago." @ShawnWZhang, tweet, 9:48am, April 26, 2018.

32 Samuel Wade, "Minitrue: Do Not Report on PKU Open Letter," *China Digital Times*, April 25, 2018, chinadigitaltimes.net.

3. 구속과 해방

1 Didi Kirsten Tatlow, "Activist's Death Questioned as U.N. Considers Chinese Rights Report," *New York Times* Sinosphere blog, March 19, 2014,sinosphere.blogs.nytimes.com.

2 Human Rights in China, "Supporting Women's Rights in China," April 14, 2016, hrichina.org.

4. 당신의 몸이 전장이다

1 Qian Jinghua, "1 in 3 Chinese College Students Sexually Harassed,

Survey Says," *Sixth Tone*, September 26, 2016, sixthtone.com.

2   Jiayun Feng, "More Than 80 Percent of Female Journalists in China Face Sexual Harassment in the Workplace," *SupChina*, March 7, 2018, supchina.com.

3   China Labour Bulletin, "Up to 70 Percent of Women Factory Workers in Guangzhou Sexually Harassed," December 6, 2013, clb.org.hk.

4   Equality-Beijing NGO observation of two-year implementation of the anti-domestic violence law, March 6, 2018.

5   Didi Kirsten Tatlow, "Chinese Courts Turn a Blind Eye to Abuse," *New York Times*, January 29, 2013, nytimes.com.

6   Didi Kirsten Tatlow, "China, in Suspending Woman's Death Sentence, Acknowledges Domestic Abuse," *New York Times*, April 24, 2014, nytimes.com.

7   Dan Avery, "Gays and Lesbians Wear Their Tormentors' Words on Their Bodies in Emotional Photography Exhibit," *Logo*, November 10, 2015, newnownext.com.

8   Lynn Elber, "Bai Ling Reveals Dark Memories of Chinese Army," *San Diego Union-Tribune*, July 1, 2011, sandiegouniontribune.com.

9   Rachel Leung, "#MeToo Movement Unearths Heartbreaking Reality of Sexual Assault in Hong Kong," *South China Morning Post*, December 8, 2017, scmp.com.

10   Catherine Lai, "No #MeToo in China? Female Journalists Face Sexual Harassment, But Remain Silent," *Hong Kong Free Press*, December 5, 2017, hongkongfp.com.

11   United Nations Secretary-General's Campaign to End Violence Against Women, "About UNITE: Human Rights Violation," available at un.org/en/women/endviolence/situation.shtml.

12   Emma Fulu, Xian Warner, Stephanie Miedma, Rachel Jewkes, Tim Roselli and James Lang, "Why Do Some Men Use Violence Against Women and How Can We Prevent It?" Partners for Prevention,

report, September 2013, partners4prevention.org.

13 젊은 사람들의 생활방식에 관해서는 최근 출간된 다음의 책들을 참고하라.

Zak Dychtwald, *Young China: How the Restless Generation will Change their Country and the World* (New York: St. Martin's Press, 2018); Alec Ash, *Wish Lanterns: Young Lives in New China* (London: Picador, 2017); Jemimah Steinfeld, *Little Emperors and Material Girls: Youth and Sex in Modern China* (London: I.B. Tauris, 2015); Eric Fish, *China's Millennials: The Want Generation* (London: Rowman & Littlefield, 2015).

14 Xinhua, "Over 70 pct Chinese University Students Agree with Sex Before Marriage: Survey," *XinhuaNet*, September 26, 2016, xinhuanet.com.

15 Xiao Meili, "China's Feminist Awakening," New York Times, May 13, 2015, nytimes.com.

16 Ibid.

17 Human Rights Watch, "China: Police 'Big-Data' Systems Violate Privacy, Target Dissent," press release, November 19, 2017, hrw.org.

18 그녀가 중국 계정에 올렸던 글의 일부가 Peng X의 번역으로 여기에 게시되어 있다. (내 번역과는 차이가 있다.) "Drinking Tea with China's 'National Treasure': Five Questions," August 28, 2017, chuangcn.org.

19 Pussy Riot, "Punk Prayer," English translation via Genius.com, n.d., accessed February 4, 2018, available at genius.com/1001369.

5. 바다를 메운 징웨이

1 전업 페미니스트 활동가로 일하는 지나는 중국 공안으로부터 빈번히 박해받고 있어서 가명을 요청했다.

2 "Excerpts from *Stones of the Jingwei Bird*," in *Writing Women in*

Modern China, edited by Dooling and Torgeson, 41.

3 Xin Ran, *Message From an Unknown Chinese Mother: Stories of Loss and Love*, translated by Nicky Harman (New York: Scribner, 2010), 163-4.

4 〈징웨이 새의 돌〉의 인용문은 Writing Women in Modern China, edited by Dooling and Torgeson, 45에서 발췌했다.

5 Ibid.

6 Louise Edwards, *Gender, Politics and Democracy: Women's Suffrage in China* (Palo Alto: Stanford University Press, 2008)도 참고하라.

7 Amy Qin, "Qiu Jin: A Feminist Poet and Revolutionary Who Became a Martyr Known as China's 'Joan of Arc,'" *New York Times*, January 20, 2018.

8 Lydia H. Liu, Rebecca E. Karl, and Dorothy Ko, eds., *The Birth of Chinese Feminism: Essential Texts in Transnational Theory* (New York: Columbia University Press, 2013), 29-30, 78, 31.

9 Ibid.

10 Ibid.

11 Dorothy Ko and Zheng Wang, eds., *Translating Feminisms in China* (Hoboken, NJ: Wiley-Blackwell, 2007), 4.

12 Mizuyo Sudo, "Concepts of Women's Rights in Modern China," *Gender and History* 18, no. 3 (November 2006): 472-89.

13 Translated by Michael Gibbs Hill, edited by Tze-lan D. Sang, in Liu, Karl, and Ko, *Birth of Chinese Feminism*, 208, 2.

14 Ibid.

15 Ibid.

16 Rebecca E. Karl, "Feminism and Reconceptualizing History: A Brief Comment," *WAGIC: Women and Gender in China*, March 14, 2018, wagic.org.

17 Liu, Karl, and Ko, *Birth of Chinese Feminism*, 51, 2.

18 He-Yin Zhen, "The Feminist Manifesto," translation by Meng Fan

and Cynthia M. Roe, in *Birth of Chinese Feminism*, edited by Liu, Karl, and Ko, 184.

19 Rey Chow, *Woman and Chinese Modernity: The Politics of Reading Between West and East* (Minneapolis: University of Minnesota Press, 1991), 170.

20 Ko and Wang, *Translating Feminisms in China*, 8.

21 Susan L. Glosser, *Chinese Visions of Family and State, 1915–1953* (Berkeley: University of California Press, 2003), 9.

22 루신의 "What Happens After Nora Leaves Home?"은 *Women in Republican China: A Sourcebook*, edited by Hua R. Lan and Vanessa L. Fong (Oxon: Routledge, 2015), 178–9에 번역된 글을 인용했다.

23 Rebecca E. Karl, *Mao Zedong and China in the Twentieth-Century World* (Durham, NC: Duke University Press, 2010).

24 Ibid.

25 Christina Kelley Gilmartin, *Engendering the Chinese Revolution: Radical Women, Communist Politics, and Mass Movements in the 1920s* (Berkeley: University of California Press, 1995), 50–2.

26 Ibid.

27 Ibid.

28 Ibid., 101.

29 Ibid., 57.

30 Ibid., 68.

31 Ibid., 133.

32 Ibid., 215.

33 Ibid.

34 Ko and Wang, *Translating Feminisms in China*, 6.

35 Ding Ling, "Miss Sophia's Diary," in *I Myself am a Woman: Selected Writings of Ding Ling*, edited by Tani Barlow with Gary J. Bjorge (Boston: Beacon Press, 1989), 55.

36 Lydia H. Liu, "Invention and Intervention: The Female Tradition

in Modern Chinese Literature," in *Chinese Femininities, Chinese Masculinities*, edited by Susan Brownell and Jeffrey N. Wasserstrom (Berkeley: University of California Press, 2002), 155–56, 150.

37   Ibid.

38   Tani E. Barlow, *The Question of Women in Chinese Feminism* (Durham: Duke University Press, 2004)도 참고하라.

39   닝링의 이 글은 2009년 12월 16일 ibcom.org에 올라온 게시물 "Thoughts on 8 March (Women's Day)"에서 확인할 수 있다.

40   Karl, *Mao Zedong and China*.

41   Gail Hershatter, *The Gender of Memory: Rural Women and China's Collective Past* (Berkeley: University of California Press, 2014), 3, 105, 101.

42   Ibid.

43   Ibid.

44   Wang Zheng, *Finding Women in the State: A Socialist Feminist Revolution in the People's Republic of China, 1949–1964* (Berkeley: University of California Press, 2016), 18, 33.

45   Ibid.

46   Karl, *Mao Zedong and China*.

47   Jiang Yongping, "Employment and Chinese Urban Women Under Two Systems," in *Holding Up Half the Sky: Chinese Women Past, Present, and Future*, edited by Tao Jie, Zheng Bijun, and Shirley L. Mow (New York: Feminist Press, 2004), 207, 208.

48   Ibid.

49   Guo Yuhua, "Collectivization of the Soul: Women's Memories of the Agricultural Cooperative Movement in the Village of Ji in North Shaanxi," *Chinese Social Science* 4 (2003).

50   Guo Yuhua, speaking at "Contemporary Research on Chinese Women," workshop in Beijing, organized by CEFC, May 11, 2013.

51   Liu Jieyu, *Gender and Work in Urban China: Women Workers of the*

Unlucky Generation (New York: Routledge, 2007).

52 Human Rights Watch, "'Only Men Need Apply,'" report, April 23, 2018, hrw.org.

53 Zeng Jinyan, "Zhongguo nuquan zhuyi sanshi nian" [Thirty Years of Chinese Feminism], *Initium*, September 24, 2015, theinitium.com.

54 Yang Yao, "Pay Gap Still Wide Between Men and Women Despite Improvements," *China Daily USA*, March 13, 2015, usa.chinadaily.com.cn.

55 World Economic Forum, "The Global Gender Gap Report 2017," report, November 2, 2017, weforum.org.

56 HSBC은행이 제공한 수치를 분석한 것이다. Fincher, *Leftover Women*을 참고하라.

57 "*Zhonggong zhongyang guowuyuan guanyu quanmian jiaqiang renkou he jihua shengyu gongzuo tongchou jiejue renkou wenti de jueding*" [State Council Decision on Fully Enhancing the Population and Family Planning Program and Comprehensively Addressing Population Issues], *People's Daily*, January 22, 2007, cpc.people.com.cn.

58 '국민의 질 향상'에 관한 상세한 내용은 Ellen Judd, *The Chinese Women's Movement Between State and Market* (Palo Alto: Stanford University Press, 2002)를 참고하라.

59 인구 계획에서 유전학의 역할에 관해서는 Susan Greenhalgh, *Cultivating Global Citizens: Population in the Rise of China* (Cambridge: Harvard University Press, 2010)와 Harriet Evans, "Past, Perfect or Imperfect: Changing Images of the Ideal Wife," in *Chinese Femininities/ Chinese Masculinities*, edited by Susan Brownell and Jeffrey N. Wasserstrom (Berkeley: University of California Press, 2002)를 참고하라.

6. 페미니스트, 변호사, 노동자

1   Wang Yu, "My Endless Nightmare," in *The People's Republic of the Disappeared: Stories from Inside China's System for Enforced Disappearances*, edited by Michael Caster (Safeguard Defenders, 2017).

2   James Podgers, "Chinese Lawyer Wang Yu Given ABA International Human Rights Award in Absentia," *ABA Journal*, August 6, 2016, abajournal.com.

3   @YaxueCao, tweet, 9:17 a.m., July 22, 2017. My translation of her Chinese statement.

4   Nanfu Wang의 다큐멘터리 영화 *Hooligan Sparrow*(2016)를 참고하라.

5   Jiang Aitao, "Teacher Detained for Sexual Abuse in Rural School," *China Plus*, May 27, 2013, english.cri.cn. 류에 의하면 이 선생은 스무 명의 여학생에게 성폭력을 행사한 혐의로 유죄 판결을 받았으나 이 중 두 가족의 네 명의 여학생이 소송을 포기했다.

6   Xinhua Insight, "Underage Victims of Sexual Assault Struggle to be Heard in China," *XinhuaNet*, May 31, 2016, xinhuanet.com.

7   Robin McDowell, Reese Dunklin, Emily Schmall, and Justin Pritchard, "Hidden Horror of School Sex Assaults Revealed by AP," *Associated Press*, May 1, 2017, ap.org.

8   Xinhua, "Police Investigate Child Abuse at Beijing Kindergarten," *XinhuaNet*, November 23, 2017, xinhuanet.com.

9   Samuel Wade, "Minitrue: Don't Report on Kindergarten Abuse," *China Digital Times*, November 24, 2017, chinadigitaltimes.net.

10 Tania Branigan, "China: Woman Settles in First Gender Discrimination Lawsuit," *Guardian*, January 28, 2014, theguardian.com.

11 그녀는 이 소송에서 다른 가명을 사용했다.

12 Chris Buckley and Didi Kirsten Tatlow, "In China, Wives Fight Back After Their Activist Husbands Are Jailed," *New York Times*, May 18, 2017, nytimes.com.

13 China Labour Bulletin, "Strikes and Protests by China's Workers Soar to Record Heights in 2015," January 7, 2016, clb.org.hk.

14 Jeffrey Wasserstrom의 이 논평에 감사한다.

15 Ching Kwan Lee, *Against the Law: Labor Protests in China's Rustbelt and Sunbelt* (Berkeley: University of California Press, 2007)를 참고하라.

16 China Labour Bulletin, "Pregnant Woman Takes Employer to Arbitration for Unfair Dismissal," June 1, 2017, clb.org.hk.

17 Echo Huang, "A Chinese Firm Is Facing a Rare Joint Complaint from Women Workers Fired When Pregnant," *Quartz*, December 11, 2017, qz.com.

18 China Labour Bulletin, "Sacked Labour Activist Continues to Push for Workers' Trade Unions," September 21, 2015, clb.org.hk.

19 이 비디오는 *China Labour Bulletin* website에 게시되었다가 내려졌다. 2017년 4월 확인.

20 China Labour Bulletin, "Unity Is Strength: The Story of the Guangzhou University Town Sanitation Workers' Strike," October 16, 2014, clb.org.hk.

21 China Labour Bulletin, "Global Brands Have to Live up to Their Commitments to Chinese Workers," April 28, 2017, clb.org.hk.

22 Erika Kinetz, "Making Ivanka Trump Shoes: Long Hours, Low Pay and Abuse," *Houson Chronicle*, June 27, 2017, houstonchronicle.com.

23 China Labour Bulletin, "Guangdong Workers Show Once Again How Collective Bargaining Should Be Done," March 13, 2018, clb.org.hk.

24 Zheng Churan, "*Zhe shi yi qun chongman liliang de nuren/ Guangzhou Daxuecheng huanweigong weiquan bagong zhi jishi* " [These Are Women with Strength and Power: A Record of Guangzhou University

Town Sanitation Workers' Strike to Protect Rights], August 21, 2014, worldlabour.org.

7. 중국의 가부장적 권위주의

1 Josh Chin, "Meet Lu Jun, One of China's Most Wanted Social Activists," *Wall Street Journal*, September 6, 2015, wsj.com.

2 Barbara Demick, "China Lawyer Who Fought Unfair Arrest Is Arrested," *Los Angeles Times*, August 7, 2009, latimes.com.

3 이 구절은 리타 홍 핀처의 "Xi Jinping's Authoritarian Rise in China Has Been Powered by Sexism," *Washington Post*, March 1, 2018, washingtonpost.com에서도 볼 수 있다.

4 중국의 가부장적 권위주의를 다룬 글로는 Edward Friedman, *National Identity and Democratic Prospects in Socialist China* (Oxon, ME: Sharpe/Routledge, 1995)와 Susan L. Glosser, *Chinese Visions of Family and State, 1915–1953* (Berkeley: University of California Press, 2003). See also Tani E. Barlow, "Theorizing Woman: Funu, Guojia, Jiating," *Genders* 10 (Spring 1991): 132–60이 있다.

5 Song Xiuyan, "*Ba jiang zhengzhi guanchuan yu Fulian gaige he gongzuo quan guocheng*" [Speaking Politics Should be Integrated throughout the Whole Process of Reform and Work in the Women's Federation], *People's Daily*, May 19, 2017, cpc.people.com.cn. 저자의 번역임.

6 Gao Yu, "Beijing Observation: Xi Jinping the Man," *China Change*, January 2013.

7 Chris Buckley, "China Takes Aim at Western Ideas," *New York Times*, August 19, 2013, nytimes.com.

8 Yangshi wei shipin,"Jiaguo Tianxia" [Family-State Under Heaven], CCTV mini-video, February 18, 2018.

9 Michael Forsythe and Jonathan Ansfield, "Fading Economy and Graft

Crackdown Rattle China's Leaders," *New York Times*, August 22, 2015, nytimes.com.

10 "China's Economy Set to Slow to 6.5 Percent in 2018 as Government Turns Off Cheap Money," Reuters, January 16, 2018, reuters.com

11 John Ruwitch and Yawen Chen, "Moody's Downgrades China, Warns of Fading Financial Strength As Debt Mounts," Reuters, May 23, 2017, reuters.com.

12 Carl Minzner, *End of an Era: How China's Authoritarian Revival is Undermining Its Rise* (New York: Oxford University Press, 2018), xviii.

13 *Women and Confucian Cultures in Premodern China, Korea and Japan*, edited by Dorothy Ko, JaHyun Kim Haboush, and Joan R. Piggott (Berkeley: University of California Press, 2003), 2.

14 Fangqin Du and Susan Mann, "Competing Claims on Womanly Virtue in Late Imperial China," in *Women and Confucian Cultures*, edited by Ko, Haboush, and Piggott, 225 – 26, 237.

15 Ibid.

16 [*Shibada yilai, Xi Jinping zheyang tan "jiafeng"*], *People's Daily*, March 29, 2017, politics.people.com.cn. 저자의 번역임.

17 "*Zhenjiang chengli xinshidai nüzi xuetang guifan nüxing zuozi*" [Zhenjiang establishes New Era Women's Schools on Standards for Women's Posture and Appearance], *Tengxun News*, March 26, 2018.

18 Yi-Ling Liu, "Chinese Activists Decry So-Called 'Female Morality Schools,'" February 2, 2018, csmonitor.com.

19 Cheng Li, "Status of China's Women Leaders on the Eve of 19th Party Congress," Brookings Institution, March 30, 2017, brookings.edu.

20 Mei Fong, *One Child: The Story of China's Most Radical Experiment* (Boston: Houghton Mifflin Harcourt, 2016). 더불어 Wang Feng, Baochang Gu and Yong Cai, "The End of China's One-Child Policy,"

Studies in Family Planning 47, no. 1 (March 2016): 83–6; Susan Greenhalgh and Edwin W. Winckler, *Governing China's Population: From Leninist to Neoliberal Biopolitics* (Palo Alto: Stanford University Press, 2005)도 참고하라.

21 World Bank, "Fertility rate, total (births per woman)–China," accessed March 27, 2018, at data.worldbank.org.

22 이 주제는 다른 논평에서도 다룬 바 있다. Leta Hong Fincher, "China Dropped Its One-Child Policy. So Why Aren't Chinese Women Having More Babies?" *New York Times*, February 20, 2018, nytimes.com.

23 "China Sees Gray Generation as Quarter of Population by 2013," *Bloomberg News*, January 26, 2017, bloombergquint.com.

24 Xinhua, "Elders Make Up One-Third of Shanghai's Population," *XinhuaNet*, March 28, 2017, xinhuanet.com.

25 China Power Team, "Does China have an aging problem?" China Power, February 15, 2016, chinapower.csis.org.

26 Xinhua, "*Zhongguo weilai 30 nian nei jiang you yue sanqianwan shihun nanxing zhaobudao duixiang*" [30 Million Marriage-Age Men Won't Find Partners in the Next 30 Years], *XinhuaNet*, February 13, 2017, xinhuanet.com.

27 Mara Hvistendahl, *Unnatural Selection: Choosing Boys Over Girls, and the Consequences of a World Full of Men* (New York: Public Affairs, 2012)도 참고하라.

28 "China's Two-Child Policy Results in Largest Number of Newborns since 2000," Xinhua, March 11, 2017, xinhuanet.com.

29 Wang Xiaoyu, "NBS: Birthrate Dropped, But More Chinese Couples Had Second Child," *China Daily*, January 30, 2018, chinadaily.com.cn.

30 Shan Juan, "Incentives for Second Child Considered," *China Daily*, February 28, 2017, chinadaily.com.cn.

31 "Chinese Lawmaker Proposes Cutting Nation's High Marriage Age,"

Bloomberg News, March 12, 2017, bloomberg.com.

32 Sui-Lee Wee, "After One-Child Policy, Outrage at China's Offer to Remove IUDs," *New York Times*, January 7, 2017, nytimes.com.

33 Lu Pin, "*Kaifang er tai, huibuhui rang nüren zaici shou shanghai?*" [Will opening up the two-child policy cause further harm to women?], *Feminist Voices*, October 30, 2015. 저자가 번역임.

34 "*Bie buxin! 30 sui zhiqian shi nüxing zuijia shengyu nianling*" [Don't think it's a lie! Younger than 30 is a woman's best child-bearing age], *People's Daily*, October 24, 2017, health, people.com.cn.

35 " '*Yiyu' cheng jiuye ji youshi/zaixiao beiyun nü daxuesheng zengduo*" ["Already had a baby" becomes a sought-after quality in the job-hunting season—more female university students prepare for pregnancy], December 4, 2015, sohu.com. 저자의 번역임.

36 "*Beijing yi xueyuan 10 yu ming nü daxuesheng huaiyun shengzi: qiuzhi you youshi*" [University in Beijing has over 10 female student mothers: Bright job prospects], *People's Daily*, December 4, 2015, edu.people.com.cn.

37 "*Nü daxuesheng xingfu ai: dayi tongju, daer huaiyun, dasan shengzi*," April 8, 2017, sohu.com.

38 Du Xiaofei, "Communist Youth League Vows to Help Unmarried Young People," *People's Daily*, May 18, 2017, en.people.cn.

39 Zhao Yusha, "Staff Complains About Obligatory Blind Dates as China Sees Single People As Problem," *Global Times*, May 21, 2017, globaltimes.cn.

40 Song Jingyi, "Wives In Sham Marriages Hidden in the Shadows," *China Daily*, April 22, 2016,chinadaily.com.cn.

41 Shulamith Firestone, *The Dialectic of Sex: The Case for Feminist Revolution* (London: Verso, 2015 [1970]), 11.

42 Zhaopin Limited, "Zhaopin Report Found China's Working Women Less Keen on Childbearing," Cision PR Newswire, May 11, 2017,

prnewswire.com.

43 "China's High-Earning Consumers to Surge by 2030: Report," *XinhuaNet*, November 5, 2016, xinhuanet.com.

44 Ministry of Civil Affairs of the People's Republic of China, "2016 Social Service Development Statistical Communique"; also see Xuan Li, "China's Marriage Rate Is Plummeting – And It's Because of Gender Inequality," *The Conversation*, October 11, 2016, theconversation.com.

45 *Husbands and Lovers: Marriage and Sexuality in Hong Kong, Taiwan and Urban China*, edited by Deborah S. Davis and Sara L. Friedman (Palo Alto: Stanford University Press, 2014)를 참고하라.

46 Emily Rauhala, "Why China Stops Single Women From Freezing Their Eggs," *Washington Post*, August 4, 2015, washingtonpost.com.

47 "Xinjiang Official Calls for Fewer Births, Later Marriage in Rural South," *Global Times*, January 23, 2015, globaltimes.cn.

48 "Remote Control: The Government in Xianjiang is Trying to Limit Muslim Births," *The Economist*, November 7, 2015, economist.com.

49 Edward Wong, "To Temper Unrest in Western China, Officials Offer Money for Interethnic Marriage," *New York Times*, September 2, 2014, nytimes.com.

50 Benjamin Hass, "China Bans Religious Names for Muslim Babies in Xianjiang," *Guardian*, April 24, 2017, theguardian.com.

51 "Xinjiang Sets New Child Policy," *Global Times*, August 1, 2017, pressreader.com/china/global-times.

52 Nectar Gan, "Chinese Communist Party Targets University Known For Global Outlook," *South China Morning Post*, March 28, 2017, scmp.com.

53 Equality-Beijing NGO observation of two-year implementation of the anti-domestic violence law, March 6, 2018. 미발표 보고서로 Equality-Beijing이 번역함.

맺으며: 모든 여성을 위한 노래

1   Erica Chenowith and Jeremy Pressman, "This Is What We Learned By Counting the Women's Marches," *Washington Post*, February 7, 2017,washingtonpost.com.

2   See Free Chinese Feminists Facebook and @FeministChina Twitter site for video and photos. p.193 "Go home and live well." Sophie Richardson, "China Tells Women to 'Go Home and Live Well,'" *Human Rights Watch*, August 28, 2017, hrw.org.

3   Sophie Richardson, "China Tells Women to 'Go Home and Live Well,'" *Human Rights Watch*, August 28, 2017, hrw.org.

4   Wei Tingting, director, *Bi China*, 2017.

5   Simon Denyer and Congcong Zhang, "A Chinese Student Praised the 'Fresh Air of Free Speech' at a U.S. College: Then Came the Backlash," *Washington Post*, May 23, 2017, washingtonpost.com.

6   Jiang Jie, "Chinese Student at University of Maryland Slammed for Biased Commencement Speech," *People's Daily*, May 22, 2017, en.people.cn.

7   Melanie Wilkinson, "Li Yuchun: Meet the Pop Star Taking Gender Neutral Style to China," *Guardian*, October 15, 2017, theguardian.com.

8   Benjamin Haas, "Acrush: The Boyband of Girls Winning Hearts in China," *Guardian*, April 30, 2017, theguardian.com.

9   Di Wang, "What is the Significance of China's #MeToo Movement?" *China File*, March 16, 2018, chinafile.com.

10 Amy Qin, "China Fears India May Be Edging It Out in Culture Battle," *New York Times*, September 30, 2017, nytimes.com.

11 Rob Cain, " 'Wonder Woman' Winds Up June In China With Super $89 Million," *Forbes*, June 29, 2017, forbes.com.

12 Da Tu (Giant Rabbit), "*Shenqi nüxia' jiujing shibushi yibu nüquan*

zhuyi dianying?" [Is Wonder Woman Actually a Feminist Film?], *Feminist Voices*, June 5, 2017. 저자의 번역임.

13 Tanya Lokshina, "Authorities in Southern Russia Scared of Feminism," Human Rights Watch, August 14, 2017, hrw.org.

14 Nina Lakhani, "Mexico City Murders Put Defenders of Women's Rights on High Alert," *Guardian*, August 20, 2015, theguardian.com.

15 Traci Tong, "The Dangers of Reporting on Femicide in Argentina," PRI's The World, November 3, 2017, pri.org.

16 Suyin Haynes, "The Assassination of Brazilian Politician Marielle Franco Turned Her Into a Global Icon," *TIME*, March 22, 2018, time.com. 다음의 책도 참고하라. *The Unfinished Revolution: Voices from the Global Fight for Women's Rights*, edited by Minky Worden (New York: Seven Stories Press, 2012).

17 Mona Eltahawy, *Headscarves and Hymens: Why the Middle East Needs a Sexual Revolution* (New York: Farrar, Straus and Giroux, 2015).

18 Freedom House, "Freedom in the World 2018 – Democracy in Crisis," report, freedomhouse.org.

19 Jing Xiong, "China Feminist Five – 'Do You Hear the Women Sing,'" YouTube, video, September 21, 2015, youtube.com.

감사의 말

1 Leta Hong Fincher, "Feminism, Chinese," in *The Wiley Blackwell Encyclopedia of Gender and Sexuality Studies*, edited by Nancy Naples, Renee C. Hoogland, Maithree Wickramasinghe and Wai Ching Angela Wong (Hoboken, NJ: John Wiley & Sons, 2016).

찾아보기

빅브라더에 맞서는 중국 여성들

초판 1쇄 발행 2020년 4월 13일

지은이 리타 홍 핀처
옮긴이 윤승리
펴낸이 강수걸
편집장 권경옥
편집 박정은 이은주 윤은미 강나래
디자인 권문경 조은비
펴낸곳 산지니
등록 2005년 2월 7일 제333-3370000251002005000001호
주소 부산시 해운대구 수영강변대로 140 BCC 613호
전화 051-504-7070 | 팩스 051-507-7543
홈페이지 www.sanzinibook.com
전자우편 sanzini@sanzinibook.com
블로그 http://sanzinibook.tistory.com

ISBN 978-89-6545-650-6 03330

:: 산지니가 펴낸 책 ::

정치 · 사회

노회찬에서 전태일까지: 청년들에게 들려주는 한국 진보정치사 이창우 지음

김일성과 박정희의 경제전쟁 정광민 지음

빅브라더에 맞서는 중국 여성들 리타 홍 핀처 지음 | 윤승리 옮김

21세기 마르크스 경제학 정성진 지음

정전(正戰)과 내전 오오타케 코지 지음 | 윤인로 옮김

헌법과 정치 카를 슈미트 지음 | 김효전 옮김

내러티브와 장르: 미디어 분석의 핵심 개념들 닉 레이시 지음 | 임영호 옮김

사람 속에 함께 걷다 박영미 지음

나는 개성공단으로 출근합니다 김민주 지음

저는 비정규직 초단시간 근로자입니다 석정연 지음 *2020 한국출판산업진흥원 책나눔위원회 2월의 추천도서

싸움의 품격 안건모 지음 *2019 한국출판문화산업진흥원 출판콘텐츠 창작 지원 선정도서

다시 시월 1979 10.16부마항쟁연구소 엮음

골목상인 분투기 이정식 지음

한국의 헌법학 연구 김철수 엮음

그림 슬리퍼: 사우스 센트럴의 사라진 여인들 크리스틴 펠리섹 지음 | 이나경 옮김 *2019년 서울국제도서전 여름 첫 책 선정도서

대학과 청년 류장수 지음

CEO사회 피터 블룸 · 칼 로즈 지음 | 장진영 옮김

도시는 정치다 윤일성 지음

국가폭력과 유해발굴의 사회문화사 노용석 지음 *2019 세종도서 우수학술도서

중국 경제법의 이해 김종우 지음

세상에 나를 추천하라 정콴위 지음 | 곽규환 · 한철민 옮김

독일 헌법학의 원천 카를 슈미트 외 지음 | 김효전 옮김 *2018 세종도서 우수학술도서

폴리아모리: 새로운 사랑의 가능성 후카미 기쿠에 지음 | 곽규환 · 진효아 옮김

선택: 진보로 부산을 새롭게 디자인하자 현정길 지음

사람 속에서 길을 찾다 박영미 지음 *2018 세종도서 우수교양도서

당당한 안녕: 죽음을 배우다 이기숙 지음

거리 민주주의: 시위와 조롱의 힘 스티브 크로셔 지음 | 문혜림 옮김

라틴아메리카 흑인 만들기 차경미 지음

영화로 만나는 동아시아: 패권주의와 다문화 백태현 지음 *2017 세종도서
우수교양도서

전쟁범죄란 무엇인가 후지타 히사카즈 지음 | 박배근 옮김 *한국출판문화산업진흥원
우수콘텐츠 선정도서

계급 이해하기 에릭 올린 라이트 지음 | 문혜림·곽태진 옮김

중국 민족주의와 홍콩 본토주의 류영하 지음 *2016 홍콩 판권 수출

베트남 전쟁의 유령들 권헌익 지음 | 박충환·이창호·홍석준 옮김 *제12회 경암학술상
인문사회 부문 수상

지역사회와 민주주의를 말하다 부길만 지음

라틴아메리카의 과거청산과 민주주의 노용석 지음

동중국해 문화권의 민가 윤일이 지음

바이마르 헌법과 정치사상 헤르만 헬러 지음 | 김효전 옮김 *2017 대한민국학술원
우수도서

아메리칸 히로시마 데이비드 J. 디오니시 지음 | 정성훈 옮김

들어라 미국이여 피델 카스트로 지음 | 강문구 옮김

이데올로기와 미국 외교 마이클 H. 헌트 지음 | 권용립·이현휘 옮김 *2010 시사인
올해의 책

추락하는 제국 워런 코헨 지음 | 김기근 옮김

하이재킹 아메리카 수전 조지 지음 | 김용규·이효석 옮김

수전 조지의 Another world 수전 조지 지음 | 정성훈 옮김

팔루자 리포트 빙 웨스트 지음 | 이종삼 옮김

만들어진 점령서사 조정민 지음

르포, 절망의 일본열도 가마타 사토시 지음 | 김승일 옮김

폭력 우에노 나리토시 지음 | 정기문 옮김

우리 옆의 약자 이수현 지음

나는 시의회로 출근한다 김영희 지음

진보와 대화하기 김석준·김외숙·송성준 지음 | 이광수 엮음 *2006 문화관광부
우수학술도서

만화로 보는 노무현 시대 이창우 글·그림

범죄의 재구성 곽명달 지음

절망사회에서 길 찾기 현장 편집부 엮음

차이나 인사이트 김동하 외 지음

글로벌 차이나 이종민 지음

21세기 중국! 소통과 뉴트렌드 공봉진 외 지음

변방이 중심이 되는 동북아 신 네트워크 이창주 지음

여성학 이메일 수업 김선경 지음

이주민과 함께 살아가기 이주노동자와 연대하는 전일본 네트워크 지음 |
이혜진·이한숙 옮김 *2007 한국간행물윤리위원회 청소년도서

미국 대학의 힘 목학수 지음 *2014 한국출판문화산업진흥원 청소년도서 *2014
한국연구재단 우수저서

공학자의 눈으로 본 독일 대학과 문화 목학수 지음

문제는 교육이야 김석준 지음

부산언론사 연구 채백 지음 *2013 대한민국학술원 우수도서 *2013 한국언론학회 학술상

부산화교의 역사 조세현 지음

부산의 오늘을 묻고 내일을 긷다 장지태 지음

부울경은 하나다 강병중 지음

반송사람들 고창권 지음

대천마을, 사진을 꺼내 들다 맨발동무도서관 엮음

우리가 만드는 문화도시 문화도시네트워크 지음

귀농, 참 좋다 장병윤 지음

폐교, 문화로 열리다 백현충 지음

수다, 꽃이 되다 임숙자 엮음 | 백복주 사진

SNS시대 지역신문기자로 살아남기 김주완 지음

현미경으로 들여다본 한국사회 정영인 지음

촌기자의 곧은 소리 장동범 지음 | 안기태 그림

사람이 희망이다 : 파워인터뷰 42 손정호 지음

환경

해오리 바다의 비밀 조미형 지음 | 박경효 그림 *2019 한국문화예술위원회 문학나눔
선정도서

습지 그림일기 박은경 글·그림 *2018 대한출판문화협회 청소년교양도서

지리산 아! 사람아 윤주옥 지음

촌놈 되기: 신진 시인의 30년 귀촌 생활 비록 신진 산문집

보약과 상약 김소희 지음

2℃: 기후변화 시대의 새로운 이정표 김옥현 지음

해운대 바다상점 화덕헌 지음 *2018 환경부 우수환경도서

기후변화와 신사회계약 김옥현 지음 *2015 학교도서관저널 추천도서

시내버스 타고 길과 사람 100배 즐기기 김훤주 지음 *2014 환경부 우수환경도서

*2012 문화관광부 우수교양도서

황금빛 물고기 김규정 글·그림 *2013 학교도서관저널 추천도서 *2013 문화관광부

우수교양도서

아파트키드 득구 이일균 지음 *2012 환경부 우수환경도서

강수돌 교수의 나부터 마을혁명 강수돌 지음 *2010 환경부 우수환경도서

습지와 인간 김훤주 지음 *2008 환경부 우수환경도서

한반도 환경대재앙 샨샤댐 진재운 지음 *2008 환경부 우수환경도서

백두산에 묻힌 발해를 찾아서 진재운 지음

도시, 변혁을 꿈꾸다 정달식 지음 *지역신문발전위원회 지원도서